Die steuerliche Behandlung von Humankapitalinvestitionen im Rahmen der Einkommensteuer

AF886959

Michael Robert Rimmler

Die steuerliche Behandlung von Humankapitalinvestitionen im Rahmen der Einkommensteuer

PETER LANG
Frankfurt am Main · Berlin · Bern · Bruxelles · New York · Oxford · Wien

Bibliografische Information Der Deutschen Bibliothek
Die Deutsche Bibliothek verzeichnet diese Publikation in der Deutschen Nationalbibliografie; detaillierte bibliografische Daten sind im Internet über <http://dnb.ddb.de> abrufbar.

Zugl.: Heidelberg, Univ., Diss., 2004

D 16
ISBN 3-631-54028-0

© Peter Lang GmbH
Europäischer Verlag der Wissenschaften
Frankfurt am Main 2005
Alle Rechte vorbehalten.

Das Werk einschließlich aller seiner Teile ist urheberrechtlich geschützt. Jede Verwertung außerhalb der engen Grenzen des Urheberrechtsgesetzes ist ohne Zustimmung des Verlages unzulässig und strafbar. Das gilt insbesondere für Vervielfältigungen, Übersetzungen, Mikroverfilmungen und die Einspeicherung und Verarbeitung in elektronischen Systemen.

www.peterlang.de

Vorwort

Die vorliegende Arbeit entstand während meiner Tätigkeit als wissenschaftlicher Mitarbeiter am Lehrstuhl für Finanzwissenschaft von Herrn Prof. Dr. Manfred Rose. Sie wurde im Wintersemester 2004 von der Fakultät für Wirtschafts- und Sozialwissenschaften der Ruprecht-Karls-Universität Heidelberg als Dissertation angenommen.

Für die Betreuung dieser Arbeit bedanke ich mich herzlich bei Herrn Prof. Dr. Manfred Rose. Insbesondere gilt ihm mein Dank auch dafür, dass er mich in das von der Gesellschaft für Technische Zusammenarbeit (GTZ) beauftragte Projekt zur Reform der Einkommens- und Gewinnbesteuerung in der Entität Brčko von Bosnien und Herzegowina einbezogen hat. Dies war für mich sehr hilfreich, weil es mir verdeutlichte, wie Theorie und Praxis der Einkommensbesteuerung miteinander in Verbindung gebracht werden. Die Projekttätigkeit und -erfahrung floss insbesondere in Kapitel 6 meiner Dissertation bei der Ausgestaltung der gesetzlichen Grundlagen eines lebenszeitorientierten Einkommensteuerreformmodells maßgeblich ein. Ebenso danke ich Herrn Prof. Dr. Jürgen Siebke für die zügige und engagierte Erstellung des Zweitgutachtens zu meiner Arbeit.

Für zahlreiche kritische und hilfreiche Anmerkungen sowie das Redigieren des Textes danke ich Herrn Dipl.-Vw. Johannes Becker, Herrn Dr. David Nguyen-Thanh sowie Herrn Dr. Lars-H. Siemers. Das Korrekturlesen einzelner Kapitel meiner Arbeit haben ferner Frau Jutta Bramm, Herr PD Dr. Peter Gottfried, Herr RA Robert Peuker, Herr Dipl.-Vw. Harald Scherer, Herr Prof. Dr. Eckart Schremmer sowie meine Mutter Ingrid Rimmler übernommen, wofür ihnen mein Dank gilt. Für die Durchsicht des Literaturverzeichnisses danke ich Frau Dipl.-Vw. Christina Sieffert und Herrn Dipl.-Vw. Daniel Zöller. Bei Frau Dr. Branka Lončarević bedanke ich mich für die Gestaltung des Textes.

Schließlich möchte ich meinen Eltern und meiner Frau herzlich danken. Meine Eltern haben durch ihre Fürsorge und finanzielle Unterstützung während meines Studiums den Grundstein für diese Dissertation gelegt. Insbesondere meine Frau, Jasmin Rimmler, hat mir den nötigen Rückhalt und die moralische Unterstützung vor allem in der Phase der Fertigstellung der Dissertation gegeben und auf diese Weise zum Gelingen der Arbeit maßgeblich beigetragen.

Heidelberg, Mai 2005 Michael Robert Rimmler

Inhaltsverzeichnis

Abbildungsverzeichnis

Tabellenverzeichnis

Symbol- und Abkürzungsverzeichnis

Symbole

α	Abzugsfähigkeitsparameter
α_j	Abschreibungsparameter bei Zinsbereinigung in Periode j
$\bar{\tau}$	gewichteter Grenzsteuersatz bei Zinsbereinigung
$\bar{G}_j$	erhaltene private und staatliche Transfers in Periode j
$\bar{r}$	Investitionsrendite
$\bar{T}$	fixiertes intertemporales Steueraufkommen
β	Anteil der in der Ausbildungsphase abzugsfähigen beruflichen Bildungskosten nach Zinsbereinigung
$\Delta EW(\Delta HK)_j$	Ertragswertänderung der Humankapitalinvestition zwischen Perioden j und $j-1$
$\Delta EW(HK)_j$	Ertragswertänderung des Humankapitalbestands zwischen Perioden j und $j-1$
ΔW_j	bildungsbedingte Erhöhung des Arbeitslohns in Periode j
γ	individuelle Zeitpräferenzrate
$\hat{\tau}$	Grenzsteuersatz auf den Nach-Steuer-Periodenkonsum
λ	Grenznutzen des Einkommens
μ	Schattenpreis des Steueraufkommens
τ	Grenzsteuersatz
τ^1	Grenzsteuersatz für $y^i \in [0, w]$
τ^2	Grenzsteuersatz für $y^i > w$
τ_r	Grenzsteuersatz auf Zinseinkommen
$\tilde{\tau}(j)$	Grenzsteuersatz abhängig von Periode j
$\tilde{g}(h)$	Humankapitalstock in der Erwerbsphase
a	Kosten des Inputeinsatzes pro Einheit Ausbildungszeit
A_j	Ersparnisbildung in Periode j
B_j^l	Restbuchwert eines Investitionsgutes l in Periode j

B_2	Nachlass bzw. hinterlassene Erbschaft in Periode 2
C	Konsum
C_1	Gegenwartskonsum bzw. Konsum in der Ausbildungsphase
C_2	Zukunftskonsum bzw. Konsum in der Erwerbsphase
C_j	Konsumausgaben in Periode j
D_j^l	Abschreibung eines Investitionsgutes l in Periode j
$E(p, U)$	Ausgabenfunktion
$EW(\Delta HK)_j$	Ertragswert der Humankapitalinvestition in Periode j
$EW(HK)_j$	Ertragswert des Humankapitalbestands in Periode j
EWA_j	Ertragswertabschreibung in Periode j
G	geleistete Schenkungen inklusive Erbschaften am Lebensende
G_j	geleistete Schenkungen in Periode j
h	Ausbildungszeit
H_1	Humankapitalstock in der Ausbildungsphase
H_2	Humankapitalstock in der Erwerbsphase
I	Lebenseinkommen
I^0	intertemporales Einkommen nach Abzug der beruflichen Bildungskosten bei steuerlich unverzerrter Humankapitalbildung
I^{IT}	intertemporales Einkommen nach Abzug der beruflichen Bildungskosten im Rahmen der SHS-Einkommensteuer
I^k	intertemporales Einkommen nach Abzug der beruflichen Bildungskosten in Steuersituation k
I_j^{SB}	Steuerbasis der sparbereinigten Einkommensteuer in Periode j
I^{WT}	intertemporales Einkommen nach Abzug der beruflichen Bildungskosten im Rahmen der Lohnsteuer
I_j^{ZB}	Steuerbasis der zinsbereinigten Einkommensteuer in Periode j
I_0^l	Investitionsausgaben für ein Investitionsprojekt l in Periode 0
I_j	Beitrag zum Lebenseinkommen in Periode j
K	berufliche Bildungsausgaben (Ausgaben für eine Humankapitalinvestition)
KW	Kapitalwert vor Steuern
$KW(\Delta HK)_j$	Kapitalwert der Humankapitalinvestition in Periode j
KW^l	Kapitalwert eines Investitionsprojekts l vor Steuern

KW_τ^l	Kapitalwert eines Investitionsprojekts l nach Steuern
KW_τ	Kapitalwert nach Steuern
$L(\cdot)$	Lagrange-Funktion
M_j	Einnahmen aus Marktbeteiligungen in Periode j
p^0	intertemporaler steuerlich unverzerrter Preisvektor
p^{IT}	intertemporaler Preisvektor der SHS-Einkommensteuer
p^k	intertemporaler Preisvektor in Steuersituation k
p_1	intertemporaler Preis für Gegenwartskonsum
p_2	intertemporaler Preis für Zukunftskonsum
q	Proportionalitätsfaktor
r	Marktzinssatz
S	Ersparnisbildung
T	Steuerzahlung
$T(y_i)$	Steuertariffunktion
T^1	Steuerzahlung in der Ausbildungsphase
T^2	Steuerzahlung in der Erwerbsphase
T^k	intertemporales Steueraufkommen in Steuersituation k
T_j	Steuerzahlung in Periode j
T_r	Zinssteueraufkommen
$U(C_1, C_2)$	intertemporale Nutzenfunktion
U_1	Grenznutzen des Gegenwartskonsums
U_2	Grenznutzen des Zukunftskonsums
$V(p, I)$	indirekte Nutzenfunktion
V_j^l	Barwert der Nettoeinzahlungsüberschüsse eines Investitionsgutes l in Periode j
w	Lohnsatz pro Effizienzeinheit Arbeit und Progressionsgrenze
W_j	Arbeitslohn in Periode j
x	Kosten des Inputeinsatzes
Y	Reinvermögenszugang
y^i	Steuerbasis der Periode i
Y_j	Steuerbasis in Periode j
z	interner Zinsfuß

z_j^l	Nettoeinzahlungsüberschuss in Periode j eines Investitionsprojekts l

Abkürzungen

Abs.	Absatz
AFG	Arbeitsförderungsgesetz
Art.	Artikel
BAföG	Bundesausbildungsförderungsgesetz
ber.	berichtigt
BFH	Bundesfinanzhof
BFH/NV	Sammlung amtlich nicht veröffentlichter Entscheidungen des BFH
BFHE	Entscheidungen des Bundesfinanzhofs
BGBl.	Bundesgesetzblatt
BiH	Bosnien und Herzegowina
BStBl	Bundessteuerblätter
BT-Drucks.	Bundestag-Drucksache
bzw.	beziehungsweise
c.p.	ceteris paribus
CDU	Christlich Demokratische Union
CES	Center for Economic Studies
CSU	Christlich Soziale Union
d.h.	das heißt
DIHK	Deutsche Industrie- und Handelskammer
DV	Durchführungsverordnung
DV1	Allgemeine Durchführungsverordnung zum EStG des Distrikts Brčko von BiH
EFStG	Einfachsteuergesetz
ESt	Einkommensteuer
EStG	Einkommensteuergesetz
et al.	und andere
FDP	Freie Demokratische Partei
ff.	folgende [Seiten]
FG	Finanzgericht

FK	Finanzkapital
GE	Grenzerträge
ggü.	gegenüber
GK	Grenzkosten
GmbH	Gesellschaft mit beschränkter Haftung
GTZ	Gesellschaft für Technische Zusammenarbeit
HK	Humankapital
i.S.d.	im Sinne des
i.V.m.	in Verbindung mit
IT	Income Tax
KM	Konvertible Mark (Landeswährung in Bosnien und Herzegowina)
konvent.	konventionelle
NBER	National Bureau of Economic Research
Nr.	Nummer
NWB	Neue Wirtschafts-Briefe
OECD	Organisation for Economic Cooperation and Development
OLG	Overlapping Generations
OVG	Oberstes Verwaltungsgericht in Staatssteuersachen in Preußen
Par.	Paragraf
PrGS	Gesetzsammlung für die Königlich-Preußischen Staaten
progr.	progressiv
prop.	proportional
RFH	Reichsfinanzhof
RGBl.	Reichsgesetzblatt
RStBl	Reichssteuerblätter
S.	Seite
SB	Sparbereinigung
SGB	Sozialgesetzbuch
SHS	Schanz, Haig, Simons
SK	Sachkapital
sparb.	sparbereinigt
u.a.	unter anderem

u.Ä.	und Ähnliche
Urt.	Urteil
usw.	und so weiter
v.	vom
vgl.	vergleiche
VZ	Veranlagungszeitraum
WT	Wage Tax
z.B.	zum Beispiel
ZB	Zinsbereinigung
ZEW	Zentrum für Europäische Wirtschaftsforschung
zinsb.	zinsbereinigt
ZL	Zusatzlast

Kapitel 1

Einleitung

1.1 Motivation und Zielsetzung der Arbeit

„Steuerreform“ und „Bildungsoffensive“ – das sind die Schlagworte, die die öffentliche Diskussion in Deutschland derzeit beherrschen. In der Öffentlichkeit, Politik und Wissenschaft wird gefordert, die Einkommens- und Gewinnbesteuerung von Grund auf zu reformieren. Steuerliche Ausnahme- bzw. Lenkungstatbestände sollen gestrichen, „Steuerschlupflöcher“ gestopft und die Besteuerung von Einkommen maßgeblich vereinfacht werden. Von den politischen Parteien und der Wissenschaft sind konkrete Steuerreformvorschläge vorgelegt worden, die durch eine systemhafte Neujustierung der Einkommens- und Gewinnbesteuerung dem derzeitigen Chaos im Einkommensteuerrecht ein Ende setzen wollen.[1]

Abseits der Steuerreformdiskussion findet eine Bildungsdebatte statt. Die angestrebte Errichtung von „Elite-Universitäten“ und die Überarbeitung der schulischen Lehrpläne in Folge der „Pisa-Studie“ machen deutlich, dass Bildung in den Mittelpunkt des politischen Interesses gerückt ist. Die Politik hat erkannt, wie wichtig „Investitionen in Humankapital“, der Erwerb von produktiv nutzbaren Fertigkeiten und Wissen, für den Einzelnen und eine Nation als Ganzes ist. In der „Wissensgesellschaft“ des 21. Jahrhunderts bestimmt Bildung in zunehmendem Maße die individuelle Wettbewerbsfähigkeit am Arbeitsmarkt und damit individuellen Wohlstand. Höhere Bildung ist grundsätzlich mit höheren Verdienstchancen verbunden und beugt längerfristiger Arbeitslosigkeit

[1] Aus der Wissenschaft sind dies die Reformvorschläge von Manfred Rose („Einfachsteuer“-Entwurf), Paul Kirchhof (Einkommensteuergesetzbuch), Joachim Mitschke (Frankfurter Modell), Joachim Lang (Kölner Entwurf) sowie der Steuerreformvorschlag des Sachverständigenrats (Duale Einkommensteuer). Aus der Politik kommt das CDU-Modell von Friedrich Merz, das CSU-Modell von Kurt Faltlhauser sowie das FDP-Modell (Berliner Entwurf) von Hermann Otto Solms. Zu den verschiedenen Reformentwürfen im Einzelnen siehe DIHK-Bereich Finanzen und Steuern (2004).

vor.[2] Bildung ist auch gesamtwirtschaftlich von besonderer Bedeutung. Sie ist Voraussetzung für Produkt- und Dienstleistungsinnovationen sowie für die Entwicklung neuer Produktionsprozesse und stärkt dadurch die Wettbewerbsfähigkeit einer Nation im Zeitalter der Globalisierung.

Da Investitionen in Humankapital zunehmend an Bedeutung gewinnen, kann es im Rahmen der Diskussion um die Reform der Einkommensbesteuerung nicht unterbleiben, die steuerliche Behandlung von Humankapitalinvestitionen innerhalb der Einkommensteuer zu untersuchen. Steuern können durch Änderung relativer Preise individuelle Marktentscheidungen beeinflussen. Einkommensteuern können nicht nur individuelle Konsum-Spar-Entscheidungen und unternehmerische Investitionsentscheidungen verändern, sondern auch auf die Entscheidung, in Humankapital zu investieren, Einfluss nehmen. Da die steuerliche Beeinträchtigung individueller Entscheidungen – wie dies aus der Theorie der Besteuerung bekannt ist – Wohlfahrtswirkungen entfaltet, ist die Thematik der einkommensteuerlichen Behandlung von Humankapitalinvestitionen aus ökonomischer Sicht von größtem Interesse.

Um die Einkommensbesteuerung von Grund auf zu reformieren und die oben genannten Missstände zu beseitigen, bedarf es – da Reform „*planmäßige* Neuordnung“ bedeutet – zunächst einmal der Wahl eines „Plans“ bzw. eines Systems, welches Regeln zur Bestimmung des Einkommensbegriffs im Einkommensteuerrecht vorgibt. Nur dann ist nämlich entscheidbar, was „Steuerschlupflöcher“ und „Lenkungstatbestände“ im deutschen Einkommensteuerrecht sind, die es abzuschaffen gilt.[3] Für eine solche systemhafte Ausgestaltung der Einkommensbesteuerung stehen zwei Konzeptionen einer Einkommensteuer zur Verfügung: Das ist zum einen die traditionelle Einkommensteuer, die nach ihren Begründern von Schanz, Haig und Simons[4] auch als *SHS-Einkommensteuer* bezeichnet wird. Sie wird vorwiegend von Juristen propagiert und ist weltweit Grundlage der Einkommensbesteuerung.[5] Zum anderen existiert das ökonomisch begründete Konzept einer *lebenszeitorientierten Einkommensteuer*.[6] Diese Einkommenskonzeption bildete die Systemgrundlage der Einkommens- und Gewinnbesteuerung, die im Jahr 1994 von den Wirtschaftswissenschaftlern

[2] Zu empirischen Ergebnissen hinsichtlich der Beziehung zwischen Bildungsstand und langfristiger Arbeitslosigkeit siehe Lauer (2003).

[3] Zur „Unmöglichkeit der Beseitigung aller steuerlichen Ausnahmen, wenn es keine Regel gibt“, siehe Wagner (1997); Wagner (1999b).

[4] Vgl. von Schanz (1896); Haig (1959); Simons (1938).

[5] Die Steuerreformvorschläge von Paul Kirchhof, Friedrich Merz, Kurt Faltlhauser und Hermann Otto Solms lassen sich in ihrem Kern auf die SHS-Einkommensteuer zurückführen.

[6] Die lebenszeitorientierte Einkommensteuer liegt dem Steuerreformvorschlag „Einfachsteuer“ von Manfred Rose und auch den Reformentwürfen von Joachim Lang und Joachim Mitschke zugrunde.

Manfred Rose, Franz W. Wagner und Ekkehard Wenger im Zuge einer Steuerreform in Kroatien eingeführt und bis zum Jahr 2000 angewandt wurde. Seit Beginn diesen Jahres ist die lebenszeitorientierte Einkommensteuer, basierend auf einem Reformentwurf von Manfred Rose, in einem Teilgebiet von Bosnien und Herzegowina vollständig verwirklicht. Da beiden Steuersystemkonzeptionen im Rahmen der Steuerreformdebatte eine Orientierungsfunktion zukommt, werden sie im weiteren Verlauf der Arbeit als *Einkommensteuerleitbilder* bezeichnet.

In der vorliegenden Arbeit werden vier Ziele verfolgt. Es soll zunächst aufgezeigt werden, wie Humankapitalinvestitionen nach den beiden Einkommensteuerleitbildern jeweils steuerlich zu behandeln sind und welche Folgen sich daraus für die Administrierbarkeit einer systemhaften SHS- bzw. lebenszeitorientierten Einkommensteuer ergeben.

Ein zweites Ziel besteht darin, detailliert zu untersuchen, wie berufliche Bildungsaufwendungen im deutschen Einkommensteuerrecht – als Ausgaben für Humankapitalinvestitionen – Berücksichtigung finden. Daran anknüpfend wird die deutsche Einkommensteuer diesbezüglich einem der beiden Leitbilder zugeordnet. Interessant ist die Betrachtung des deutschen Einkommensteuerrechts in diesem Bereich auch deshalb, da ausgehend von zwei Urteilen des Bundesfinanzhofs (BFH) Ende des Jahres 2002 eine Rechtsprechungsentwicklung in Gang gesetzt wurde, derzufolge berufliche Bildungsaufwendungen in zunehmend größerem Umfang steuerlich angesetzt werden können. Dieser Prozess von Rechtsprechungsänderungen ist noch nicht beendet. Das Thema „Bildungsaufwendungen“ ist im deutschen Einkommensteuerrecht daher nach wie vor aktuell.

Zur Auswahl eines Einkommensteuerleitbilds als Bezugspunkt einer Reform der Einkommensbesteuerung müssen die SHS- und die lebenszeitorientierte Einkommensteuer bewertet werden. Ein aus ökonomischer Sicht bedeutsames Bewertungskriterium ist „Besteuerungseffizienz“. In einem marktwirtschaftlichen System sollten Einkommensteuern Marktentscheidungen von Individuen möglichst wenig beeinflussen, um Effizienzverluste der Besteuerung, die auch als „Zusatzlasten“ bzw. im anglo-amerikanischen Sprachraum als „excess burden“ oder „deadweight loss“ bezeichnet werden, gering zu halten. Ein drittes Ziel ist daher, die Einkommensteuerleitbilder im Rahmen einer Effizienzanalyse auf der Grundlage eines haushaltstheoretischen Modells mit endogener Humankapitalbildung miteinander zu vergleichen und das Leitbild, welches die Effizienzverluste der Besteuerung minimiert, zu identifizieren.

Das vierte Ziel besteht schließlich darin, aufzuzeigen, wie das anhand der Effizienzanalyse bestimmte „wünschenswerte“ Einkommensteuerleitbild im Rahmen eines konkreten Steuerreformvorschlags kodifiziert werden kann. Hierbei werden die einkommensteuerrechtlichen Regelungen zur steuerlichen Behandlung beruflicher Bildungsausgaben detailliert dargestellt.

Als übergeordnete Zielsetzung soll die vorliegende Arbeit – ausgehend von der Frage nach der steuerlichen Behandlung von Humankapitalinvestitionen im Rahmen der Einkommensteuer – einen Beitrag zur Wahl eines Einkommensteuerleitbilds als Bezugspunkt einer Reform der Einkommensbesteuerung leisten.

1.2 Aufbau der Arbeit

Die vorliegende Arbeit gliedert sich in sieben Kapitel. Da die steuerliche Behandlung von Humankapitalinvestitionen im Rahmen der Einkommensteuer Gegenstand der Arbeit ist, wird im folgenden Abschnitt dieses Kapitels zunächst erläutert, was unter „Humankapital" und „Humankapitalinvestition" im Rahmen dieser Arbeit verstanden wird.

Kapitel 2 ist der Darstellung der SHS-Einkommensteuer und der lebenszeitorientierten Einkommensteuer gewidmet. Es wird zunächst die jeweilige historische Entwicklung knapp skizziert, anschließend die das Leitbild kennzeichnenden Prinzipien zur Ermittlung der Steuerbasis dargelegt. Anhand dieser Prinzipien werden die wesentlichen Unterschiede zwischen den beiden Einkommenskonzeptionen verdeutlicht und die Leitbilder dadurch klar voneinander abgegrenzt. Anschließend wird erörtert, welche Implikationen die beiden Einkommensteuerleitbilder bezüglich der zugrundeliegenden Leistungsfähigkeitskonzeption, der Effizienz und der Administrierbarkeit der Besteuerung besitzen. Zuletzt werden die Einkommensteuerleitbilder bezüglich ihrer Prinzipien und Implikationen miteinander verglichen.

Aufbauend auf die Abgrenzung der Einkommensteuerleitbilder anhand ihrer Prinzipien zur Ermittlung von Einkommen wird in Kapitel 3 untersucht, wie Humankapitalinvestitionen im Rahmen der SHS-Einkommensteuer und der lebenszeitorientierten Einkommensteuer leitbildkonform steuerlich zu behandeln sind. Dabei wird der Frage nachgegangen, wie Investitionen in Humankapital ggü. Sach- und Finanzkapitalinvestitionen leitbildgerecht steuerlich belastet werden. Abschließend wird die jeweils systematische steuerliche Berücksichtigung von Humankapitalinvestitionen unter administrativen Gesichtspunkten diskutiert.

Anknüpfend an diese konzeptionelle Betrachtung folgt in Kapitel 4 eine ausführliche Darstellung der steuerlichen Behandlung von Humankapitalinvestitionen im deutschen Einkommensteuerrecht. Konkret geht es dabei um die Frage, wie berufliche Bildungsaufwendungen als Ausgaben einer Humankapitalinvestition steuerlich berücksichtigt werden. Es wird auf die historische Entwicklung der steuerlichen Behandlung von Humankapitalinvestitionen im deutschen Einkommensteuerrecht eingegangen und die derzeitige, differenzierte steuerliche Abzugsfähigkeit von Ausgaben beruflicher Bildungsmaßnahmen – als Ausbildungs-, Fortbildungs- oder Weiterbildungskosten – detailliert dargelegt. Die seit Ende des Jahres 2002 erfolgten Rechtsprechungsänderungen des BFH in diesem Bereich, die eine verstärkte steuerliche Abzugsfähigkeit beruflicher Bildungsaufwendungen bedeuten, werden im Einzelnen aufgezeigt. Schließlich wird erörtert, welchem Einkommensteuerleitbild die deutsche Einkommensteuer hinsichtlich der steuerlichen Behandlung von Humankapitalinvestitionen zuzuordnen ist.

In Kapitel 5 wird eine modelltheoretische Analyse vorgenommen. Eine Einkommensteuer ist aus ökonomischer Sicht positiv zu bewerten, wenn sie Marktentscheidungen von Individuen möglichst wenig beeinflusst und insofern die aus der Besteuerung resultierenden Effizienzverluste gering hält. Im Rahmen einer partialanalytischen Zwei-Perioden-Betrachtung wird der Einfluss der SHS- und der lebenszeitorientierten Einkommensteuer auf die individuelle Humankapitalbildungsentscheidung analysiert. Sowohl die Beschränkung der steuerlichen Abzugsfähigkeit beruflicher Bildungsausgaben als auch Steuertarifprogression kennzeichnen das Einkommensteuerrecht vieler Länder. Daher werden neben proportionalen auch progressive Steuertarife berücksichtigt und Beschränkungen der steuerlichen Abzugsfähigkeit von Ausgaben zur Humankapitalbildung in der Untersuchung erfasst. Unter Einbeziehung der jeweiligen steuerlichen Behandlung von Kapitaleinkommen werden die durch die Besteuerung ausgelösten Effizienzverluste beider Einkommensteuerleitbilder bestimmt. Im Rahmen der Zusammenfassung der wesentlichen Erkenntnisse des Kapitels wird diskutiert, an welchem Leitbild sich die Einkommensbesteuerung aus effizienztheoretischer Perspektive orientieren sollte.

Kapitel 6 stellt den von Manfred Rose entwickelten und konkret ausgearbeiteten Steuerreformvorschlag „Einfachsteuer“ vor. Die „Einfachsteuer“ als lebenszeitorientiertes Konzept der Einkommensbesteuerung verdeutlicht, wie die zuvor im Rahmen der effizienztheoretischen Analyse abgeleiteten Ergebnisse in konkrete einkommensteuerrechtliche Regelungen umgesetzt werden können. Sie ist insofern das Ergebnis einer interdisziplinären Herangehensweise. Nach einer Darstellung der Grundelemente der „Einfachsteuer“ werden die Gesetzesbestimmungen zur steuerlichen Behandlung von „Ausgaben für berufliche Bildung (Humankapital)“ ausführlich erläutert. Abschließend wird die „Einfachsteuer“ mit der deutschen Einkommensteuer hinsichtlich der steuerlichen Abzugsfähigkeit beruflicher Bildungsausgaben verglichen.

In Kapitel 7 werden die wesentlichen Erkenntnisse der Arbeit zusammengefasst. Abbildung 1.1 veranschaulicht den beschriebenen Aufbau der Arbeit.

1.3 Begriffsabgrenzung: Humankapital und Humankapitalinvestition

Die vorliegende Arbeit beschäftigt sich mit der einkommensteuerlichen Behandlung von Humankapitalinvestitionen. Aus diesem Grund ist es zunächst erforderlich zu erläutern, was im Rahmen dieser Arbeit unter den Begriffen „Humankapital" und „Humankapitalinvestition" zu verstehen ist.

1.3.1 Der Begriff des Humankapitals

Humankapital bezeichnet den *Bestand* an *Wissen und Fertigkeiten* von *Individuen*, der im Produktionsprozess genutzt werden kann.[7] Humankapital ist ein *an Menschen gebundener Kapitalstock.*[8] Dieser kann im Gegensatz zu Sach- und Finanzkapital nicht (wie z.B. eine Maschine oder ein Wertpapier) direkt am Markt erworben werden, sondern muss über die Zeit – insbesondere durch individuelle Investitionen in Humankapital – aufgebaut werden[9]; auch kann Humankapital nicht veräußert werden.[10]

Wie bei Sach- und Finanzkapital führt die Nutzung von Humankapital zu Erträgen. Diese Erträge können monetär oder nicht monetär sein. Zu den *monetären Erträgen* gehören insbesondere Arbeitseinkommen (Löhne und Gehälter), die ein Arbeitnehmer unter Einsatz seiner Arbeitskraft aus der „Vermietung" seines Humankapitals – seines Wissens und seiner Fertigkeiten – an einen Arbeitgeber von diesem bezieht.[11] Daneben sind auch unternehmerische Ein-

[7]Vgl. Rosen (1987), S. 681. Die OECD grenzt den Humankapitalbegriff auf Wissen, Fertigkeiten, Kompetenzen und andere persönliche Eigenschaften ein, die relevant für „ökonomische Aktivitäten" sind. Vgl. OECD (1998), S. 9. Der Humankapitalbegriff wird in der Literatur allerdings nicht einheitlich verwendet. So wird beispielsweise auch die Gesundheit als Teil individuellen Humankapitals betrachtet. Vgl. Becker (1975), S. 9, 40; Schultz (1971), S. 8, 36-37.

[8]Vgl. Schultz (1971), S. 48; Rosen (1987), S. 682.

[9]Vgl. Schultz (1971), S. 48. Nach Brinkmann beinhaltet Humankapital auch angeborene individuelle Fähigkeiten. Vgl. Brinkmann (1999), S. 90.

[10]Vgl. Franz (1994), S. 87; Schultz (1971), S. 48; Rosen (1987), S. 682.

[11]Vgl. Ehrenberg und Smith (1991), S. 299. Es handelt sich im Rahmen eines Arbeitsverhältnisses insofern um eine „Miettransaktion", als Arbeitseinkommen als „Mietzahlung" für Humankapital aufgefasst werden kann. Vgl. Rosen (1987), S. 682.

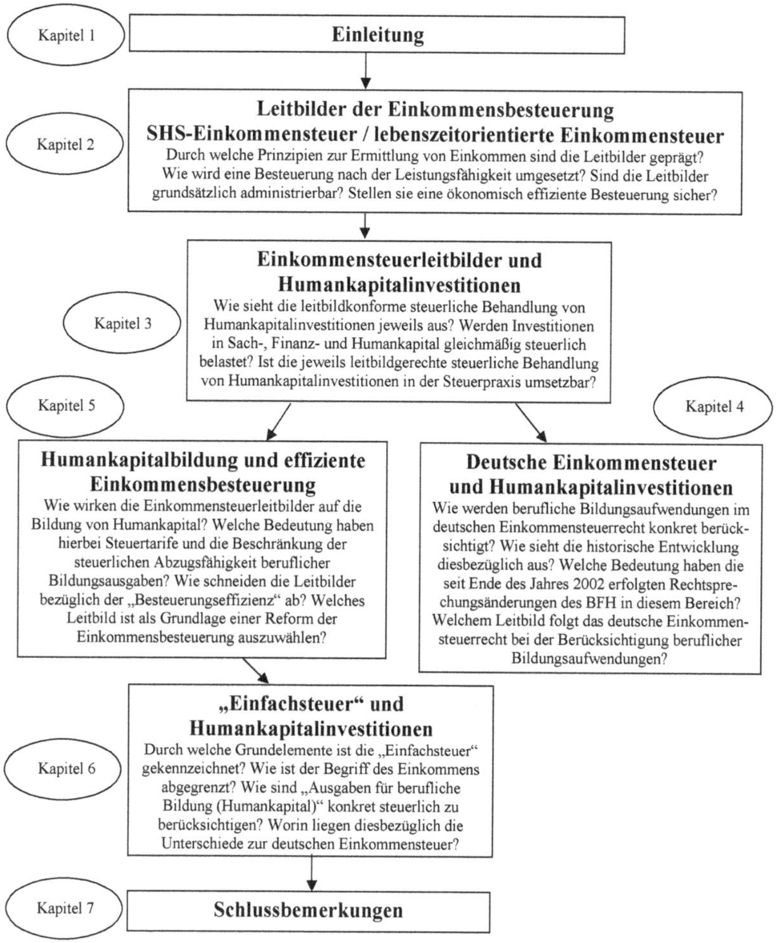

Abbildung 1.1: Aufbau der Arbeit

kommen (Gewinne) auf Humankapital zurückzuführen. Hier treten allerdings Abgrenzungsprobleme auf, denn Gewinne aus unternehmerischen Tätigkeiten entstehen grundsätzlich durch den kombinierten Einsatz von Sach-, Finanz- und Humankapital. Eine konkrete Aufteilung von Gewinnen auf die verschiedenen Kapitaltypen ist häufig nicht möglich.

Neben monetären Erträgen, die aus einer Verwendung von Humankapital im Produktionsprozess resultieren, wird in der Literatur diskutiert, dass Humankapital auch *nicht monetäre Erträge* stiftet. Diese bestehen beispielsweise aus dem Freizeitwert erworbener Fertigkeiten und erworbenen Wissens oder dem daraus bezogenem Prestige.[12]

Analog zu Sach- und Finanzkapital lässt sich der Wert eines individuellen Humankapitalbestands – zumindest theoretisch – zu jedem Zeitpunkt als Barwert zukünftiger Humankapitalerträge ermitteln. Bezogen auf den Fall eines Arbeitnehmers mit einem gegebenen Bestand an produktiv nutzbaren Fertigkeiten und Wissen entspricht dessen Humankapital zu jedem Zeitpunkt (unter Vernachlässigung nicht monetärer Humankapitalerträge) wertmäßig der diskontierten Summe der von ihm in der Zukunft zu beziehenden Arbeitseinkommen.[13]

1.3.2 Der Begriff der Humankapitalinvestition

Die grundlegende Eigenschaft von Investitionen besteht darin, im Investitionszeitpunkt auf die konsumtive Nutzung von Ressourcen zu verzichten, um auf diese Weise Einkommen und somit Konsummöglichkeiten in der Zukunft zu begründen.[14] In dieser Hinsicht handelt es sich nicht nur beim Erwerb von Sach- und Finanzkapital um eine Investition. Auch der Aufbau von Humankapital ist ökonomisch als Investition zu werten. Als *Stromgröße* erweitern Humankapitalinvestitionen den individuellen Humankapitalstock und schaffen – unter Verzicht auf eine konsumtive Nutzung der hierfür verwendeten Mittel – die Grundlage zur Erzielung eines höheren zukünftigen Einkommens (Arbeitseinkommen oder unternehmerisches Einkommen). Diese zukünftigen Einkommen erhöhen den Wert von Humankapital (bereits) zum Zeitpunkt der Investition.

Eine solche Humankapitalinvestition stellt eine kostenpflichtige *berufliche Bildungsmaßnahme*, z.B. eine berufliche Weiterbildung oder eine Umschulungs-

[12]Vgl. Franz (1994), S. 90; Ehrenberg und Smith (1991), S. 300-301. Gary S. Becker bezeichnet die nicht monetären Humankapitalerträge als „psychic income“, Theodore W. Schultz erfasst diese unter dem Begriff „future satisfactions“. Vgl. Becker (1975), S. 9; Schultz (1971), S. 48-49.

[13]Vgl. Fallon und Verry (1988), S. 136-137.

[14]Ausgaben für Investitionen können daher zum Zeitpunkt ihrer Vornahme keine Ausgaben für Konsum darstellen. Vgl. Polachek und Siebert (1993), S. 19-20.

maßnahme, dar. Hierfür getätigte Ausgaben repräsentieren Konsumverzicht und sollen – aufgrund besserer beruflicher Qualifikation – zu einem erhöhten Einkommen in der Zukunft führen. Zu Humankapitalinvestitionen zählt die Literatur daneben auch schulische Ausbildung („schooling“), Ausbildung in Unternehmen („on-the-job training“), Gesundheitsinvestitionen („health/medical care investments“), Migration („migration“) und Arbeitsplatzsuche („ job search“).[15]

Im Rahmen dieser Arbeit wird der Begriff der Humankapitalinvestition auf schulische und berufliche Bildungsmaßnahmen beschränkt. Gesundheitsinvestitionen, Migration und Arbeitsplatzsuche werden nicht betrachtet. Es werden auch nur solche Bildungsaktivitäten als Humankapitalinvestitionen erfasst, die Kosten und Erträge bei dem Individuum verursachen, bei welchem die Bildungsmaßnahme zu einem Anstieg des Humankapitalbestands führt. Durch Unternehmen finanzierte berufliche Bildung und staatlich bereitgestellte schulische Bildung wird daher nicht berücksichtigt.

Die Kosten dieser privat finanzierten beruflichen Bildungsmaßnahmen sind zu unterscheiden in direkte Kosten und indirekte Kosten. *Direkte Kosten* umfassen z.B. Gebühren für Kurse, Lehrgänge und Seminare, Ausgaben für Fachbücher und weitere berufliche Bildungsausgaben. Aus ökonomischer Perspektive stellen diese Ausgaben grundsätzlich Investitionsausgaben dar.

Im Unterschied zu den direkten Kosten führen *indirekte Kosten* zu keinem Zahlungsmittelabfluss. Indirekte Kosten sind Opportunitätskosten beruflicher Bildung in Form entgangenen Einkommens. Da berufliche Bildung Zeit bindet, verzichtet das Individuum auf Konsummöglichkeiten, so dass diese indirekten Kosten – aus ökonomischer Sicht – ebenfalls einen investiven Charakter aufweisen. Auf der Ertragseite führen Investitionen in Humankapital zu den oben bereits erwähnten zukünftigen *monetären* und *nicht monetären* Erträgen.[16] Der Wert einer Humankapitalinvestition ergibt sich als Barwert der auf die Investition bezogenen zukünftigen Humankapitalerträge abzüglich der Investitionsausgaben. Für den Fall eines in Humankapital investierenden Arbeitnehmers entsprechen die Humankapitalerträge den Erhöhungen seiner in der Zukunft zu beziehenden Arbeitseinkommen.[17]

[15] All diesen Humankapitalinvestitionen ist gemeinsam, dass sie den über zukünftige Einkommen bestimmten Wert eines individuellen Humankapitalbestands erhöhen sollen. Zum Begriff der Humankapitalinvestition siehe z.B. die Monographien von Becker (1975), S. 9, 16, 37, 39-40 und von Schultz (1971), S. 8, 40 sowie Lehrbücher zur Arbeitsmarktökonomik wie beispielsweise Fallon und Verry (1988); Ehrenberg und Smith (1991).

[16] Vgl. Rissiek (1998), S. 21-23.

[17] Von etwaigen nicht monetären Erträgen wird abstrahiert.

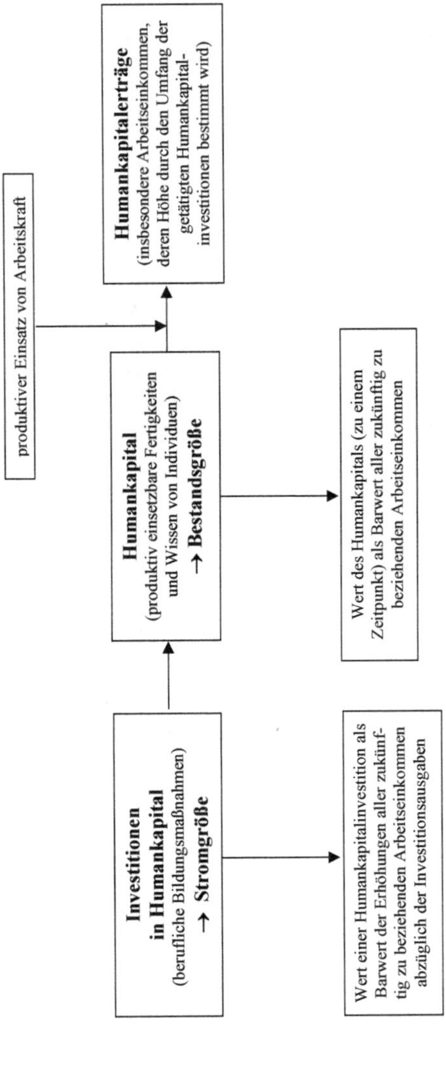

Abbildung 1.2: Humankapital und Humankapitalinvestition

Der Zusammenhang zwischen Humankapital und Humankapitalinvestitionen wird in Abbildung 1.2 noch einmal illustriert. Um eine leitbildkonforme einkommensteuerliche Behandlung dieser Humankapitalinvestition erarbeiten zu können, folgt im nächsten Kapitel eine ausführliche Darstellung der Einkommensteuerleitbilder.

Kapitel 2

Leitbilder der Einkommensbesteuerung

2.1 Zielsetzung des Kapitels

In diesem Kapitel werden unterschiedliche Leitbilder der Einkommensbesteuerung konzeptionell dargestellt. Dadurch wird die Grundlage geschaffen, die jeweils leitbildkonforme steuerliche Behandlung von Humankapitalinvestitionen in Kapitel 3 dieser Arbeit detailliert zu untersuchen.

In der Einleitung bereits angesprochen, lassen sich zwei verschiedene Konzepte der Besteuerung von Einkommen unterscheiden: Die *umfassende* bzw. *traditionelle Einkommensteuer*, die nach ihren Begründern von Schanz, Haig und Simons[1] als *SHS-Einkommensteuer* bezeichnet wird sowie die *lebenszeitorientierte Einkommensteuer*, die in unterschiedlichen Ausgestaltungen seit den späten siebziger Jahren als Alternativkonzept zur SHS-Einkommensteuer Gegenstand der Steuerreformdiskussion ist.[2] Bezüglich der lebenszeitlichen steuerlichen Belastungswirkung ähnelt die lebenszeitorientierte Einkommensteuer der zeitlich zuvor entwickelten *persönlichen Konsumausgabensteuer* Kaldors[3], die in dieser Hinsicht Bezüge zur lebenszeitorientierten Einkommensteuer aufweist.[4]

---

[1]Vgl. von Schanz (1896); Haig (1959); Simons (1938).

[2]Zu den verschiedenen Varianten der lebenszeitorientierten Einkommensteuer zählen z.B. der „Flat-Tax“ Steuerreformvorschlag von Robert E. Hall und Alvin Rabushka (vgl. Hall und Rabushka (1995)), der „Blueprints for Basic Tax Reform“-Steuerreformvorschlag von David F. Bradford (vgl. Bradford und U.S. Treasury Tax Policy Staff (1984)), der Steuerreformvorschlag des Meade-Kommittees (vgl. Meade (1978)) und der in Deutschland aktuell debattierte und in Gesetzesform vorliegende Steuerreformvorschlag „Einfachsteuer“ des Heidelberger Steuerkreises unter der Leitung von Manfred Rose (vgl. Rose (2002b); Rose (2003e)). Dieser Steuerreformvorschlag wird in Kapitel 6 dieser Arbeit skizziert und bezüglich der steuerlichen Behandlung von Humankapitalinvestitionen detailliert dargestellt.

[3]Vgl. Kaldor (1955).

[4]Die wesentlichen Unterschiede zwischen der persönlichen Konsumausgabensteuer Kaldors und der lebenszeitorientierten Einkommensteuer werden in Abschnitt 2.3 dargestellt.

Im Folgenden wird die SHS-Einkommensteuer, daran anschließend die lebenszeitorientierte Einkommensteuer dargestellt. Dabei wird auf die jeweilige historische Entwicklung und auf die Prinzipien zur Ermittlung der Steuerbasis eingegangen. Daneben werden die sich hieraus ergebenden Implikationen bezüglich der dem Leitbild zugrundeliegenden Leistungsfähigkeitskonzeption, der Effizienz und der Administrierbarkeit des jeweiligen Besteuerungskonzepts aufgezeigt. Die persönliche Konsumausgabensteuer wird im Abschnitt zur historischen Entwicklung der lebenszeitorientierten Einkommensteuer behandelt.

2.2 SHS-Einkommensteuer

2.2.1 Historische Entwicklung

Die Einkommensteuer nach von Schanz, Haig und Simons geht in ihrem inhaltlichen Kern auf Arbeiten von von Hermann[5] und Schmoller[6] zurück und beruht auf dem Prinzip der Besteuerung des *Reinvermögenszugangs* zwischen zwei Zeitpunkten.[7] Einkommen im Sinne von von Schanz, Haig und Simons wird somit als Reinvermögenszugang innerhalb einer Periode bestimmt. Haig und Simons legten den steuerlichen Einkommensbegriff folgendermaßen fest: Haig definierte Einkommen als „money value of the net accretion to one's economic power between two points in time“[8] (den in Geld bewerteten Zuwachs an „ökonomischer Kraft“ zwischen zwei Zeitpunkten), während Simons Einkommen als „the algebraic sum of (1) the market value of rights exercised in consumption and (2) the change in value of the store of property rights between the beginning and the end of the period in question“[9] (den Marktwert des Konsums zuzüglich der Wertänderung des Vermögens zwischen dem Anfang und dem Ende eines Zeitraums) bezeichnete. Bereits gegen Ende des 19. Jahrhunderts hatte von Schanz den in der anglo-amerikanischen Literatur Haig und Simons zugesprochenen Einkommensbegriff erstmalig verwendet und Einkommen als „disponible wirtschaftliche Leistungsfähigkeit“ – ausgedrückt durch den Rein-

[5] Vgl. von Hermann (1832).

[6] Vgl. Schmoller (1863).

[7] Von Schanz verweist in seinem Artikel auf von Hermann und Schmoller, deren Einkommensbegriff sich im Wesentlichen mit der von ihm vorgeschlagenen Einkommenskonzeption deckt. Vgl. von Schanz (1896), S. 6-7. Die umfassende Einkommensteuer wird bis auf Smith (1904) zurückgeführt. Vgl. Goode (1977), S. 3, 8-9.

[8] Vgl. Haig (1959), S. 59.

[9] Vgl. Simons (1938), S. 50.

vermögenszugang eines Zeitraums – beschrieben.[10] Alle drei Einkommensdefinitionen sind in ihrer Bedeutung in dem Sinne inhaltlich äquivalent, dass sie den Reinvermögenszugang als *Erhöhungen des Konsumpotentials* innerhalb einer Periode zur Steuerbasis der Einkommensteuer erheben.[11] Die Periode bzw. der Zeitraum zur Messung des Reinvermögenszugangs ist das *Kalenderjahr* als Steuerabschnitt.

2.2.2 Prinzipien der SHS-Einkommensteuer

Im Einklang mit den Einkommensdefinitionen von von Schanz und Haig, die Einkommen über die Einkommensentstehungsseite messen, und der Definition von Simons, der Einkommen über die Einkommensverwendungsseite bestimmt, kann man die Steuerbasis eines Kalenderjahrs folgendermaßen darstellen:

$$Y = C + S + G + T \tag{2.1}$$

Der Reinvermögenszugang bzw. das Einkommen Y als Steuerbasis beinhaltet somit alle Zugänge an Mitteln, die ein Steuerpflichtiger kalenderjährlich für Konsum C, Sparen S, Schenkungen (inklusive der Erbschaften am Lebensende) G sowie Steuerzahlungen T verwenden kann. Die Steuerbasis der SHS-Einkommensteuer wird aus praktischen Gründen über die Einkommensentstehungsseite bestimmt. Wie der Reinvermögenszugang abgegrenzt ist, wie er ermittelt wird und wie sich die Steuerzahlung eines Kalenderjahrs ergibt, wird im Folgenden skizziert.[12]

2.2.2.1 Nettoprinzip und Vermögensprinzip

Mit dem Begriff des Reinvermögenszugangs als Steuerbasis der SHS-Einkommensteuer ist das *Nettoprinzip* und das *Vermögensprinzip* impliziert. Einkommen ist eine *Nettogröße*, die über eine *Vermögensrechnung* bestimmt wird. Zur Ermittlung des Reinvermögenszugangs sind daher Vermögenszugänge um nichtkonsumtive Vermögensabgänge zu korrigieren, so dass entsprechend Gleichung (2.1) die Verwendung des Reinvermögenszugangs für Konsum, Sparen und Schenkungen (sowie der Erbschaften am Lebensende) steuerlich belastet

[10] Vgl. von Schanz (1896), S. 17. Eine Enumeration einzelner Einkommensbestandteile findet man auf S. 24 dieser Quelle.

[11] Dass Konsumpotentialerhöhungen dem Reinvermögenszugang entsprechen wird deutlich, wenn man Vermögen als Konsumpotential auffasst. Dann nämlich bedeutet der Vermögenszuwachs gleichzeitig eine Steigerung der Konsummöglichkeiten.

[12] Zu den Prinzipien der Ermittlung von Einkommen im Rahmen der SHS-Einkommensteuer siehe Rose (2003a), S. 100-104; Rose (2003b), S. 346-347; Rose (2003e), S. 26-30.

wird; diese Steuerbelastung kommt in der Steuerzahlung zum Ausdruck, die verwendungsseitig Teil des Reinvermögenszugangs ist.[13] Abzugsfähig sind insbesondere erwerbsbedingte Vermögensabgänge, also Vermögensabgänge, die im Zusammenhang mit der Erzielung von Vermögenszugängen durch eine Marktbeteiligung entstehen. Dieses Prinzip wird im Einkommensteuerrecht als *objektives Nettoprinzip* bezeichnet. Es ist im Rahmen der SHS-Einkommensteuer verwirklicht, allerdings insofern zu eng, da auch Vermögensabgänge, die nicht im Zusammenhang mit der Erzielung von Vermögenszugängen aus Marktbeteiligungen stehen (wie z.B. die Wertminderung einer eigengenutzten Immobilie), konzeptionell die Steuerbasis reduzieren.[14]

In den Reinvermögenszugang eines Kalenderjahrs gehen entsprechend des Vermögensprinzips und des Nettoprinzips gewöhnlich Arbeitslöhne als Vermögenszugänge abzüglich der zu ihrer Erzielung aufgebrachten Ausgaben als Vermögensabgänge ein.[15] Daneben sind Zinsen, Unternehmensgewinne, die als Differenz betrieblicher Vermögenszu- und Vermögensabgänge zu ermitteln sind, private sowie staatliche Transfers (erhaltene Erbschaften und Schenkungen und beispielsweise Arbeitslosengelder), Gewinne aus der Veräußerung von Wirtschaftsgütern (z.B. Immobilien, Aktien, ganze Unternehmen) und bloße Wertänderungen von privatem Vermögen (z.B. die Wertänderung eines Aktiendepots oder einer eigengenutzten Immobilie) Teil des Reinvermögenszugangs.[16]

---

[13] Nicht zu den steuerlich abzugsfähigen Vermögensabgängen eines Kalenderjahrs gehören demnach solche, die auf (eigenen) Konsum, geleistete Schenkungen (sowie Erbschaften) und Steuerzahlungen zurückzuführen sind.

[14] Unterschieden wird das objektive Nettoprinzip somit vom *subjektiven Nettoprinzip*, nach dem bestimmte Konsumausgaben wie z.B. die Ausgaben für das Konsumexistenzminimum (in Form eines Freibetrags) steuerlich in Abzug gebracht werden können. Siehe zum objektiven und subjektiven Nettoprinzip Tipke (2003), S. 762 ff. bzw. S. 784 ff.; Lang (1982), S. 183 ff..

[15] Ob die kalenderjährliche Besteuerung von Arbeitseinkommen allerdings mit dem Vermögensprinzip der SHS-Einkommensteuer vereinbar ist, wird in Kapitel 3 im Detail untersucht.

[16] Zur Steuerbasis der SHS-Einkommensteuer siehe Hyman (1999), S. 476-481; Reding und Müller (1999), S. 51-56; Rosen (2002), S. 336-340; Tipke und Lang (2002), S. 187-188; Lang (2003b), S. 20-23. In der Literatur wird betont, dass Einkommen mit den *Erhöhungen des individuellen Bedürfnisbefriedigungspotentials* eines Kalenderjahrs gleichzusetzen ist. Aus diesem Grund zählt neben dem Saldo der oben angegebenen Vermögensänderungen auch das so genannte „imputed income“, hierzu gehört beispielsweise der Nutzungswert einer eigenen Immobilie und der Wert eigenproduzierter Güter und Dienstleistungen, zum Einkommen. Vgl. Tipke und Lang (2002), S. 188; Lang (2003a), S. 98; Hyman (1999), S. 480-481; Reding und Müller (1999), S. 52.

2.2.2.2 Prinzip des jährlichen Mittelzugangs und Syntheseprinzip

Nach dem *Prinzip des jährlichen Mittelzugangs* sind die oben genannten Einkommen im Kalenderjahr ihres Zugangs zu versteuern. Ohne Bedeutung ist dabei, ob die den Einkommen zugrundeliegenden Einkommensquellen in der Vergangenheit bereits steuerlich belastet wurden oder zukünftig einer steuerlichen Belastung unterliegen.[17] So werden Zinsen, die aus einer in der Vergangenheit vorgenommenen Anlage versteuerter Arbeitseinkommen am Kapitalmarkt resultieren, zur Steuerbasis gezählt. Ferner sind z.B. Werterhöhungen eines Aktiendepots als Teil des Reinvermögenszugangs steuerpflichtig, auch wenn die den Wertanstieg begründenden zukünftigen Nach-Steuer-Gewinne einer späteren Besteuerung unterliegen.

Das *Syntheseprinzip* verlangt, die unterschiedlichen Mittelzugänge zum Einkommen zusammenzufassen und dieses als aggregierte Größe einem Steuertarif zu unterlegen.

2.2.3 Implikationen des SHS-Leitbilds

2.2.3.1 Leistungsfähigkeitsimplikation

Ein wesentlicher Grundsatz der Einkommensbesteuerung stellt die Besteuerung nach der *individuellen Leistungsfähigkeit* eines Steuerpflichtigen dar. Hiernach sollten Steuerpflichtige mit gleicher Leistungsfähigkeit in gleichem Umfang zur Finanzierung staatlicher Aufgaben beitragen (horizontale Gerechtigkeit). Bei einem Vergleich zweier Steuerpflichtiger sollte der Steuerpflichtige mit höherer Leistungsfähigkeit eine höhere Steuerzahlung leisten (vertikale Gerechtigkeit).

Die SHS-Einkommensteuer setzt das Leistungsfähigkeitsprinzip *kalenderjahrbezogen* um, so dass Leistungsfähigkeitsvergleiche anhand des kalenderjährlichen Reinvermögenszugangs von Steuerpflichtigen vorgenommen werden. Wird Leistungsfähigkeit auf ein Kalenderjahr bezogen, ist die lebenszeitlich ermittelte Steuerlast zweier Steuerpflichtiger mit gleichem lebenszeitlich bestimmten Einkommenserwerb sowohl vom individuellen Konsum-Spar-Muster als auch von der individuellen zeitlichen Verteilung des Einkommenserwerbs abhängig.[18] Folgende Beispiele, die in den Tabellen 2.1 und 2.2 dargestellt sind, verdeutlichen dies. Es wird dabei von zwei Steuerpflichtigen A und B ausgegangen, die über ihr Leben hinweg, welches vereinfachend zwei Perioden umfasst, ein als Barwert berechnetes gleich hohes Arbeitseinkommen beziehen.

[17] Vgl. Rose (2003d), S. 7.

[18] Vgl. Bradford und U.S. Treasury Tax Policy Staff (1984), S. 37; Sørensen (1994), S. 62-63.

Tabelle 2.1: Diskriminierung des Sparers im Rahmen der SHS-Einkommensteuer

	Steuerpflichtiger *A*		Steuerpflichtiger *B*	
	Periode 1	Periode 2	Periode 1	Periode 2
1. Arbeitseinkommen	1000	1000	1000	1000
2. Zinseinkommen	0	0	0	50
3. Steuerzahlung (50 % von 1. und 2.)	500	500	500	525
4. Ersparnis	0	0	500	-500
5. Konsum (1. + 2. - 3. - 4.)	500	500	0	1025
6. Barwert der Steuerzahlungen[a]	976,2		1000	

[a]Bei der Berechnung des Barwerts der Steuerzahlungen wird von einem Steuersatz von 50 % und einer Vor-Steuer-Rendite von 10 % ausgegangen; der Diskontierungszinssatz beträgt daher 5 %.

Anhand Tabelle 2.1 wird deutlich, dass der Steuerpflichtige B, der in der ersten Periode Konsumverzicht übt, aufgrund der Besteuerung des aus der Ersparnis resultierenden Zinseinkommens lebenszeitlich steuerlich höher belastet ist als der Steuerpflichtige A, der in der ersten Periode das Arbeitseinkommen vollständig für Konsum verwendet und keine Ersparnisse bildet. Tabelle 2.2 zeigt auf, dass der Steuerpflichtige A gegenüber dem Steuerpflichtigen B diskriminiert wird, da er bei gleichem lebenszeitlichen Einkommenserwerb und identischem Konsum-Spar-Muster aufgrund des früheren Bezugs des Arbeitseinkommens eine höhere Steuerlast zu tragen hat.

Tabelle 2.2: Diskriminierung des „Frühverdieners“ im Rahmen der SHS-Einkommensteuer

	Steuerpflichtiger *A*		Steuerpflichtiger *B*	
	Periode 1	Periode 2	Periode 1	Periode 2
1. Arbeitseinkommen	1000	0	0	1050
2. Zinseinkommen	0	50	0	0
3. Steuerzahlung (50 % von 1. und 2.)	500	25	0	525
4. Ersparnis	500	-500	0	0
5. Konsum (1. + 2. - 3. - 4.)	0	525	0	525
6. Barwert der Steuerzahlungen[a]	523,8		500	

[a]Bei der Berechnung des Barwerts der Steuerzahlungen wird von einem Steuersatz von 50 % und einer Vor-Steuer-Rendite von 10 % ausgegangen; der Diskontierungszinssatz beträgt daher 5 %.

2.2.3.2 Effizienzimplikation

Neben dem Grundsatz einer Besteuerung nach der Leistungsfähigkeit sollte eine Einkommensteuer Marktentscheidungen von Steuerpflichtigen möglichst wenig beeinflussen und insofern geringstmögliche Effizienzverluste hervorrufen.[19] Die SHS-Einkommensteuer verzerrt sowohl intertemporale Entscheidungen als auch die individuelle intratemporale Arbeit-Freizeit-Entscheidung. Intertemporale Entscheidungen werden von Haushalten und Unternehmen getroffen. Durch die Besteuerung von Zinseinkommen als Teil des Reinvermögenszugangs steigt das relative Preisverhältnis zwischen Gegenwarts- und Zukunftskonsum an. Zukunftskonsum wird relativ teurer.[20] Steuerpflichtige substituieren daher Zukunfts- durch Gegenwartskonsum, woraus eine verminderte Ersparnisbildung resultiert, wenn der Substitutionseffekt den Einkommenseffekt der Zinsbesteuerung auf den Gegenwartskonsum (Gegenwartskonsum ist positiv

[19]Hierbei wird davon ausgegangen, dass die Koordination wirtschaftlicher Aktivitäten von Individuen über Märkte eine Pareto-optimale Allokation von Ressourcen generiert, die durch die Erhebung von Einkommensteuern steuerlich nicht verzerrt werden sollte.

[20]Vgl. Kay (1990), S. 25.

vom Einkommen abhängig) überwiegt.[21] Die SHS-Einkommensteuer ist auf der Haushaltsseite insofern *nicht intertemporal neutral.*

Unternehmerische Investitionsentscheidungen bleiben im Rahmen einer konzeptionell korrekt umgesetzten SHS-Einkommensteuer steuerlich unbeeinflusst. Dies setzt allerdings voraus, dass die nach dem Reinvermögenszugangsprinzip erforderliche Ermittlung der „wahren" Wertänderung von Investitionsgütern während eines Kalenderjahrs möglich ist.[22] Kann diese Wertänderung nicht exakt bestimmt werden und werden Investitionsausgaben konventionell über Abschreibungen von Buchwerten – verteilt auf die Nutzungsdauer eines Investitionsguts – berücksichtigt, sind Verzerrungen unternehmerischer Investitionsentscheidungen im Rahmen der SHS-Einkommensteuer die Folge. Sie ist daher *nicht investitionsneutral.*[23] Aufgrund der fehlenden intertemporalen Neutralität auf der Haushaltsseite und der konzeptionell gegebenen Investitionsneutralität auf der Unternehmensseite wird die Kapitalbildung, die sich aus dem Zusammenwirken von Sparen und Investieren ergibt, durch die SHS-Einkommensteuer gestört. Eine am Reinvermögenszugang ausgerichtete Einkommensteuer ist deshalb *nicht global intertemporal neutral.*[24] Die fehlende globale intertemporale Neutralität führt zu Effizienzverlusten, die als *Zusatzlasten* der Besteuerung bezeichnet werden.

Nicht nur aus der Kapitaleinkommensbesteuerung, sondern auch aus der Besteuerung von Arbeitseinkommen resultieren Effizienzverluste der SHS-Einkommensteuer. Besitzt ein Steuerpflichtiger eine Wahlmöglichkeit zwischen Ar-

---

[21] Vgl. Sandmo (1985), S. 268-270. Für den Fall des Entsparens sind der Substitutions- und der Einkommenseffekt der Zinssteuer auf den Gegenwartskonsum gleichgerichtet, so dass Entsparen infolge der Besteuerung von Zinseinkommen zunimmt.

[22] In Kapitel 3 wird aufgezeigt, dass die korrekte Bestimmung der auf Investitionen bezogenen Steuerbasen im Rahmen einer SHS-Einkommensteuer den Ansatz so genannter *Ertragswertabschreibungen* bzw. *Ertragswertzuschreibungen* erforderlich macht. Die Bestimmung periodischer Ertragswertänderungen ist allerdings in der Steuerpraxis nicht möglich.

[23] Die in der Steuerpraxis anzutreffende steuerliche Behandlung von Investitionen in Sachkapital gemäß einer konventionellen SHS-Einkommensteuer, die durch den steuermindernden Ansatz von Investitionsausgaben über Buchwertabschreibungen und die Abzugsfähigkeit von Kreditzinsen charakterisiert ist, bedingt eine „Überinvestition" in Sachkapital. Diese Eigenschaft der SHS-Einkommensteuer führte zum Begriff des „Gewinnsteuer-Paradoxons". Vgl. Sinn (1984).

[24] Hans-Werner Sinn hat aufgezeigt, dass die Besteuerung von Zinseinkommen in Verbindung mit einer vollständigen steuerlichen Sofortabzugsfähigkeit von Investitionsausgaben die globale intertemporale Neutralität einer Einkommensteuer sicherstellt. Vgl. Sinn (1984); Sinn (1985). Der sofortige steuerliche Abzug von Investitionsausgaben ist mit dem Vermögensprinzip der SHS-Einkommensteuer allerdings nicht vereinbar. Eine einfache Darstellung des so genannten „Sinnschen-Systems" findet man bei Buchholz und Wiegard (1990).

beit und Freizeit, führt die Besteuerung von Arbeitseinkommen wegen der nicht praktizierbaren Besteuerung von Freizeit zu einer Substitution von Arbeit durch steuerbedingt billiger gewordene Freizeit.

2.2.3.3 Administrierbarkeitsimplikation

Da Einkommen über eine Vermögensrechnung ermittelt wird, treten Bewertungsprobleme bei der Feststellung der Steuerbasis auf.[25] Als schwierig erweist es sich, Vermögensänderungen zu erfassen, wenn mit diesen keine Kassenzu- oder -abgänge verbunden sind. So müssten unrealisierte Wertänderungen von Sach- und Finanzkapital kalenderjährlich ermittelt werden. Bei Finanzkapital ist dies grundsätzlich möglich. Beispielsweise können Wertänderungen einer Aktie aus dem Vergleich von an der Börse beobachtbaren Kurswerten zu Beginn und zum Ende eines Kalenderjahrs bestimmt werden. Bei Sachkapital gestaltet sich die Ermittlung von Wertänderungen dagegen schwieriger. Durch Abnutzung begründete Wertminderungen einer produktiv genutzten Maschine müssten korrekt messbar sein, die anzusetzenden Abschreibungen mit dem „wahren" Wertverlust dieses Investitionsguts übereinstimmen.[26] Daneben wären auch Vermögensänderungen im Privatvermögen zu ermitteln und beispielsweise die Wertänderung einer eigengenutzten Immobilie steuerlich als Einkommen zu erfassen. Die Implementierung einer konzeptionell schlüssigen SHS-Einkommensteuer ist deshalb nicht möglich. Gerade diese Einsicht wird in Kapitel 3 zur steuerlichen Behandlung von Humankapitalinvestitionen bestätigt.

2.3 Lebenszeitorientierte Einkommensteuer

Die lebenszeitorientierte Einkommensteuer hat ihre geschichtlichen Ursprünge in der periodischen Besteuerung von Konsumausgaben. Aus diesem Grund wird die lebenszeitorientierte Einkommensteuer häufig mit der persönlichen Konsumausgabensteuer Kaldors gleichgesetzt. Obwohl beide Konzepte Gemeinsamkeiten aufweisen, unterscheiden sie sich allerdings insbesondere hinsichtlich ihrer Administrierbarkeit und der jeweils zugrundeliegenden Leistungsfähigkeitskonzeption. Eine Besteuerung des Periodenkonsums entspricht daher nicht dem in diesem Abschnitt dargestellten Leitbild der lebenszeitorientierten Einkommensteuer. Um die Unterschiede zwischen diesen beiden Besteuerungskonzepten aufzuzeigen, wird im Rahmen der Darstellung der historischen Wurzeln

[25]Siehe hierzu ausführlich Bradford (1980), S. 80-88.
[26]Vgl. McLure und Zodrow (1990), S. 343; Rosen (2002), S. 339.

der lebenszeitorientierten Einkommensteuer die persönliche Konsumausgabensteuer Kaldors skizziert.

2.3.1 Historische Entwicklung

Die Besteuerung des periodischen Konsums anstelle von Einkommen hatte schon früh viele Befürworter gefunden.[27] So vertrat schon Hobbes[28] im 17. Jahrhundert die Ansicht, dass es gerechter sei, Individuen nach ihrem Konsum anstatt nach ihrem Einkommen zu besteuern.[29] Sie sollten steuerlich in dem Maß belastet werden wie sie der Gesellschaft durch Konsum Ressourcen entziehen und ihr dadurch eine Last aufbürden.[30] Durch Sparen als Teil der Einkommensverwendung würden dagegen der Gesellschaft Mittel zur Kapitalbildung zur Verfügung gestellt. Hobbes lehnte daher Einkommen als Steuerbasis ab. Eine andere Begründung, der Besteuerung der periodischen Konsumausgaben den Vorzug zu geben, ist die durch die Besteuerung von Einkommen hervorgerufene *Doppelbelastung des Sparens*, die insbesondere von Mill und auch von Marshall und Pigou[31] aus Gerechtigkeitserwägungen gegen die Ausrichtung der Besteuerung am Einkommen hervorgebracht wurde.[32] Alle genannten Befürworter des Periodenkonsums als Steuerbasis waren der Ansicht, dass dieses Besteuerungskonzept in der Praxis nicht umzusetzen sei.[33] Man ging davon aus, dass die Ermittlung der Steuerbasis die Addition einzelner Konsumausgaben verlangte. Fisher[34] zeigte allerdings auf, dass der Periodenkonsum als Differenz aus Einkommen und Ersparnisbildung bestimmt werden kann.[35]

Kaldor glaubte, dass die Besteuerung von Konsum anstelle von Einkommen besser mit der Besteuerung nach der individuellen Leistungsfähigkeit in Einklang zu bringen wäre. Einkommen sei als Indikator von Leistungsfähigkeit und somit als Gradmesser der Steuerzahlung ungeeignet. Steuerpflichtige ohne Einkommen, aber mit Vermögen, aus welchem sie konsumierten, würden steuerlich bevorzugt.[36] Neben Gerechtigkeitserwägungen und der Unterstützung des

[27] Einen Überblick zur geschichtlichen Entwicklung direkter Steuern auf den Konsum bietet Musgrave (1990), S. 33-37.
[28] Vgl. Hobbes (1968).
[29] Vgl. Kay und King (1986), S. 79.
[30] Vgl. Rosen (2002), S. 452.
[31] Pigou lehnte die Besteuerung von Einkommen aus Gründen der Ineffizienz, verursacht durch die steuerliche Doppelbelastung des Sparens, ab. Vgl. Musgrave (1990), S. 35.
[32] Siehe hierzu Mill (1861); Marshall (1925); Pigou (1928).
[33] Vgl. Batina und Ihori (2000), S. 7.
[34] Vgl. Fisher (1937).
[35] Vgl. Lodin (1978), S. 31; Musgrave (1990), S. 35.
[36] Vgl. Davies und St-Hilaire (1987), S. 7.

Arguments von Hobbes sah Kaldor die direkte Konsumbesteuerung gegenüber einer umfassenden Einkommensteuer auch aus effizienztheoretischer Sicht als eindeutig überlegen an.[37] Gleichwohl vermutete er, dass die Umsetzung einer direkten Besteuerung von Konsumausgaben administrativ schwierig sei und daher nur als Ergänzung zur zu dieser Zeit in Großbritannien praktizierten Einkommensteuer – eingeschränkt auf Vermögende – Anwendung finden sollte.[38] In den 1960er Jahren wurde die persönliche Konsumausgabensteuer in Indien und Sri Lanka als Ergänzung zu dort existierenden Einkommensteuern eingeführt, allerdings nach wenigen Jahren bereits wieder abgeschafft. Im Folgenden wird die persönliche Konsumausgabensteuer Kaldors in ihren Grundzügen dargestellt.

Die Steuerbasis der persönlichen Konsumausgabensteuer, die im anglo-amerikanischen Sprachraum als *Expenditure Tax* bezeichnet wird, ist der Periodenkonsum eines Steuerpflichtigen.[39] Die Ermittlung des Periodenkonsums erfolgt nach dem *Kassenprinzip*. Von den Kassenzugängen eines Kalenderjahrs sind alle Kassenabgänge abzuziehen, die vom Steuerpflichtigen nicht zum Tätigen von Konsumausgaben (inklusive geleisteter Schenkungen und Steuerzahlungen) verwendet werden.[40] Neben Arbeitseinkommen, Zinsen, ausgeschütteten Unternehmensgewinnen[41] und Veräußerungserlösen aus dem Verkauf von Vermögensgegenständen (z.B. Aktien, Immobilien) gehen auch die Kreditaufnahme und die Rückzahlung von an Dritte vergebener Kredite positiv in die Steuerbasis ein.[42] Zusätzlich sind in Geld bewertete erhaltene Erbschaften und Schenkungen Teil der Steuerbasis. Als nichtkonsumtive Kassenabgänge werden Rückzahlungen aufgenommener Kredite, die Kreditvergabe an Dritte, Ausgaben zum Erwerb von Vermögensgegenständen (einschließlich Immobilien) und die Erhöhung von Bargeldbeständen und Bankguthaben steuermindernd angesetzt.[43] Ausgehend vom Konzept des Reinvermögenszugangs lässt sich die Steuerbasis

---

[37] Vgl. Lodin (1978), S. 32-33.

[38] Vgl. Davies und St-Hilaire (1987), S. 7.

[39] Zur persönlichen Konsumausgabensteuer Kaldors siehe ausführlich Peffekoven (1980), S. 417-452.

[40] Vgl. Lodin (1978), S. 248.

[41] Im Rahmen der persönlichen Konsumausgabensteuer erfolgt die Besteuerung unternehmerischer Gewinne erst bei Ausschüttung. Vgl. Kaldor (1965), S. 146.

[42] Zur Darstellung der Steuerbasis der persönlichen Konsumausgabensteuer siehe Kaldor (1965), S. 192.

[43] Vgl. Reding und Müller (1999), S. 516.

der persönlichen Konsumausgabensteuer über folgende Gleichung darstellen[44]:

$$Y - S = C + G + T \tag{2.2}$$

Y stellt den Reinvermögenszugang der SHS-Einkommensteuer dar, von dem die Ersparnis S zu subtrahieren ist, um die Steuerbasis zu erhalten. Diese stimmt – von der Verwendungsseite aus betrachtet – mit der Summe aus Periodenkonsum C, geleisteter Transfers (Schenkungen sowie Erbschaften am Lebensende) G und Steuerzahlung T überein.

Welche Implikationen ergeben sich aus dieser Definition der Steuerbasis hinsichtlich der Leistungsfähigkeitskonzeption, der Effizienz und der Administrierbarkeit der persönlichen Konsumausgabensteuer? Steuerliche Leistungsfähigkeit wird analog zum Konzept der SHS-Einkommensteuer kalenderjährlich gemessen. Der Leistungsfähigkeitsindikator ist allerdings nicht das periodische Einkommen, sondern der Periodenkonsum.[45] Im Unterschied zur SHS-Einkommensteuer wird mangels der steuerlichen Doppelbelastung von Zinseinkommen das intertemporale Preisverhältnis zwischen Gegenwarts- und Zukunftskonsum und folglich die individuelle Konsum-Spar-Entscheidung steuerlich nicht verzerrt.[46] Unternehmerische Investitionsentscheidungen bleiben von

[44]Dass die Bestimmung der Steuerbasis über den Reinvermögenszugang korrigiert um die Ersparnisbildung der kassenmäßigen Ermittlung des Periodenkonsums entspricht, wird ersichtlich, wenn man beispielsweise die steuerlichen Wirkungen einer unrealisierten Vermögensänderung, einer Kreditaufnahme, deren Mittel zu Konsumzwecken verwendet werden oder die Rückzahlung eines Kredits inklusive der Kreditzinszahlungen betrachtet. Im erstgenannten Fall führt die unrealisierte Vermögensänderung zu einem Anstieg des Reinvermögenszugangs Y und in gleicher Höhe zu einer Ersparnisbildung S, so dass die Steuerbasis der persönlichen Konsumausgabensteuer – bezogen auf diese Transaktion – Null beträgt. Im zweiten Fall nimmt die Kreditaufnahme keinen Einfluss auf den Reinvermögenszugang Y, allerdings ist S in Höhe der Kreditaufnahme negativ, so dass gerade der kreditfinanzierte Konsum die Steuerbasis bestimmt. Im dritten Fall besitzt die Kreditrückzahlung einen positiven Einfluss auf S, der Reinvermögenszugang Y ist nicht betroffen. Geleistete Kreditzinsen gehen als Vermögensabgang negativ in Y ein und sind in S nicht enthalten. Insgesamt betrachtet ist Y daher nicht mit den steuerlich relevanten Kassenzugängen gleichzusetzen, S ist nicht deckungsgleich mit den steuerlich relevanten Kassenabgängen.

[45]Der Kritik an der SHS-Einkommensteuer, die die lebenszeitlich bestimmte Steuerlast bei gegebenem lebenszeitbezogenen Einkommenserwerb am Konsum-Spar-Muster und an der zeitlichen Verteilung des Einkommenserwerbs ausrichtet, ist die persönliche Konsumausgabensteuer nicht ausgesetzt. Im Unterschied zur SHS-Einkommensteuer ist die Höhe der lebenszeitbezogenen Steuerlasten bei einer persönlichen Konsumausgabensteuer unabhängig von der zeitlichen Verteilung der Konsumausgaben und des Mittelerwerbs des Steuerpflichtigen.

[46]Natürlich sind Zinseinkommen bei konsumtiver Auflösung gesparter Beträge zu versteuern. Aufgrund der steuerlichen Abzugsfähigkeit der Ersparnisbildung werden Zinseinkommen in intertemporaler Sicht allerdings steuerlich nur einmalig belastet.

der Besteuerung unbeeinflusst, da lediglich Gewinnausschüttungen von Unternehmen besteuert werden. Die persönliche Konsumausgabensteuer erfüllt daher das Kriterium der globalen intertemporalen Neutralität. Da Arbeitseinkommen als Kassenzugänge in die Steuerbasis eingehen, wird die individuelle Arbeit-Freizeit-Entscheidung steuerlich beeinträchtigt, so dass Effizienzverluste der Besteuerung resultieren. Aus administrativer Sicht gestaltet sich die persönliche Konsumausgabensteuer als äußerst problematisch, da finanzielle Transaktionen eines Steuerpflichtigen (Kreditaufnahme und -tilgung, Kreditvergabe und -rückzahlung, Sparen und Entsparen auf bzw. von Bankkonten, Erwerb und Veräußerung festverzinslicher Wertpapiere usw.) von der Finanzverwaltung zu überwachen sind.[47]

2.3.2 Die steuerliche Belastung des Lebenseinkommens

Das Kernprinzip der lebenszeitorientierten Einkommensteuer ist die *steuerliche Einmalbelastung des Lebenseinkommens* eines Steuerpflichtigen.[48] Es wird zunächst erläutert, was unter dem Begriff des Lebenseinkommens zu verstehen ist. Anschließend werden die zwei alternativen Methoden dargestellt, über die das Lebenseinkommen durch eine kalenderjährliche Besteuerung eine einmalige steuerliche Belastung erfährt. Die Prinzipien, die die lebenszeitorientierte Einkommensteuer kennzeichnen, werden in Abschnitt 2.3.3 dargelegt.

2.3.2.1 Der Begriff des Lebenseinkommens

Von der Einkommensentstehungsseite aus betrachtet umfasst das Lebenseinkommen eines Steuerpflichtigen sämtliche *auf das Lebensende aufgezinsten kalenderjährlichen Kassenüberschüsse aus Marktbeteiligungen*, *erhaltenen privaten* und *staatlichen Transfers* sowie den *Nachlass*.[49] Die aus Marktbeteiligun-

[47]Administrativ problematisch ist auch die steuerliche Behandlung des Erwerbs und der Nutzung langlebiger Konsumgüter (z.B. Kraftfahrzeuge, Hausrat, Kunstgegenstände und Immobilien). Diese Vermögensgegenstände müssten beim Erwerb steuerlich abzugsfähig sein und in den Kalenderjahren ihrer Nutzung zu Steuerbasen in Höhe ihres periodischen Konsumwerts führen. Vgl. Kaldor (1965), S. 196-198. Insofern werden nach dem Besteuerungskonzept Kaldors nicht die periodischen Konsumausgaben, sondern der Periodenkonsum steuerlich erfasst. Hieraus resultiert ein Zuordnungsproblem von Ausgaben für langlebige Konsumgüter zu einzelnen Steuerabschnitten. Vgl. Peffekoven (1980), S. 421-422; Kay und King (1986), S. 91; Wellisch (2000), S. 78.

[48]Dieser Abschnitt zum Begriff des Lebenseinkommens und den beiden Methoden zur Sicherstellung der steuerlichen Einmalbelastung des Lebenseinkommens orientiert sich an Rose (2003a); Rose (2003c).

[49]Natürlich kann das Lebenseinkommen auch als Barwert dieser Zuflüsse auf den Zeitpunkt der Geburt bezogen werden.

gen resultierenden Kassenüberschüsse eines Kalenderjahrs sind als Differenz von Einnahmen und nichtkonsumtiven Ausgaben bzw. Ausgaben zur Erzielung zukünftiger Einnahmen definiert.[50] Arbeitslohn abzüglich der Ausgaben zu dessen Erzielung, Erlöse aus dem Verkauf von festverzinslichen Wertpapieren und Unternehmensanteilen, erhaltene Zinsen, ausgeschüttete Unternehmensgewinne und die Auflösung von Sparkapital als Einnahmen sind daher um aufgewendete Beträge zum Kauf von festverzinslichen Wertpapieren und Unternehmensanteilen, gezahlte Zinsen sowie um die Ersparnisbildung auf Sparkonten als Ausgaben zu reduzieren. Addiert man zu den Kassenüberschüssen aus Marktbeteiligungen die Kassenüberschüsse aus erhaltenen Schenkungen und Erbschaften sowie staatlichen Unterstützungszahlungen, erhält man den kalenderjährlichen Beitrag zum Lebenseinkommen eines Steuerpflichtigen.[51] Im letzten Kalenderjahr des Lebens geht der Nachlass bzw. die hinterlassene Erbschaft in die Bestimmung des Lebenseinkommens ein, da die Komponenten des Nachlasses bis zum Lebensende als Einnahmen und – wegen fehlender konsumtiver Verwendung – zugleich auch als Ausgaben berücksichtigt wurden und insofern effektiv noch keinen Beitrag zum Lebenseinkommen darstellten.[52]

Von der Einkommensverwendungsseite ausgehend kann das Lebenseinkommen als *aufgezinste Summe kalenderjährlicher Konsumausgaben*, *geleisteter Schenkungen*, *Steuerzahlungen* und der *hinterlassenen Erbschaft am Lebensende* ermittelt werden.

Zur Darstellung der Ermittlung des Lebenseinkommens eines Steuerpflichtigen wird im Folgenden vereinfachend davon ausgegangen, dass das Leben eines Steuerpflichtigen zwei Perioden umfasse. Um das Lebenseinkommen zu ermitteln, müssen die Einkommensentstehungs- oder Einkommensverwendungsseiten der Perioden 1 und 2 bestimmt werden. Diese repräsentieren die Beiträge I_1 und I_2 zum Lebenseinkommen I:

$$I_1 = M_1 + \bar{G}_1 - A_1 = C_1 + G_1 + T_1 \tag{2.3}$$

und

$$I_2 = M_2 + \bar{G}_2 - A_2 + B_2 = C_2 + G_2 + B_2 + T_2 \tag{2.4}$$

---

[50] Nichtkonsumtive Ausgaben bezeichnen im Weiteren alle jene Ausgaben, die weder für Konsum und Schenkungen noch für Steuerzahlungen Verwendung finden.

[51] Die Kassenüberschüsse aus erhaltenen Transfers eines Kalenderjahrs ergeben sich aus den Einnahmen (Erbschaften, Schenkungen und Unterstützungszahlungen) abzüglich der nicht für Konsumzwecke, Schenkungen und Steuerzahlungen verwendeten Teile dieser Transfers als Ausgaben.

[52] Eine doppelte steuerliche Erfassung solcher kassenmäßigen Zuflüsse wird hierdurch vermieden.

M_i bezeichnet Einnahmen aus Marktbeteiligungen, $\bar{G}_i$ erhaltene private und staatliche Transfers ($i = 1, 2$). A_1 umfasst alle zugeflossenen Mittel der ersten Periode, die nicht konsumtiv Verwendung finden.[53] A_1 kann daher als Ersparnisbildung der ersten Periode betrachtet werden. A_2 bezeichnet dementsprechend die Ersparnisbildung der zweiten Periode. B_2 stellt den Nachlass dar. Dieser ergibt sich aus der Summe der verzinsten Ersparnis der ersten Periode A_1 und der Ersparnisbildung der zweiten Periode A_2 (vorausgesetzt $A_1, A_2 > 0$). Bezeichnet $\bar{r} > 0$ die Rendite, mit der sich A_1 verzinst, folgt für den Nachlass B_2[54]:

$$B_2 = A_1(1 + \bar{r}) + A_2 \geq 0 \tag{2.5}$$

Verwendet werden die periodischen Kassenüberschüsse aus Marktbeteiligungen und erhaltenen Transfers für Konsum C_i, Schenkungen G_i und Steuerzahlungen T_i. Nicht auf diese Weise verwendete Einnahmen beider Perioden gehen in den Nachlass bzw. die zu hinterlassende Erbschaft B_2 ein.

Um das Lebenseinkommen zu ermitteln, können die Beiträge zum Lebenseinkommen, I_1 und I_2, auf Periode 2 bezogen werden.[55] Durch Aufzinsen von I_1 mit dem Zinsfaktor $1 + r$ (r stellt einen marktüblichen Zinssatz dar, wobei annahmegemäß $r < \bar{r}$ gilt) und Addition von I_2 erhält man das Lebenseinkommen I:

$$\begin{aligned} I &= I_1(1 + r) + I_2 \\ &= \big(M_1 + \bar{G}_1 - A_1\big)(1 + r) + M_2 + \bar{G}_2 - A_2 + B_2 \\ &= \big(C_1 + G_1 + T_1\big)(1 + r) + C_2 + G_2 + B_2 + T_2 \end{aligned} \tag{2.6}$$

Unter Berücksichtigung von (2.5) erhält man für das Lebenseinkommen:

$$\begin{aligned} I &= I_1(1 + r) + I_2 \\ &= \big(M_1 + \bar{G}_1\big)(1 + r) + M_2 + \bar{G}_2 + (\bar{r} - r)A_1 \\ &= \big(C_1 + G_1 + T_1\big)(1 + r) + C_2 + G_2 + B_2 + T_2 \end{aligned} \tag{2.7}$$

[53] Diese beinhalten einerseits Ausgaben zur Erzielung zukünftiger Einnahmen aus Marktbeteiligungen und andererseits auch erhaltene private Transfers, die weder für Konsum und Schenkungen noch für Steuerzahlungen Verwendung finden.

[54] Sparen oder Entsparen in Perioden 1 und 2 muss sicherstellen, dass der Nachlass keinen negativen Wert annimmt. Unter Berücksichtigung dieser Nebenbedingung kann in Periode 1 gespart (entspart) und in Periode 2 entspart (gespart) werden. Es kann natürlich auch in beiden Perioden gespart werden. Ein Entsparen in beiden Perioden ist dagegen nicht möglich.

[55] Wie bereits angemerkt wurde, kann das Lebenseinkommen alternativ durch Diskontieren als Barwert ermittelt werden.

Das auf diese Weise bestimmte Lebenseinkommen kann natürlich – insbesondere aus fiskalischen Gründen – nicht erst am Lebensende eines Steuerpflichtigen besteuert werden. Gerade eine solche Lebenseinkommensbesteuerung ist aber auch in keiner Weise erforderlich, um die einmalige steuerliche Belastung des Lebenseinkommens zu gewährleisten. Es muss diesbezüglich zwischen Steuerbelastung und Besteuerung im Sinne des technischen Vorgangs der Steuererhebung unterschieden werden. Eine lebenszeitorientierte Einkommensteuer ist dadurch charakterisiert, dass einerseits die Besteuerung erhebungstechnisch in einzelnen Kalenderjahren erfolgt und andererseits die einmalige steuerliche Belastung des oben bestimmten Lebenseinkommens sichergestellt ist. Es existieren zwei Methoden, die diesen beiden Anforderungen gerecht werden.

2.3.2.2 Sparbereinigung des Einkommens

Die Steuerbasis eines Kalenderjahrs kann konzeptionell so gewählt werden, dass sie dem jeweiligen kalenderjährlichen Beitrag zum Lebenseinkommen eines Steuerpflichtigen entspricht. Bezogen auf die obige Zwei-Perioden-Betrachtung bilden daher I_1 und I_2 die periodischen Steuerbasen. Entsprechend sind in jedem Kalenderjahr die aus Marktbeteiligungen resultierenden Kassenüberschüsse zuzüglich der erhaltenen Transfers, sofern diese für Konsum, Schenkungen oder Steuerzahlungen Verwendung finden, zu versteuern. Am Lebensende ist daneben auch der Nachlass steuerlich zu erfassen.[56] Bei der Ermittlung der Kassenüberschüsse eines Kalenderjahrs sind sämtliche nichtkonsumtiven Ausgaben wie z.B. solche zum Kauf von festverzinslichen Wertpapieren und Unternehmensanteilen sowie auch auf Sparkonten neu angelegte Beträge steuerlich abzugsfähig. Da diese Ausgaben mit der gesamten Ersparnisbildung eines Kalenderjahrs übereinstimmen, wird diese Methode zur Umsetzung einer lebenszeitorientierten Einkommensteuer als *Sparbereinigung* und eine solche lebenszeitorientierte Einkommensteuer deshalb als *sparbereinigte Einkommensteuer*[57] bezeichnet. Die Auflösung gesparter Beträge zu konsumtiven Zwecken durch den Verkauf festverzinslicher Wertpapiere sowie Entsparen von Sparkonten führt zu steuerpflichtigen Einnahmen aus Marktbeteiligungen. Erlöse aus dem Verkauf von Unternehmensanteilen und ausgeschüttete Unternehmensge-

[56] Hierdurch werden – wie oben bereits angemerkt wurde – Einnahmen aus Marktbeteiligungen und Transfers erfasst, die bis zum Lebensende eines Steuerpflichtigen weder für Konsum und Schenkungen noch für Steuerzahlungen Verwendung fanden und aus diesem Grund noch keiner Besteuerung unterlagen.

[57] Der Begriff der sparbereinigten Einkommensteuer geht zurück auf Rose (1991), S. 10.

winne gehen ebenfalls positiv in die Steuerbasis ein.[58] Durch Anwendung der sparbereinigten Methode der lebenszeitorientierten Einkommensteuer werden in jedem Kalenderjahr der Periodenkonsum und geleistete Transfers (inklusive des Nachlasses am Lebensende) steuerlich belastet.

Die kalenderjährlichen Steuerbasen der sparbereinigten Einkommensteuer entsprechen den jeweiligen Beiträgen zum Lebenseinkommen eines Steuerpflichtigen und betragen[59]:

$$I_1^{SB} = M_1 + \bar{G}_1 - A_1 = C_1 + G_1 + T_1 \tag{2.8}$$

und

$$I_2^{SB} = M_2 + \bar{G}_2 - A_2 + B_2 = C_2 + G_2 + B_2 + T_2 \tag{2.9}$$

Hieraus folgt eine intertemporale Steuerbasis, die mit dem Lebenseinkommen gemäß Gleichungen (2.6) und (2.7) übereinstimmt:

$$\begin{aligned} I^{SB} &= I_1^{SB}(1+r) + I_2^{SB} \\ &= \big(M_1 + \bar{G}_1 - A_1\big)(1+r) + M_2 + \bar{G}_2 - A_2 + B_2 \\ &= \big(M_1 + \bar{G}_1\big)(1+r) + M_2 + \bar{G}_2 + (\bar{r} - r)A_1 \\ &= \big(C_1 + G_1 + T_1\big)(1+r) + C_2 + G_2 + B_2 + T_2 \end{aligned} \tag{2.10}$$

2.3.2.3 Zinsbereinigung des Einkommens

Die Steuerbasis eines Kalenderjahrs muss zur Sicherstellung der steuerlichen Einmalbelastung des Lebenseinkommens nicht dem kalenderjährlichen Beitrag zum Lebenseinkommen eines Steuerpflichtigen entsprechen. Eine einmalige steuerliche Belastung des Lebenseinkommens wird auch dann gewährleistet, wenn Ersparnisse im Kalenderjahr ihrer Bildung keinen steuerlichen Abzug erfahren und die Auflösung der Ersparnisse lediglich zu einer Versteuerung von „Überrenditen“ führt. Diese werden ermittelt, in dem erwirtschaftete Kapitalrenditen um eine Normalrendite bzw. einen standardisierten Zinssatz, der auch als „Schutzzinssatz“ bezeichnet wird, bereinigt werden. Aus diesem Grund nennt man diese Methode zur Umsetzung einer lebenszeitorientierten Einkommensteuer *Zinsbereinigung*.[60] Eine solche lebenszeitorientierte Einkommensteuer wird daher als *zinsbereinigte Einkommensteuer* bezeichnet.

[58] Gewinne von Unternehmen werden bei Anwendung einer sparbereinigten Einkommensteuer nur im Fall der Ausschüttung besteuert. Eine Besteuerung einbehaltener Unternehmensgewinne existiert daher nicht. Vgl. Rose (2003a), S. 117.

[59] „SB“ steht für Sparbereinigung.

[60] Die Methode der Zinsbereinigung wurde etwa zeitgleich in Deutschland von Ekkehard Wenger und in den USA von Robin W. Boadway und Neil Bruce entwickelt. Vgl. Wenger (1983); Boadway und Bruce (1984). Zum Konzept der Zinsbereinigung siehe z.B. Wenger (1985); Wenger (1989); Rose (1991); McLure und Zodrow (1990).

Konkret sind im Unterschied zur Sparbereinigung Ausgaben zum Kauf von festverzinslichen Wertpapieren und Unternehmensanteilen sowie auf Konten gesparte Beträge steuerlich nicht abzugsfähig. Dadurch sind die Renditen angelegten Kapitals steuerlich bereits belastet, so dass jeweils lediglich die Überrendite der Anlage in festverzinsliche Wertpapiere, in Unternehmensanteile und des gewöhnlichen Sparens zu besteuern ist. Technisch umgesetzt wird die Besteuerung der Überrendite einer Unternehmensanlage dadurch, dass auf Unternehmensebene der steuerpflichtige (anteilige) Gewinn unter Berücksichtigung des Abzugs von Schutzzinsen auf das Eigenkapital ermittelt und besteuert wird. Ausgeschüttete (anteilige) Unternehmensgewinne stellen dementsprechend bereits versteuerte Überrenditen dar. Da die Zinsbereinigung durch die Nichtabzugsfähigkeit der Ersparnisbildung eines Kalenderjahrs effektiv den aus Ersparnissen finanzierten zukünftigen Konsum vor dem Konsumzeitpunkt steuerlich belastet, wird die zinsbereinigte Methode auch als „Steuervorauszahlungsansatz" bzw. „Prepayment Tax Approach" bezeichnet.[61]

Dass auch die zinsbereinigte Einkommensteuer die steuerliche Einmalbelastung des Lebenseinkommens garantiert, wird aus der Bestimmung der kalenderjährlichen Steuerbasen deutlich. Bezogen auf die obige Zwei-Perioden-Betrachtung gilt für die Steuerbasen der beiden Perioden[62]:

$$I_1^{ZB} = M_1 + \bar{G}_1 = C_1 + A_1 + G_1 + T_1 \tag{2.11}$$

und

$$I_2^{ZB} = M_2 + \bar{G}_2 + (\bar{r} - r)A_1 = C_2 + G_2 + B_2 - A_1(1 + r) + T_2 \tag{2.12}$$

Bezüglich der Steuerbasis der zweiten Periode wurde berücksichtigt, dass sich die gesamte Ersparnisbildung A_1 der ersten Periode annahmegemäß mit der Rendite $\bar{r}$ verzinst. Neben den Einnahmen aus Marktbeteiligungen und Transfers wird in der zweiten Periode daher die Überrendite $(\bar{r} - r)A_1$ besteuert.

Ausgehend von den Gleichungen (2.11) und (2.12) ergibt sich für die intertemporale Steuerbasis der zinsbereinigten Einkommensteuer schließlich:

$$\begin{aligned} I^{ZB} &= I_1^{ZB}(1 + r) + I_2^{ZB} \\ &= \big(M_1 + \bar{G}_1\big)(1 + r) + M_2 + \bar{G}_2 + (\bar{r} - r)A_1 \\ &= \big(C_1 + G_1 + A_1 + T_1\big)(1 + r) \\ &\quad + C_2 + G_2 + B_2 - A_1(1 + r) + T_2 \\ &= \big(C_1 + G_1 + T_1\big)(1 + r) + C_2 + G_2 + B_2 + T_2 \end{aligned} \tag{2.13}$$

[61]Vgl. Rose (1990), S. 12; Bradford und U.S. Treasury Tax Policy Staff (1984), S. 110.
[62]„ZB" steht für Zinsbereinigung.

Aus dem Vergleich von (2.13) mit (2.10) wird deutlich, dass die Steuerbasen der zins- und sparbereinigten Methode zur Umsetzung einer lebenszeitorientierten Einkommensteuer intertemporal identisch sind und dem Lebenseinkommen eines Steuerpflichtigen [siehe Gleichung (2.6)] entsprechen.

2.3.3 Prinzipien der lebenszeitorientierten Einkommensteuer

Bislang wurde aufgezeigt wie die einmalige steuerliche Belastung des Lebenseinkommens jeweils durch die zinsbereinigte oder die sparbereinigte Abgrenzung der Steuerbasis eines Kalenderjahrs sichergestellt werden kann. Im Folgenden werden die Prinzipien der lebenszeitorientierten Einkommensteuer dargestellt.

2.3.3.1 Prinzip des lebenszeitlich orientierten Mittelzugangs und Syntheseprinzip

Konzeptionell muss die gesamte Ersparnisbildung eines Kalenderjahrs nicht einheitlich zins- oder sparbereinigt steuerlich behandelt werden, da unabhängig von der Methode der steuerlichen Behandlung einzelner Ersparnisformen die steuerliche Einmalbelastung des Lebenseinkommens eines Steuerpflichtigen garantiert wird.[63]

Das *Prinzip des lebenszeitlich orientierten Mittelzugangs* verlangt demnach lediglich, Zuflüsse eines Kalenderjahrs daraufhin zu überprüfen, ob deren Quelle in vergangenen Kalenderjahren bereits steuerlich belastet wurde oder die Zuflüsse zur Erzielung von Einkommen verwendet werden, welche in zukünftigen Kalenderjahren der Besteuerung unterliegen.[64] Steuerlich bereits belastete Zuflüsse (wie z.B. Zinsen aus einer Sparanlage, die aus versteuertem Einkommen gebildet wurde) sind entsprechend der zinsbereinigten Methode aus der Steuerbasis in Höhe der Standardverzinsung auszusondern. Zuflüsse, die zur Erzielung steuerpflichtiger Einkommen zukünftiger Kalenderjahre verwendet werden (wie z.B. Teile heutiger Arbeitseinkommen zur Ansparung einer steuerpflichtigen Altersrente), sind entsprechend der sparbereinigten Methode steuerfrei zu stellen. Gewährleistet wird in beiden Fällen, dass jeder Beitrag zum Lebenseinkommen eines Steuerpflichtigen und damit dessen Lebenseinkommen einmalig steuerlich belastet wird.

---

[63] Aus fiskalischen und administrativen Gründen und auch aus Gründen der internationalen Verträglichkeit einer lebenszeitorientierten Einkommensteuer ist es sinnvoll, die Steuerbasis eines Kalenderjahrs vorwiegend zinsbereinigt auszurichten. Vgl. Rose (2003a).

[64] Vgl. Rose (2003b), S. 358; Rose (2003d), S. 11.

Nach dem *Syntheseprinzip* werden die auf diese Weise bestimmten Zuflüsse unterschiedslos zum Einkommen eines Kalenderjahrs zusammengefasst und unterliegen einem Steuertarif.

2.3.3.2 Kassenprinzip und objektives Nettoprinzip

Das Lebenseinkommen eines Steuerpflichtigen ergibt sich – wie ausführlich hergeleitet wurde – aus den auf das Lebensende aufgezinsten kalenderjährlichen Beiträgen zum Lebenseinkommen. Diese Beiträge zum Lebenseinkommen werden nach dem Kassenprinzip bestimmt. Hiernach sind von den kassenmäßigen Einnahmen eines Kalenderjahrs alle kassenmäßigen Ausgaben zur Erzielung zukünftiger kassenmäßiger Einnahmen in Abzug zu bringen.[65]

Die kalenderjährliche Steuerbasis der sparbereinigten Einkommensteuer entspricht dem jeweiligen kalenderjährlichen Beitrag zum Lebenseinkommen. Daher wird die sparbereinigte Steuerbasis eines Kalenderjahrs nach dem *Kassenprinzip* bzw. über eine *Kassenrechnung* ermittelt. Das *objektive Nettoprinzip* wird durch den steuerlichen Abzug sämtlicher nichtkonsumtiver Ausgaben eines Kalenderjahrs kassenmäßig umgesetzt.

Bei zinsbereinigter Ausgestaltung der Steuerbasis wird das Kassenprinzip als kalenderjährliche Ermittlungsmethode von Einkommen durchbrochen. Auf der persönlichen Ebene ist der Kauf festverzinslicher Wertpapiere und gewöhnliches Sparen steuerlich nicht abzugsfähig. Nicht steuerpflichtig sind die Erlöse aus der Veräußerung festverzinslicher Wertpapiere und die Rückzahlung von Sparkapital[66]; der Besteuerung unterliegen lediglich die erzielten Überrenditen aus der jeweiligen Kapitalanlage. Eine Abkehr vom Kassenprinzip liegt auch bei zinsbereinigter steuerlicher Behandlung von in Unternehmen gesparten Kapitals vor. Zinsbereinigt werden Unternehmensanteile aus versteuertem Einkommen erworben, Kapitaleinlagen in Unternehmen sind steuerlich nicht abzugsfähig. Anders als im Rahmen der Sparbereinigung werden Veräußerungen von Unternehmensanteilen und Kapitalentnahmen steuerlich nicht erfasst.[67] Unternehmensgewinne werden unter Berücksichtigung des Abzugs von Schutzzinsen auf das Eigenkapital besteuert und dadurch die Besteuerung der Über-

[65] Das Kassenprinzip wird bei der Bestimmung des Lebenseinkommens allerdings dadurch durchbrochen, dass der Wert des steuerfrei gebildeten Nachlasses am Lebensende steuerlich zu berücksichtigen ist. Vgl. Rose (2003c), S. 20.

[66] Ferner stellen die Kreditaufnahme und die Kreditrückzahlung Dritter keine steuerpflichtigen Einnahmen dar. Kreditzins- und -tilgungszahlungen sowie die Kreditvergabe werden nicht als steuermindernde Ausgaben behandelt.

[67] Vgl. Rose (2003a), S. 125. Im Ausmaß der Differenz zwischen Marktwert und Buchwert erhöht die Entnahme von Wirtschaftsgütern den auf Unternehmensebene zu versteuernden Gewinn.

renditen aus der Unternehmensanlage sichergestellt. Trotz der Durchbrechung des Kassenprinzips im Kalenderjahr werden aus lebenszeitlicher Perspektive auch im Rahmen der zinsbereinigten Einkommensteuer alle kassenmäßig ermittelten Beiträge zum Lebenseinkommen steuerlich einmalig belastet und hierdurch dem objektiven Nettoprinzip im Sinne der Sparbereinigung lebenszeitlich Rechnung getragen.[68]

2.3.4 Implikationen des lebenszeitorientierten Einkommensteuerleitbilds

2.3.4.1 Leistungsfähigkeitsimplikation

Steuerliche Leistungsfähigkeit wird im Rahmen der lebenszeitorientierten Einkommensteuer *dynamisch* bzw. *lebenszeitlich* interpretiert und orientiert sich daher am Lebenseinkommen eines Steuerpflichtigen. Hiernach tragen Steuerpflichtige mit gleichem Lebenseinkommen gleich hohe lebenszeitlich bestimmte Steuerlasten (horizontale Gerechtigkeit). Bei einem Vergleich zweier Steuerpflichtiger trägt der Steuerpflichtige mit höherem Lebenseinkommen eine höhere lebenszeitliche Steuerlast (vertikale Gerechtigkeit). Ausgehend von der steuerlichen Einmalbelastung des Lebenseinkommens durch Anwendung der Zins- oder Sparbereinigung, ist die lebenszeitlich bestimmte Steuerlast sowohl vom Konsum-Spar-Muster als auch von der zeitlichen Verteilung des Mittelerwerbs eines Steuerpflichtigen unabhängig. Dies verdeutlichen die in den Tabellen 2.3 und 2.4 angegebenen Beispiele, die von einer zinsbereinigten steuerlichen Behandlung der Ersparnisbildung ausgehen.[69]

2.3.4.2 Effizienzimplikation

Die lebenszeitorientierte Einkommensteuer verzerrt weder die intertemporale Konsum-Spar-Entscheidung von Haushalten noch unternehmerische Investitionsentscheidungen. Zinsbereinigt werden Zinsen in Höhe der Schutzverzinsung des Sparkapitals nicht besteuert. Durch die Bildung von Ersparnissen aus versteuertem Einkommen werden Zinsen dadurch einmalig steuerlich belastet. Sparbereinigt werden Zinsen zwar bei der Auflösung von Ersparnissen für konsumtive Zwecke besteuert. In intertemporaler Sicht unterliegen sie aber we-

[68] Dies folgt daraus, dass die zins- und sparbereinigten Steuerbasen – wie gezeigt – intertemporal übereinstimmen.

[69] Wegen der Belastungsäquivalenz beider Methoden der lebenszeitorientierten Einkommensteuer ist die Steuerbelastung auch bei Anwendung der sparbereinigten Methode sowohl vom Konsum-Spar-Muster als auch von der zeitlichen Verteilung des Einkommenserwerbs unabhängig.

Tabelle 2.3: Nichtdiskriminierung des Sparers im Rahmen der lebenszeitorientierten Einkommensteuer

	Steuerpflichtiger *A*		Steuerpflichtiger *B*	
	Periode 1	Periode 2	Periode 1	Periode 2
1. Arbeitseinkommen	1000	1000	1000	1000
2. Zinseinkommen	0	0	0	50
3. Steuerzahlung (50 % von 1.)	500	500	500	500
4. Ersparnis	0	0	500	-500
5. Konsum (1. + 2. - 3. - 4.)	500	500	0	1050
6. Barwert der Steuerzahlungen[a]	954,5		954,5	

[a]Bei der Berechnung des Barwerts der Steuerzahlungen wird von einem Steuersatz von 50 % und einer Vor-Steuer-Rendite von 10 % ausgegangen, die annahmegemäß dem Schutzzinssatz entspricht; der Diskontierungszinssatz beträgt daher ebenfalls 10 %.

gen der steuerlichen Abzugsfähigkeit der Ersparnisbildung ebenfalls nur einer einmaligen steuerlichen Belastung. Aus diesem Grund wird das Preisverhältnis zwischen Gegenwarts- und Zukunftskonsum durch die lebenszeitorientierte Einkommensteuer steuerlich nicht verzerrt, es kommt zu keiner Substitution von Zukunfts- durch Gegenwartskonsum. *Intertemporale Neutralität* ist daher gegeben.

Neben der individuellen Konsum-Spar-Entscheidung werden auch unternehmerische Investitionsentscheidungen durch die lebenszeitorientierte Einkommensteuer steuerlich nicht beeinflusst. Bei Anwendung der Sparbereinigung resultiert dies daraus, dass Unternehmensgewinne nur im Falle der Ausschüttung an Unternehmenseigner besteuert werden. Keinen Einfluss auf das Investitionsverhalten von Unternehmen nimmt auch die zinsbereinigte steuerliche Behandlung von Investitionen. Investitionsausgaben werden verteilt auf die Nutzungsdauer eines Investitionsprojekts über Buchwertabschreibungen steuermindernd erfasst. Intertemporal werden hierdurch die Investitionsausgaben allerdings barwertmäßig nicht vollständig steuerlich berücksichtigt.[70] Um dies

[70]Zukünftige Abschreibungsbeträge besitzen aufgrund der Erfordernis der Diskontierung aus gegenwärtiger Sicht einen geringeren Wert.

Tabelle 2.4: Nichtdiskriminierung des „Frühverdieners" im Rahmen der lebenszeitorientierten Einkommensteuer

	Steuerpflichtiger *A*		Steuerpflichtiger *B*	
	Periode 1	Periode 2	Periode 1	Periode 2
1. Arbeitseinkommen	1000	0	0	1100
2. Zinseinkommen	0	50	0	0
3. Steuerzahlung (50 % von 1.)	500	0	0	550
4. Ersparnis	500	-500	0	0
5. Konsum (1. + 2. - 3. - 4.)	0	550	0	550
6. Barwert der Steuerzahlungen[a]	500		500	

[a]Bei der Berechnung des Barwerts der Steuerzahlungen wird von einem Steuersatz von 50 % und einer Vor-Steuer-Rendite von 10 % ausgegangen, die annahmegemäß dem Schutzzinssatz entspricht; der Diskontierungszinssatz beträgt daher ebenfalls 10 %.

zu gewährleisten sind zusätzlich Schutzzinsen auf die periodischen Restbuchwerte steuermindernd anzusetzen.[71] Durch den zusätzlichen Schutzzinsabzug wird garantiert, dass barwertmäßig gerade die Investitionsausgaben steuermindernd berücksichtigt werden und bei Besteuerung der durch die Investition generierten Einnahmen unternehmerische Investitionsentscheidungen steuerlich nicht beeinträchtigt werden. Die lebenszeitorientierte Einkommensteuer stellt daher *Investitionsneutralität* sicher. Der Kapitalbildungsprozess wird nicht gestört, so dass *globale intertemporale Neutralität* gewährleistet ist.

Wie die SHS-Einkommensteuer wirkt sich die lebenszeitorientierte Einkommensteuer aufgrund der Besteuerung von Arbeitseinkommen allerdings verzerrend auf die individuelle Arbeit-Freizeit-Entscheidung aus. Durch die Substitution von Arbeit durch steuerbedingt billiger gewordene Freizeit entsteht deshalb eine *Zusatzlast* der Besteuerung.

[71]Wird im Fall der Fremdfinanzierung einer Investition periodisch schneller abgeschrieben als der Kredit zur Finanzierung der Investition getilgt wird, entsteht – bezogen auf die Investition – „negatives Eigenkapital". Fremdkapitalzinsen sind steuerlich abzugsfähig, die negativen Eigenkapital- bzw. Schutzzinsen erhöhen dann die Steuerbasis.

2.3.4.3 Administrierbarkeitsimplikation

Die lebenszeitorientierte Einkommensteuer weist hinsichtlich ihrer Administrierbarkeit keine Probleme auf. Dies ist Folge dessen, dass die steuerliche Einmalbelastung des Lebenseinkommens alternativ durch Anwendung der Spar- oder der Zinsbereinigung auf verschiedene Formen der Ersparnisbildung umgesetzt werden kann.

Die Besteuerung des kalenderjährlichen Beitrags zum Lebenseinkommen, also die Umsetzung einer vollständig sparbereinigten Einkommensteuer, ist mit zahlreichen administrativen Problemen verbunden. So müssen sparbereinigt sämtliche finanziellen Transaktionen von Steuerpflichtigen (Sparen und Entsparen von Bankkonten, Kreditaufnahme und -tilgung bzw. Kreditvergabe und -rückzahlung, Erwerb und Veräußerung festverzinslicher Wertpapiere) durch die Finanzverwaltung überwacht werden. Sicherzustellen ist diesbezüglich, dass jegliche Form der Ersparnisbildung steuerlich abzugsfähig ist und die Auflösung von Ersparnissen zur Verwendung für Konsum, Schenkungen oder Steuerzahlungen der Besteuerung unterliegt.[72] Insbesondere muss die Besteuerung der Gewinnausschüttungen und Kapitalentnahmen von Unternehmen gewährleistet sein.[73]

Die administrative Umsetzung einer zinsbereinigt ausgerichteten lebenszeitorientierten Einkommensteuer ist dagegen unproblematisch. Die oben genannten finanziellen Transaktionen müssen anders als nach der Sparbereinigung nicht durch die Finanzverwaltung kontrolliert werden, der Erwerb von Unternehmensanteilen ist steuerlich nicht abzugsfähig, die Veräußerung derselben löst keine Besteuerung aus. Durch die zinsbereinigte Besteuerung von Unternehmensgewinnen ist die Besteuerung der Überrendite aus in Unternehmen gesparten Einkommen gewährleistet.

2.4 Abschließender Vergleich der Einkommensteuerleitbilder

In diesem Kapitel wurden die SHS-Einkommensteuer und die lebenszeitorientierte Einkommensteuer als Leitbilder der Einkommensbesteuerung dargestellt.

[72] Vgl. Rose (2003d), S. 12; Rose (2003c), S. 19-20.

[73] Auch hinsichtlich ihrer internationalen Verträglichkeit ist die sparbereinigte Einkommensteuer problematisch, da eine Steuer auf das sparbereinigte Einkommen von Staaten mit an der SHS-Einkommensteuer angelehnter Einkommensbesteuerung als einer traditionellen Einkommensteuer nicht gleichwertig erachtet wird und es hierdurch zu einer Doppelbesteuerung von Einkommen kommen kann. Vgl. Rose (2003a), S. 118-119.

Dabei wurde deutlich, dass sich die beiden Einkommenskonzepte insbesondere bezüglich der Interpretation steuerlicher Leistungsfähigkeit voneinander unterscheiden. So ist die SHS-Einkommensteuer durch eine kalenderjährliche Leistungsfähigkeitskonzeption gekennzeichnet. Einkommen eines Kalenderjahrs ist Leistungsfähigkeitsindikator und wird über die periodische Differenzbildung von Vermögenszugängen und Vermögensabgängen – folglich gemäß einer Vermögensrechnung – bestimmt. Anders dagegen erhält steuerliche Leistungsfähigkeit im Rahmen der lebenszeitorientierten Einkommensteuer eine lebenszeitliche Dimension und wird am kassenmäßig bestimmten Lebenseinkommen als Indikator steuerlicher Leistungsfähigkeit gemessen. Ausgehend von der Einmalbelastung des Lebenseinkommens ist Einkommen eines Kalenderjahrs dann allerdings nicht notwendigerweise kassenmäßig bzw. auf der Basis einer Kassenrechnung sparbereinigt zu ermitteln. Es kann alternativ zinsbereinigt bestimmt werden, wodurch in lebenszeitlicher Perspektive dennoch alle kassenmäßigen Beiträge zum Lebenseinkommen steuerlich einmalig belastet werden.

Die verschiedenartige Einkommensdefinition beider Einkommensteuerleitbilder weist auch hinsichtlich der Administrierbarkeit Unterschiede auf. Die SHS-Einkommensteuer führt aufgrund der Ermittlung von Einkommen über eine Vermögensrechnung zu administrativen Problemen, die sich als Bewertungsprobleme darstellen. Folglich ist Einkommen nach der SHS-Einkommensteuer nicht eindeutig bestimmbar. Diesen Mangel besitzt die lebenszeitorientierte Einkommensteuer hingegen nicht. Sie knüpft lebenszeitlich betrachtet an Kassenzu- und abgängen an, die insbesondere über die zinsbereinigte Methode der lebenszeitorientierten Einkommensteuer auf administrativ einfache Weise steuerlich belastet werden. Die aufwändige Erfassung jährlicher Kassenüberschüsse, wie sie im Rahmen einer vollständig sparbereinigten Einkommensteuer notwendig wäre, entfällt hierdurch.

Beide Einkommensteuerleitbilder weichen auch bezüglich der Besteuerungseffizienz voneinander ab. Durch die Besteuerung von Zinseinkommen verzerrt die SHS-Einkommensteuer die individuelle Konsum-Spar-Entscheidung. Bei gleichzeitiger konzeptioneller steuerlicher Nichtbeeinflussung unternehmerischer Investitionsentscheidungen[74] wird der Kapitalbildungsprozess steuerlich verzerrt, so dass Zusatzlasten als Effizienzverluste der Besteuerung auftreten. Eine lebenszeitorientierte Einkommensteuer dagegen beeinflusst weder die individuelle Konsum-Spar-Entscheidung noch unternehmerische Investitionsentscheidungen. Die Kapitalbildung bleibt steuerlich unverzerrt, wodurch globa-

[74] Es sei diesbezüglich nochmals angemerkt, dass eine konzeptionelle SHS-Einkommensteuer investitionsneutral ist. Da deren Umsetzung in der Steuerpraxis allerdings nicht möglich ist, führt eine anwendbare SHS-Einkommensteuer zu Verzerrungen unternehmerischer Investitionsentscheidungen.

le intertemporale Neutralität sichergestellt ist. Da allerdings sowohl die SHS-Einkommensteuer als auch die lebenszeitorientierte Einkommensteuer die individuelle Arbeit-Freizeit-Entscheidung verzerren, führt jede der beiden Einkommensteuern zu Effizienzverlusten bzw. Zusatzlasten der Besteuerung.[75] Dass die SHS-Einkommensteuer zwei individuelle Entscheidungen steuerlich verzerrt, die lebenszeitorientierte Einkommensteuer dagegen nur eine, ist allerdings hinsichtlich der Höhe der aus der jeweiligen Besteuerung resultierenden Zusatzlasten unerheblich.[76] Bekannt ist die aus der Minimierung steuerlicher Zusatzlasten abgeleitete Optimalsteuer-Regel, nach der diejenigen Güter vergleichsweise schärfer zu besteuern sind, die in einer *komplementäreren* Beziehung zum nicht besteuerungsfähigen Gut Freizeit stehen. Wendet man diese von Corlett und Hague entwickelte Regel[77], die auch als *Freizeitkomplementaritätsregel* bezeichnet wird, auf den intertemporalen Kontext mit den zeitlich datierten Gütern Gegenwarts- und Zukunftskonsum an, ergibt sich bei gegebener Besteuerung von Arbeitseinkommen bezüglich der Frage der steuerlichen Behandlung von Zinseinkommen Folgendes: Zinsen sollten aus effizienztheoretischer Sicht subventioniert (besteuert) werden, wenn Gegenwartskonsum gegenüber Zukunftskonsum in einem komplementäreren (weniger komplementäreren bzw. substitutiveren) Verhältnis zu gegenwärtiger Freizeit steht. Empirische Ergebnisse hierzu, die eine Zinsbesteuerung oder eine Zinssubventionierung rechtfertigen würden, existieren nicht. Daher wird auf Plausibilitätsargumente zurückgegriffen, die entweder auf eine Subventionierung oder auf eine Besteuerung von Zinsen hindeuten.[78] Plausibel erscheint dem Autor, dass der Gegenwartskonsum in einer komplementäreren Beziehung zur gegenwärtigen Freizeit steht als der Zukunftskonsum. Gegenwartskonsum bindet nämlich gegenwärtige Freizeit. Um den Gegenwartskonsum gemäß der Freizeitkomplementaritätsregel relativ stärker als den Zukunftskonsum zu belasten, müssten Zinsen folglich subventioniert werden.

[75]Keine Effizienzverluste induziert lediglich eine Pauschsteuer, die keine Substitutions-, sondern lediglich Einkommenseffekte hervorruft.

[76]Dies folgt aus der *Theorie des Second Best*, die auf Lipsey und Lancaster (1956) zurückgeht.

[77]Vgl. Corlett und Hague (1953).

[78]Zum diesbezüglichen „Streit“ in der Literatur insbesondere zwischen Ekkehard Wenger und Stefan Homburg siehe Wenger (2003), S. 38-39; Wenger (1997), S. 134-135; Homburg (1997), S. 112-113.

Kapitel 3

Einkommensteuerleitbilder und Humankapitalinvestitionen

3.1 Zielsetzung des Kapitels

Aufbauend auf die im Kapitel 2 betrachteten Systeme idealtypischer Einkommensteuern dient dieses Kapitel dazu, die jeweils leitbildkonforme einkommensteuerliche Behandlung von Humankapitalinvestitionen innerhalb der SHS-Einkommensteuer und der lebenszeitorientierten Einkommensteuer darzustellen und auf hieraus resultierende Wirkungen bezüglich der Effizienz, der Gerechtigkeit und der praktischen Anwendbarkeit der jeweiligen Einkommensteuer einzugehen.[1] Zur Darstellung der leitbildkonformen steuerlichen Behandlung von Humankapitalinvestitionen ist es zum einen erforderlich festzustellen, wie die jeweiligen Steuerbasen von einer Humankapitalinvestition im Investitionszeitpunkt bzw. in der Periode[2] der Vornahme einer beruflichen Bildungsmaßnahme betroffen sind. Zum anderen ist es zwingend notwendig, die jeweiligen Steuerbasen in Perioden der Amortisationsphase einer Humankapitalinvestition zu untersuchen, da sich nur aus einer solchen umfassenden Analyse Aussagen zur steuerlichen Behandlung von Humankapitalinvestitionen nach einem Einkommensteuerleitbild treffen lassen. Ausgangspunkt dieser Betrachtungen ist der in Abschnitt 3.2 beschriebene Sachverhalt einer Humankapitalinvestition. Die Darstellung der leitbildkonformen steuerlichen Behandlung von Humankapitalinvestitionen erfolgt bezüglich der SHS-Einkommensteuer in Abschnitt 3.3, hinsichtlich der lebenszeitorientierten Einkommensteuer in Abschnitt 3.4. Innerhalb dieser beiden Abschnitte werden zunächst die auf eine Humankapitalinvestition bezogenen Steuerbasen der Investitionsperiode und der Amortisationsphase abstrakt bestimmt, bevor diese anhand eines einfachen Zahlenbeispiels verdeutlicht werden. Im Anschluss hieran wird jedes Einkommensteuerleitbild bezüglich der steuerlichen Belastung von Humankapital- ge-

[1] Die Besteuerungseffizienz der Einkommensteuerleitbilder in einem Modell, welches Investitionen in Humankapital berücksichtigt, wird im Detail in Kapitel 5 analysiert.

[2] Der Begriff der Periode wird hier synonym zu Kalenderjahr als Steuerabschnitt verwendet.

genüber Sach- und Finanzkapitalinvestitionen untersucht und daraus Schlüsse bezüglich der Effizienz und der Gerechtigkeit der Besteuerung gezogen. Zuletzt wird in Abschnitt 3.5 dargelegt, wie sich die jeweils leitbildkonforme steuerliche Behandlung von Humankapitalinvestitionen auf die praktische Anwendbarkeit der Einkommensteuerleitbilder auswirkt.

3.2 Der Sachverhalt einer Humankapitalinvestition

Ausgangspunkt der Untersuchung der jeweils leitbildgerechten einkommensteuerlichen Behandlung von Humankapitalinvestitionen ist folgender Sachverhalt: In einer Periode k bezieht ein Arbeitnehmer einen Arbeitslohn W_k. Aus diesem Arbeitslohn finanziert er berufliche Bildungsausgaben (Ausgaben für eine berufliche Bildungsmaßnahme) bzw. Ausgaben für eine Humankapitalinvestition K,[3] um in zukünftigen Perioden j $(j = k+1, k+2, ..., n)$[4] insgesamt jeweils Arbeitslöhne $W_j + \Delta W_j$ zu erzielen.[5] Während W_j Arbeitslöhne in den Perioden j bezeichnet, die der Arbeitnehmer ohne weitere berufliche Bildungsmaßnahmen in Periode k beziehen würde, beinhalten die zusätzlichen Arbeitslöhne $\Delta W_j > 0$ Rendite und Rückfluss der beruflichen Bildungsmaßnahme.[6]

Um die steuerliche Behandlung von Humankapitalinvestitionen entsprechend der Einkommensteuerleitbilder deutlich herauszustellen, wird von einer Verwendung der periodischen Arbeitslöhne für Investitionen in Sach- und Finanzkapital abgesehen. Damit wird unterstellt, dass der Arbeitnehmer aus den bezogenen Arbeitslöhnen eines Steuerabschnitts j lediglich Konsumausgaben (inklusive Schenkungen) C_j tätigt und Steuerzahlungen T_j leistet. In der Investitionsperiode k werden zusätzlich berufliche Bildungsausgaben finanziert. Es gilt daher

$$W_k = C_k + K + T_k \tag{3.1}$$

---

[3]Es wird hierbei von $W_k > K$ ausgegangen.

[4]„n" stellt die letzte Periode dar, in welcher der betrachtete Arbeitnehmer annahmegemäß noch auf die berufliche Bildungsmaßnahme zurückzuführende erhöhte Arbeitslöhne bezieht.

[5]K kann alternativ auch als Zeitkosten beruflicher Bildungsmaßnahmen in Form entgangenen Arbeitslohns aufgefasst werden. $W_k - K$ wäre dann als der in Periode k bezogene Arbeitslohn zu interpretieren.

[6]Es wird gemäß des dargestellten Sachverhalts davon ausgegangen, dass eine Humankapitalinvestition höhere zukünftige Arbeitseinkommen generiert. Alternativ könnten die durch eine Humankapitalinvestition angestrebten zukünftigen Einkommen auch im Rahmen einer unternehmerischen Tätigkeit – als unternehmerische Einkommen – anfallen.

und

$$W_j + \Delta W_j = C_j + T_j \tag{3.2}$$

3.3 SHS-Einkommensteuer

Die steuerliche Behandlung von Humankapitalinvestitionen nach dem SHS-Einkommensteuerleitbild macht es erforderlich, auf die das Leitbild konkretisierenden Prinzipien zurückzugreifen. Wie in Kapitel 2, Abschnitt 2.2.2 ausführlich erörtert wurde, ist die SHS-Einkommensteuer durch das *Vermögensprinzip*, das *objektive Nettoprinzip*, das *Prinzip des jährlichen Mittelzugangs* und das *Syntheseprinzip* charakterisiert. Von Bedeutung für die leitbildgerechte steuerliche Behandlung von Humankapitalinvestitionen im Rahmen der SHS-Einkommensteuer sind insbesondere das Vermögensprinzip und das objektive Nettoprinzip. Einkommen eines Kalenderjahrs wird entsprechend des Vermögensprinzips aus der Differenzbildung von Vermögenszu- und Vermögensabgängen bestimmt, wobei gemäß des objektiven Nettoprinzips lediglich solche Vermögensabgänge bei der Bestimmung des Einkommens angesetzt werden können, die im Zusammenhang mit der Erzielung von Vermögenszugängen aus einer Marktbeteiligung bzw. Erwerbstätigkeit entstehen.[7]

Anknüpfend an diese beiden Prinzipien ist nun zu beurteilen, wie der obige Sachverhalt einer Humankapitalinvestition im Rahmen einer SHS-Einkommensteuer steuerlich zu behandeln ist.

3.3.1 Ideale und konventionelle SHS-Einkommensteuer

Nach dem oben beschriebenen Sachverhalt bezieht der betrachtete Arbeitnehmer in Periode k einen Arbeitslohn W_k, von dem er einen Betrag K für eine berufliche Bildungsmaßnahme verwendet. Mit dem Restbetrag $W_k - K$ tätigt der Arbeitnehmer annahmegemäß Konsumausgaben und leistet Steuerzahlungen. Nach dem SHS-Einkommensteuerleitbild ist der beschriebene Sachverhalt zunächst folgendermaßen steuerlich zu bewerten: Gemäß des Vermögensprinzips stellt der Arbeitslohn W_k als Vermögenszugang eine steuerpflichtige Einnahme des Arbeitnehmers in Periode k dar. Die Ausgaben K, die er für die berufliche Bildungsmaßnahme entrichtet, sind nach dem objektiven Nettoprinzip und dem Vermögensprinzip als steuermindernde Ausgaben anzusetzen.[8] Frag-

[7]Konsumausgaben können bei der Ermittlung von Einkommen nicht in Abzug gebracht werden, da diese steuerlich relevante Einkommensverwendung darstellen.

[8]Da die Tätigung dieser Ausgaben die Erzielung zukünftiger Arbeitslöhne bezweckt, sind sie nicht als Konsumausgaben zu klassifizieren, die aus versteuertem Arbeitslohn der Peri-

lich ist nun, ob durch Verrechnung des Arbeitslohns mit den beruflich bedingten Ausgaben der Reinvermögenszugang des Arbeitnehmers bereits bestimmt ist. Entscheidend hierfür ist die Beantwortung der Frage, ob die Humankapitalinvestition bzw. die Erweiterung des individuellen Humankapitalstocks leitbildgerecht neben dem Vermögensabgang in Höhe der Ausgaben K auch einen steuerlich relevanten Vermögenszugang im Rahmen der SHS-Einkommensteuer induziert. Wird dies bejaht, bildet auch Humankapital als Bestandsgröße einen Teil des steuerlich bezüglich der Wertänderung relevanten individuellen Vermögens. Was unter einer leitbildgerechten bzw. konzeptionellen steuerlichen Behandlung von Humankapital und Humankapitalinvestitionen im Rahmen der SHS-Einkommensteuer zu verstehen ist, ist in der Literatur umstritten. Es existieren hierzu zwei unterschiedliche Auffassungen, die sich letztlich auf eine unterschiedliche Interpretation der Begriffe „konzeptionell" bzw. „leitbildgerecht" zurückführen lassen.

Nach der einen Auffassung zählt Humankapital zum steuerlich relevanten individuellen Vermögen eines Steuerpflichtigen, dessen Wert sich – zumindest theoretisch – zu jedem Zeitpunkt als Barwert zukünftiger Humankapitaleinnahmen (im zugrundeliegenden Beispiel sind dies die gesamten periodisch bezogenen Arbeitslöhne) bestimmen lässt. Im Einklang mit dem oben genannten Vermögensprinzip bzw. der Vermögensrechnung geht die periodische Wertänderung von Humankapital daher in die Steuerbasis einer konzeptionellen SHS-Einkommensteuer ein.[9]. Steuerlich zu berücksichtigen sind insbesondere auch Wertänderungen von Humankapital, die auf Investitionen in Humankapital zurückzuführen sind.[10]

Nach der anderen Auffassung zählt Humankapital konzeptionell – anders als Sach- und Finanzkapital – zumindest im steuerlichen Sinne nicht zum individuellen Vermögen eines Steuerpflichtigen.[11] Humankapital sei nach dem politischen und rechtlichen System anders als Sach- und Finanzkapital kein Vermögen („property") und daher seien Wertänderungen von Humankapital nach der Simonschen Einkommensdefinition in der steuerrelevanten Vermö-

ode k zu bestreiten sind. Handelt es sich bei den Bildungsmaßnahmen dagegen um solche, die der Freizeitgestaltung dienen und keinen Bezug zur Erzielung von steuerpflichtigen Einnahmen aufweisen, sind die hierfür aufgebrachten Ausgaben als Konsumausgaben leitbildgerecht aus dem versteuerten Reinvermögenszugang der Periode k zu erbringen.

[9]Vgl. Kaplow (1993); Kaplow (1994); Kaplow (1995); Kaplow (1996); Wenger (1999); Wagner (1989); Wagner (2000); Davies und St-Hilaire (1987); Andrews und Bradford (1988). Die unterschiedliche steuerliche Behandlung von Human- gegenüber Sach- und Finanzkapital wird als Abweichung von einer SHS-Einkommensteuer angesehen. Siehe hierzu Batina und Ihori (2000), S. 5-6; Boadway (1990), S. 50; Bradford (1980), S. 78.

[10]Siehe Kaplow (1993), S. 6-11; Kaplow (1994), S. 1487-1494; Kaplow (1996), S. 348.

[11]Vgl. Goode (1976), S. 93-94; Goode (1977), S. 12-13; Zelenak (1995), S. 6.

gensänderung nicht enthalten.[12] Obwohl Wertänderungen eines bestehenden Humankapitalstocks nach Richard Goode anders als solche von Sach- und Finanzkapital steuerlich zu behandeln seien, hält er die steuerliche Behandlung von Humankapitalinvestitionen auf der Basis einer Vermögensrechnung für erforderlich.[13] Bestehendes Humankapital dagegen wird seiner Ansicht nach konzeptionell korrekt durch die Besteuerung von Arbeitslöhnen auf der Grundlage einer Kassenrechnung steuerlich erfasst.[14] Zuletzt sei darauf hingewiesen, dass den Originalartikeln von von Schanz und Haig nicht zu entnehmen ist, ob sie eine Vermögensrechnung bezüglich „Humankapital" konzeptionell für erforderlich hielten. In der Originalquelle Simons findet man allerdings Textpassagen, die vermuten lassen, dass er die Nichtanwendung der Vermögensrechnung zur Ermittlung von Humankapitaleinkommen als (wenn auch begründete) Abweichung vom SHS-Konzept betrachtete.[15]

Anknüpfend an die beiden unterschiedlichen Auffassungen zur leitbildkonformen steuerlichen Behandlung von Humankapital und Humankapitalinvestitionen werden im weiteren Verlauf der Arbeit daher zwei Formen einer SHS-Einkommensteuer unterschieden: Wird Humankapital als Teil des steuerlich relevanten individuellen Vermögens betrachtet, begründen sowohl periodische Wertänderungen von Humankapital – hervorgerufen beispielsweise durch Humankapitalinvestitionen – als auch Wertänderungen von Sach- und Finanzkapi-

[12]Vgl. hierzu Goode (1977), S. 9, 12-13. In einem Kommentar zu einem Artikel David F. Bradfords aus dem Jahre 1980 (siehe Bradford (1980), S. 124 – 125) vertritt Alvin C. Warren die Ansicht, dass Humankapital aufgrund fehlender Marktbewertbarkeit und Veräußerbarkeit konzeptionell nicht zum Vermögen im SHS-Sinne zählt. Wertänderungen gingen deshalb nicht in die Bestimmung der Steuerbasis ein.

[13]Vgl. Goode (1976), S. 93-94.

[14]Meines Erachtens ist diese Sichtweise allerdings innerhalb einer SHS-Einkommensteuer insofern inkonsequent, als die Vermögensrechnung als einheitliche Einkommensermittlungsmethode sowohl auf bestehendes Humankapital als auch auf dessen Erweiterungen durch Humankapitalinvestitionen Anwendung finden müsste.

[15]In Simons (1938), S. 54-55 findet man folgende Aussage, aus der hervorgeht, dass er Humankapital als Vermögen betrachtete, allerdings administrativ die steuerliche Erfassung von Humankapitalwertänderungen unmöglich sei: „It would require some temerity to propose recognition of depreciation or depletion in the measurement of personal-service incomes — if only because the base upon which to apply depreciation rates, presents a simply fantastic problem. It is better simply to recognize the limitations of measurable personal income for purposes of certain comparisons (...).". An anderer Stelle (S. 74 der Quelle) stellt Henry C. Simons fest: „Furthermore, this is simply not a world in which laborers are dealt in and valued as property. While this imposes limitations on the income concept, for some purposes, it is presumably best to recognize and accept these limitations, instead of destroying the concept in trying to remove them". Daraus wird deutlich, dass Henry C. Simons zwischen Mensch und Maschine trennte, allerdings hierin eine konzeptionelle Einschränkung des von ihm propagierten Einkommenskonzepts sah.

tal jeweils steuerpflichtige Einkommen (Sach-, Finanz- und Humankapitaleinkommen). Die Vermögensrechnung findet einheitlich auf Sach-, Finanz- und Humankapital Anwendung. Eine solche Einkommensteuer wird im Folgenden als *ideale SHS-Einkommensteuer* bezeichnet.[16]

Eine SHS-Einkommensteuer dagegen, die Humankapital (bezüglich dessen Wertveränderung) nicht als steuerlich relevanten Teil individuellen Vermögens auffasst, wird im Weiteren *konventionelle SHS-Einkommensteuer* genannt.[17] Innerhalb dieser Form einer SHS-Einkommensteuer werden Wertänderungen von Humankapital steuerlich nicht erfasst. Steuerpflichtige Humankapitaleinkommen entsprechen daher den über eine Kassenrechnung ermittelten Arbeitseinkommen, während dagegen Einkommen aus Sach- und Finanzkapital auf der Grundlage einer Vermögensrechnung bestimmt werden.[18]

3.3.2 Die Steuerbasis der Investitionsperiode

3.3.2.1 Konventionelle SHS-Einkommensteuer

Da eine konventionelle SHS-Einkommensteuer Humankapitaleinkommen kassenmäßig ermittelt, gehen Wertänderungen der Bestandsgröße Humankapital nicht in die Steuerbasis ein. Ausgehend davon, dass der betrachtete Arbeitnehmer kein Sach- und Finanzkapital gebildet hat und daher keine derartigen Einkommen bezieht, beträgt dessen Reinvermögenszugang Y_k in Periode k:

$$Y_k = W_k - K \tag{3.3}$$

Die Ausgaben zur Humankapitalbildung K sind als erwerbswirtschaftlich bedingter Kassenabgang vom Arbeitslohn W_k als Kassenzugang abzugsfähig. Dadurch, dass den Ausgaben kein Vermögenszugang in Höhe der durch berufliche

[16]„Ideal“ ist in diesem Kontext nicht normativ zu verstehen, sondern bringt lediglich zum Ausdruck, dass der Autor dieser Arbeit unter einer konzeptionellen SHS-Einkommensteuer eine Einkommensteuer versteht, die die *Vermögensrechnung als konstitutives Merkmal einer SHS-Einkommensteuer* auf die Ermittlung aller Einkommen – und hierzu gehören auch Einkommen aus Humankapital – ausweitet. Bezüglich der Begriffswahl der idealen SHS-Einkommensteuer orientiert sich der Autor an Kaplow (1994), S. 1479.

[17]Die Bezeichnung „konventionelle“ SHS-Einkommensteuer ist darauf zurückzuführen, dass diese steuerliche Behandlung von Humankapital im Einkommensteuerrecht weltweit praktiziert wird und daher als konventionell gilt.

[18]In der Literatur wird deswegen zutreffend die Ansicht vertreten, dass Humankapital im Rahmen einer gewöhnlichen bzw. konventionellen SHS-Einkommensteuer auf cash-flow-Basis bzw. auf der Grundlage einer Kassenrechnung besteuert wird. Im angloamerikanischen Schrifttum wird die steuerliche Behandlung von Humankapital als „Consumption Tax Treatment“ bezeichnet.

Bildung bedingten Werterhöhung des Humankapitals als steuerpflichtige Einnahme gegenübersteht, erfolgt die Humankapitalbildung aus unversteuertem Arbeitslohn.[19] Die genannten Kassenzu- und -abgänge korrespondieren mit entsprechenden Vermögenszu- und -abgängen.[20] In dieser Hinsicht erweist sich die Kassenrechnung als Ermittlungsmethode von Humankapitaleinkommen innerhalb einer konventionellen SHS-Einkommensteuer als reduzierte Vermögensrechnung. Wie in Abschnitt 3.4 dieses Kapitels deutlich wird, entspricht die Steuerbasis der konventionellen SHS-Einkommensteuer in der Investitionsperiode der einer sparbereinigt umgesetzten lebenszeitorientierten Einkommensteuer. Diese folgt ebenfalls einer Kassenrechnung als Ermittlungsmethode von Einkommen, beschränkt sie allerdings nicht auf die Ermittlung steuerpflichtiger Humankapitaleinkommen.

3.3.2.2 Ideale SHS-Einkommensteuer

Ist Humankapital im Rahmen einer idealen SHS-Einkommensteuer wie Sach- und Finanzkapital Teil des steuerlich relevanten individuellen Vermögens, sind Wertänderungen von Humankapital bei der Ermittlung des steuerpflichtigen Humankapitaleinkommens als Einnahmen (bei positiven Wertänderungen) oder Ausgaben (bei negativen Wertänderungen) zu berücksichtigen. Annahmegemäß führt die in Periode k vorgenommene Humankapitalinvestition des betrachteten Arbeitnehmers zu einem Anstieg zukünftiger periodischer Arbeitslöhne um jeweils $\Delta W_j > 0$ ($j{=}k+1, k+2, \ldots, n$). Die durch die Humankapitalinvestition hervorgerufene Wertänderung des Humankapitals in Periode k wird als Barwert der Arbeitslöhne $\Delta W_j > 0$ (zu einem gegebenen und über die Zeit konstanten Marktzinssatz r, der als Diskontierungszinssatz verwendet wird) berechnet und entspricht inhaltlich ihrem Ertragswert $EW(\Delta HK)_k$[21]:

$$EW(\Delta HK)_k = \sum_{j=k+1}^{n} \frac{\Delta W_j}{(1+r)^{j-k}} \tag{3.4}$$

Nach dem Konzept der idealen SHS-Einkommensteuer stellt der Ertragswert der beruflichen Bildungsmaßnahme als Vermögenszugang eine steuerpflichtige Einnahme in Periode k dar. Die Humankapitalinvestition führt – bezogen auf

[19] Dies wird daran deutlich, dass der Betrag K als Teil der Einnahmen W_k in Periode k, der für die Bildung beruflichen Humankapitals aufgebracht wird, nicht zu versteuern ist.

[20] Im Rahmen der idealen SHS-Einkommensteuer sind in Periode k – wie im folgenden Abschnitt gezeigt wird – ferner Vermögensänderungen zu berücksichtigen, die nicht mit Zahlungsströmen in der gleichen Periode verbunden sind.

[21] Es wird davon ausgegangen, dass Arbeitslöhne jeweils am Ende einer Periode bezogen werden und die Humankapitalinvestition am Ende der Periode k vorgenommen wird.

den gegebenen Sachverhalt – somit bereits in der Investitionsperiode zu steuerpflichtigen Einnahmen, die den diskontierten zukünftigen erhöhten Teilen der Arbeitslöhne als Rückfluss und Rendite einer beruflichen Bildungsmaßnahme entsprechen.

Konsequenterweise begründen aber nicht nur die aufgrund einer Humankapitalinvestition zusätzlich zu beziehenden Arbeitslöhne, sondern auch Arbeitslöhne, die der Arbeitnehmer ohne Investitionen in sein berufliches Humankapital annahmegemäß in den Perioden $k+1, k+2, ..., n$ erhält, einen steuerlich relevanten Vermögenswert.[22] Dies hat zur Konsequenz, dass die periodische Wertänderung eines bestehenden Humankapitalstocks in die Bestimmung des Reinvermögenszugangs einer idealen SHS-Einkommensteuer eingeht.[23] Die Ertragswertänderung des bestehenden Humankapitalstocks in Periode k, $\Delta EW(HK)_k$, die die Wertänderung von Humankapital zwischen dem Ende der Perioden k und $k-1$ misst, beträgt[24]:

$$\begin{aligned} \Delta EW(HK)_k &= EW(HK)_k - EW(HK)_{k-1} \\ &= \sum_{j=k+1}^{n} \frac{W_j}{(1+r)^{j-k}} - \sum_{j=k}^{n} \frac{W_j}{(1+r)^{j-(k-1)}} \end{aligned} \tag{3.5}$$

Unter Berücksichtigung der Ertragswertänderung des Humankapitalstocks [siehe Gleichung (3.5)] sowie der Ertragswerterhöhung durch die Humankapitalinvestition [siehe Gleichung (3.4)], beträgt der Reinvermögenszugang Y_k der idealen SHS-Einkommensteuer daher:

$$Y_k = W_k - K + EW(\Delta HK)_k + \Delta EW(HK)_k \tag{3.6}$$

$EW(\Delta HK)_k - K$ repräsentiert den Kapitalwert $KW(\Delta HK)_k$ der Humankapitalinvestition, so dass gilt:

$$Y_k = W_k + \Delta EW(HK)_k + KW(\Delta HK)_k \tag{3.7}$$

[22]Ausführlich hierzu siehe Kaplow (1993), S. 2-6; Kaplow (1994), S. 1482-1484; Kaplow (1996), S. 347-349.

[23]Diese Sichtweise führt dazu, dass ein Individuum bereits bei Geburt einen Vermögenszugang bzw. Einkommen in Höhe des Ertragswerts zukünftiger Arbeitslöhne netto der Kosten zur Erzielung der jeweiligen Arbeitslöhne zu versteuern hat. Vgl. Kaplow (1993), S. 3; Kaplow (1994), S. 1483; Kaplow (1995), S. 36-37.

[24]Natürlich kann die Ertragswertänderung des Humankapitalbestands in Periode k auch unter Berücksichtigung des Ertragswerts der investitionsbedingten Erweiterung des Humankapitalbestands gemäß Gleichung (3.4) ermittelt werden. Der Ertragswert von Humankapital der Periode k [$EW(HK)_k$] würde dann um den Ertragswert der Humankapitalinvestition [$EW(\Delta HK)_k$] höher ausfallen. Bei der Bestimmung des Reinvermögenszugangs Y_k wäre der Ertragswert der Humankapitalinvestition dann nicht mehr gesondert aufzuführen. Um die Effekte der Humankapitalinvestition auf die Steuerbasis herauszustellen, wurde allerdings die hier verwendete Darstellung der Steuerbasis gewählt.

Insgesamt wird in Periode k der um die Ertragswertänderung des bestehenden Humankapitalstocks korrigierte Arbeitslohn zuzüglich des Kapitalwerts der Humankapitalinvestition als Reinvermögenszugang versteuert. Die Vermögensrechnung erstreckt sich folglich nicht nur auf die steuerliche Behandlung der Humankapitalinvestition, sondern auch auf die der Bestandsgröße Humankapital, deren Wert sich im Zeitablauf ändert und in jeder Periode als Summe diskontierter zukünftiger Arbeitslöhne bestimmt werden kann.[25]

Bislang wurde aufgezeigt, wie Humankapitalinvestitionen die Steuerbasis der konventionellen und der idealen SHS-Einkommensteuer in der Investitionsperiode betreffen. Die gezeigte differenzierte steuerliche Behandlung von Humankapital und Humankapitalinvestitionen resultierte dabei aus der verschiedenartigen Methode der Ermittlung steuerpflichtiger Humankapitaleinkommen und der zugrundeliegenden unterschiedlichen Beantwortung der Frage nach der einkommensteuerlichen Gleichartigkeit von Human- gegenüber Sach- und Finanzkapital: Im Rahmen der idealen SHS-Einkommensteuer wird Humankapital mit Sach- und Finanzkapital gleichgesetzt, eine konventionelle SHS-Einkommensteuer dagegen behandelt Humankapital nicht als Vermögen im steuerlichen Sinne und bestimmt steuerpflichtige Humankapitaleinkommen auf Basis einer Kassenrechnung. Eine vollständige Analyse der steuerlichen Behandlung von Humankapitalinvestitionen macht es nun erforderlich, die jeweiligen Steuerbasen auch in der Phase zu untersuchen, in der dem Arbeitnehmer die erhöhten Teile der Arbeitslöhne als Rückfluss der aufgebrachten Mittel und Rendite der beruflichen Bildungsmaßnahme zufließen. Erst dann kann eine Aussage zur effektiven steuerlichen Belastung von Humankapitalinvestitionen im Rahmen der beiden Formen einer SHS-Einkommensteuer getroffen werden. Im Folgenden wird daher der jeweilige Reinvermögenszugang in Perioden nach der beruflichen Bildungsmaßnahme – der Amortisationsphase der Humankapitalinvestition – bestimmt.

[25] In der Literatur wird vielfach lediglich die konzeptionell erforderliche steuerliche Behandlung von Humankapitalinvestitionen bzw. Erweiterungen eines bestehenden Humankapitalstocks betrachtet. Ausgeblendet wird hierbei die Frage, wie Humankapital als Bestandsgröße im Rahmen einer idealen SHS-Einkommensteuer steuerlich zu behandeln ist. Vgl. Davies und St-Hilaire (1987), S. 28, 38; Bradford (1986), S. 206. Mit einer SHS-Einkommensteuer konzeptionell nicht vereinbar ist meines Erachtens – wie oben bereits angemerkt – die Besteuerung von Arbeitslöhnen auf Basis der Kassenrechnung in Kombination mit der steuerlichen Behandlung von Humankapitalinvestitionen auf der Grundlage der Vermögensrechnung. Siehe hierzu Goode (1976), S. 93-94.

3.3.3 Die Steuerbasen der Amortisationsphase

3.3.3.1 Konventionelle SHS-Einkommensteuer

Da Einkommen aus Humankapital innerhalb der konventionellen SHS-Einkommensteuer kassenmäßig steuerlich erfasst werden, bilden die in Perioden j bezogenen Arbeitslöhne $W_j + \Delta W_j$ die Steuerbasis. Betrachtet man repräsentativ eine Periode m der Amortisationsphase ($m \in [k+1, k+2, ..., n]$), in der der Arbeitnehmer den aufgrund der beruflichen Bildungsmaßnahme gestiegenen Arbeitslohn $W_m + \Delta W_m$ bezieht, lautet der Reinvermögenszugang Y_m:

$$Y_m = W_m + \Delta W_m \tag{3.8}$$

Eine solche ausschließliche Besteuerung von Arbeitslöhnen innerhalb der konventionellen SHS-Einkommensteuer entspricht wiederum exakt der Besteuerung von Humankapitaleinkommen im Rahmen einer lebenszeitorientierten Einkommensteuer mit sparbereinigter steuerlicher Behandlung von Humankapitalinvestitionen.

3.3.3.2 Ideale SHS-Einkommensteuer

Auch innerhalb einer idealen SHS-Einkommensteuer zählt der kassenmäßig bezogene Arbeitslohn $W_m + \Delta W_m$ zur Steuerbasis. Neben diesem Vermögenszugang ist allerdings zusätzlich die Wertänderung des Humankapitalstocks zwischen dem Ende der Perioden m und $m-1$ steuerlich zu erfassen. Diese Wertänderung ist – wie im vorherigen Abschnitt gezeigt wurde – als Ertragswertänderung des Humankapitalstocks $\Delta EW(HK)_m$ zu ermitteln:

$$\begin{aligned} \Delta EW(HK)_m &= EW(HK)_m - EW(HK)_{m-1} \\ &= \sum_{j=m+1}^{n} \frac{W_j + \Delta W_j}{(1+r)^{j-m}} - \sum_{j=m}^{n} \frac{W_j + \Delta W_j}{(1+r)^{j-(m-1)}} \end{aligned} \tag{3.9}$$

Gleichung (3.9) kann aufgegliedert werden zu:

$$\begin{aligned} \Delta EW(HK)_m &= \sum_{j=m+1}^{n} \frac{W_j}{(1+r)^{j-m}} - \sum_{j=m}^{n} \frac{W_j}{(1+r)^{j-(m-1)}} \\ &+ \sum_{j=m+1}^{n} \frac{\Delta W_j}{(1+r)^{j-m}} - \sum_{j=m}^{n} \frac{\Delta W_j}{(1+r)^{j-(m-1)}} \end{aligned} \tag{3.10}$$

Aus Gleichung (3.10) wird ersichtlich, dass sich die Ertragswertdifferenz einer Periode m zusammensetzt aus der Ertragswertänderung der in Periode k vorgenommenen Humankapitalinvestition und der Ertragswertänderung des (ohne

Investition in Humankapital) bestehenden Humankapitalstocks. Addiert man diese Ertragswertänderungen zum gesamten Arbeitslohn $W_m + \Delta W_m$, erhält man den Reinvermögenszugang Y_m der idealen SHS-Einkommensteuer:

$$\begin{aligned} Y_m &= W_m + \Delta W_m \\ &+ \sum_{j=m+1}^{n} \frac{W_j}{(1+r)^{j-m}} - \sum_{j=m}^{n} \frac{W_j}{(1+r)^{j-(m-1)}} \\ &+ \sum_{j=m+1}^{n} \frac{\Delta W_j}{(1+r)^{j-m}} - \sum_{j=m}^{n} \frac{\Delta W_j}{(1+r)^{j-(m-1)}} \\ &= W_m + \Delta W_m + \Delta EW(HK)_m \end{aligned} \tag{3.11}$$

Aus dem Vergleich der Gleichungen (3.11) und (3.8) wird deutlich, dass sich die Steuerbasis einer idealen von einer konventionellen SHS-Einkommensteuer in der Berücksichtigung der Ertragswertänderung des Humankapitals unterscheidet, die den periodischen Wertverlust von Humankapital erfasst.

Ausgehend von Gleichung (3.11) wird nun gezeigt, dass die periodischen Steuerbasen der Amortisationsphase einer idealen SHS-Einkommensteuer mit dem *ökonomischen Gewinn des Humankapitals* übereinstimmen.[26] Der ökonomische Gewinn des Humankapitals entspricht der *Verzinsung des Vorperiodenertragswerts von Humankapital.* Formal leitet man ihn ausgehend von der funktionalen Beziehung des Ertragswerts von Humankapital zweier Perioden (hier der Perioden $m-1$ und m) her. Unter Berücksichtigung von (3.9) gilt[27]:

$$\begin{aligned} (1+r)EW(HK)_{m-1} &= W_m + \Delta W_m + EW(HK)_m \\ \Leftrightarrow (1+r)\sum_{j=m}^{n} \frac{W_j + \Delta W_j}{(1+r)^{j-(m-1)}} &= W_m + \Delta W_m + \sum_{j=m+1}^{n} \frac{W_j + \Delta W_j}{(1+r)^{j-m}} \end{aligned} \tag{3.12}$$

[26]Zum Konzept des ökonomischen Gewinns siehe z.B. Homburg (2000), S. 330-332; Schneider (1992), S. 218-229; Georgi (1994), S. 31-51; Elschen und Hüchtebrock (1983), S. 270-274; Wagner (1989), S. 266-270; Wagner und Dirrigl (1980), S. 24-42; König (1997b), S. 135-161; König (1997a), S. 42-58; Kruschwitz et al. (2003a), S. 331-332; Wissel (1997), S. 74-79; Wagner und Wissel (1995), S. 67-68 und die grundlegenden Artikel von Preinreich (1937); Samuelson (1964); Johansson (1969).

[27]Gleichung (3.12) drückt aus, dass der mit dem Zinsfaktor $1+r$ aufgezinste Ertragswert von Humankapital der Periode $m-1$ gerade dem Ertragswert von Humankapital der Periode m zuzüglich des an den Arbeitnehmer ausgezahlten gesamten Arbeitslohns entspricht. Insofern wird in dieser Gleichung Arbitragefreiheit bezüglich des Vermögenswerts Humankapital unterstellt, die allerdings nur dann gegeben ist, wenn Humankapital handel- und veräußerbar ist. Im Rahmen dieser konzeptionellen Betrachtung der steuerlichen Behandlung von Humankapital wird von dieser Problematik abgesehen.

Durch Abzug von $EW(HK)_{m-1}$ von beiden Seiten der Gleichung (3.12) erhält man den ökonomischen Gewinn des Humankapitals $rEW(HK)_{m-1}$:

$$\begin{aligned} r\sum_{j=m}^{n}\frac{W_j+\Delta W_j}{(1+r)^{j-(m-1)}} &= \sum_{j=m+1}^{n}\frac{W_j+\Delta W_j}{(1+r)^{j-m}}-\sum_{j=m}^{n}\frac{W_j+\Delta W_j}{(1+r)^{j-(m-1)}} \\ &\quad +W_m+\Delta W_m \\ \Longleftrightarrow rEW(HK)_{m-1} &= W_m+\Delta W_m+\Delta EW(HK)_m \end{aligned} \tag{3.13}$$

Aus einem Vergleich der rechten Seiten der Gleichungen (3.13) und (3.11) ergibt sich, dass der ökonomische Gewinn des Humankapitals mit dem zuvor bestimmten Reinvermögenszugang Y_m der Periode m übereinstimmt. Es gilt somit:

$$Y_m = rEW(HK)_{m-1} = W_m + \Delta W_m + \Delta EW(HK)_m \tag{3.14}$$

Bezogen auf die Humankapitalinvestition bildet nicht der erhöhte Teil des Arbeitslohns ΔW_m die Steuerbasis der Periode m. Stattdessen sind es Zinsen auf den Vorperiodenertragswert der Humankapitalinvestition, die die steuerpflichtigen Einnahmen der Humankapitalinvestition begründen.[28] Nachdem der Begriff des ökonomischen Gewinns eingeführt wurde, lässt sich die Steuerbasis der Investitionsperiode k darstellen als[29]:

$$Y_k = rEW(HK)_{k-1} + KW(\Delta HK)_k \tag{3.15}$$

3.3.4 Ein Zahlenbeispiel

Das folgende Zahlenbeispiel, welches in Tabelle 3.1 dargestellt ist, verfolgt den Zweck, die steuerliche Behandlung von Humankapital im Rahmen einer idealen SHS-Einkommensteuer zu verdeutlichen und bezüglich der Steuerbasis mit einer konventionellen SHS-Einkommensteuer zu vergleichen. Angenommen sei, dass ein Individuum in einer Periode 0 geboren wird und in fünf Folgeperioden j ($j = 1, 2, 3, 4, 5$) einen Arbeitslohn W_j in Höhe von je 10 Geldeinheiten bezieht. Von Humankapitalinvestitionen wird zunächst abgesehen.

[28] Die Zinsen auf den Vorperiodenertragswert der Humankapitalinvestition stimmen mit dem durch berufliche Bildung induzierten erhöhten Teil des Arbeitslohns unter Berücksichtigung der Ertragswertänderung der Humankapitalinvestition überein. Die auf die Humankapitalinvestition bezogene Steuerbasis beträgt in alternativer Darstellung daher $\Delta W_m + \Delta EW(\Delta HK)_m$.

[29] $EW(HK)_{k-1}$ stellt den Ertragswert des bestehenden Humankapitals am Ende der Periode $k-1$ unter Nichtberücksichtigung des Ertragswerts der in Periode k getätigten Humankapitalinvestition dar. Letzterer ist im Kapitalwert der Humankapitalinvestition $KW(\Delta HK)_k$ enthalten.

Tabelle 3.1: Einkommen aus Humankapital im Rahmen der konventionellen und der idealen SHS-Einkommensteuer

Periode	Steuerbasis konvent. SHS-ESt = Arbeitslohn	Vermögens-änderung	Steuerbasis ideale SHS-ESt	Perioden-endvermögen
0	0	37,91	37,91	37,91
1	10	−6,21	3,79	31,70
2	10	−6,83	3,17	24,87
3	10	−7,51	2,49	17,36
4	10	−8,26	1,74	9,09
5	10	−9,09	0,91	0,00

Im Rahmen einer konventionellen SHS-Einkommensteuer hat das Individuum in den Perioden 1 bis 5 jeweils Arbeitslohn in Höhe von 10 Geldeinheiten, der als Kassenzugang gleichsam einen Vermögenszugang darstellt, zu versteuern ($Y_j = 10$). Anders dagegen stellt sich die Besteuerungssituation im Rahmen der idealen SHS-Einkommensteuer dar. Hier liegt beim betrachteten Individuum bereits in Periode 0 (bei Geburt) ein Reinvermögenszugang in Höhe des Barwerts aller zukünftigen Arbeitslöhne vor.[30] Dieser Barwert beträgt bei Zugrundelegung eines Kalkulationszinssatzes von r=10 % 37,91 Geldeinheiten.[31] In den Perioden 1 bis 5 hat das betrachtete Individuum den jeweiligen periodischen ökonomischen Gewinn des Humankapitals als Reinvermögenszugang zu versteuern. Man ermittelt ihn entweder als Verzinsung des Vorperiodener-

[30] Es handelt sich hierbei um steuerpflichtiges Humankapitaleinkommen, nicht allerdings um ökonomischen Gewinn, da dieser als Verzinsung des Vorperiodenertragswerts von Humankapital lediglich in den auf die Geburt folgenden Perioden die Steuerbasis bestimmt. In dieser Hinsicht weicht die Ermittlung des Reinvermögenszugangs von der Bestimmung des ökonomischen Gewinns ab. Zum Zusammenhang zwischen Reinvermögenszugang und ökonomischem Gewinn siehe Schneider (1992), S. 228 mit Verweis auf Schneider (1981), S. 146. Auf den oben dargelegten Unterschied zwischen ökonomischen Gewinn und Reinvermögenszugang weist auch Kruschwitz et al. (2003b), S. 396 hin. Ekkehard Wenger vertritt die Ansicht, dass eine durch die Besteuerung des ökonomischen Gewinns gekennzeichnete SHS-Einkommensteuer eine Versteuerung der Zinsen auf Ertragswerte bis in die „unendliche Vergangenheit" verlange. Diese führe durch eine notwendige konfiskatorische Nachholbesteuerung letztlich zur *logischen Unmöglichkeit einer konzeptionell korrekten SHS-Einkommensteuer.* Siehe Wenger (1999), S. 50-55. Kontrovers hierzu Schneider (2000), S. 429.

[31] Der bei Geburt einkommensbegründende Vermögenszugang innerhalb der idealen SHS-Einkommensteuer stimmt in diesem Beispiel, welches von Sach- und Finanzkapitalbildung abstrahiert, mit dem Barwert der Steuerbasen einer konventionellen SHS-Einkommensteuer und einer lebenszeitorientierten Einkommensteuer überein.

Tabelle 3.2: Die steuerliche Behandlung von Humankapitalinvestitionen im Rahmen der konventionellen und der idealen SHS-Einkommensteuer

Periode	Steuerbasis konvent. SHS-ESt = Arbeitslohn	Vermögens-änderung	Steuerbasis ideale SHS-ESt	Perioden-endvermögen
0	0	37,91	37,91	37,91
1	10	−6,21	3,79	31,70
2	10	−6,83	3,17	24,87
3	5	1,17	6,17	26,04
4	15	−12,40	2,60	13,64
5	15	−13,64	1,36	0,00

tragswerts von Humankapital (bzw. des Periodenendvermögens der Vorperiode nach Spalte 5 der Tabelle) oder aus der Summe bezogenen Arbeitslohns (Spalte 2 der Tabelle) zuzüglich der Ertragswertänderung des Humankapitalstocks (bzw. der Vermögensänderung nach Spalte 3 der Tabelle).[32] Beispielsweise wird die Steuerbasis von Periode 2 in Höhe von 3, 17 Geldeinheiten entsprechend entweder als Verzinsung von 31, 7 Geldeinheiten zu einem Zinssatz von 10 % oder als Differenz aus Arbeitslohn (10 Geldeinheiten) und *Ertragswertabschreibung* (6, 83 Geldeinheiten), die eine negative Ertragswertänderung bezeichnet, berechnet.

Zur Verdeutlichung des Einflusses einer Humankapitalinvestition auf die Steuerbasen der konventionellen und der idealen SHS-Einkommensteuer wird nun unterstellt, dass das betrachtete Individuum in der 3. Periode eine Humankapitalinvestition tätigt, die mit Ausgaben von 5 Geldeinheiten verbunden ist und zusätzliche Arbeitslöhne von jeweils 5 Geldeinheiten in den Perioden 4 und 5 ermöglicht. Tabelle 3.2 gibt diesen neuen Sachverhalt zahlenmäßig wieder. In den Perioden 0, 1 und 2 ergeben sich für diesen Fall steuerlich keine Änderungen gegenüber der in Tabelle 3.1 dargestellten Ausgangssituation. Hierbei wird allerdings angenommen, dass die Humankapitalinvestition mit ihrer spezifischen Auszahlungsstruktur erst in der 3. Periode bekannt bzw. verfügbar wird und insofern erst im Wert des Endvermögens der 3. Periode Berücksichtigung findet.[33] Bis zur 3. Periode geht das Individuum von peri-

[32]Siehe hierzu Gleichung (3.14).

[33]Louis Kaplow betrachtet zunächst einen anderen Fall, bei dem die Humankapitalinvestition bezüglich ihrer Ausgaben und Einnahmen im Reinvermögenszugang der Periode 0 enthalten ist. Der Kapitalwert der Humankapitalinvestition wäre dann bereits im Ertragswert des Humankapitals bei Geburt enthalten und als Teil des Reinvermögenszugangs

odischen Arbeitslöhnen in Höhe von 10 Geldeinheiten aus. Aus diesem Grund beträgt der Reinvermögenszugang in Periode 0 – wie im oben dargestellten Ausgangsbeispiel – 37,91 Geldeinheiten. Interessant sind nun die steuerlichen Wirkungen in Periode 3, in der die berufliche Bildungsmaßnahme unternommen wird: Zunächst bezieht das Individuum wiederum einen Arbeitslohn von 10 Geldeinheiten, von dem allerdings die beruflichen Bildungsausgaben als erwerbswirtschaftlich bedingter Vermögensabgang (und Kassenabgang) in Höhe von 5 Geldeinheiten zu subtrahieren sind. In der Tabelle ist der Arbeitslohn daher netto der Investitionsausgaben ausgewiesen. Dieser – um die beruflichen Bildungsausgaben verminderte – Arbeitslohn bildet die Steuerbasis der konventionellen SHS-Einkommensteuer in der 3. Periode. Im Rahmen der idealen SHS-Einkommensteuer ist diese Steuerbasis um die Wertänderung von Humankapital zwischen Periode 2 und Periode 3 zu korrigieren. Zur Berechnung der Wertänderung des Humankapitals ist – bei gegebenem Vermögenswert am Ende der 2. Periode (24,87 Geldeinheiten) – der Wert des Humankapitals am Ende der 3. Periode zu bestimmen. Dieser wird als Barwert der Arbeitslöhne der Perioden 4 und 5 bestimmt und beträgt ($\frac{15}{1,1} + \frac{15}{1,21} =$) 26,04 Geldeinheiten. Hieraus ergibt sich eine Vermögensänderung von Periode 2 zu Periode 3 in Höhe von (26,04 - 24,87 =) 1,17 Geldeinheiten. Addiert man diese *Ertragswertzuschreibung* als positive Ertragswertänderung zum in Spalte 2 abgetragenen Arbeitslohn netto der beruflichen Bildungsausgaben, erhält man die Steuerbasis der idealen SHS-Einkommensteuer in Höhe von 6,17 Geldeinheiten. Alternativ berechnet man diese als Summe aus ökonomischem Gewinn des bestehenden Humankapitals (=0,1*24,87=2,49 Geldeinheiten) und dem Kapitalwert der Humankapitalinvestition ($-5+\frac{5}{1,1}+\frac{5}{1,21} = 3,68$ Geldeinheiten).[34] Zur Ermittlung der Steuerbasen der Perioden 4 und 5 sind innerhalb der idealen SHS-Einkommensteuer von den Arbeitslöhnen (jeweils 15 Geldeinheiten) Ertragswertabschreibungen, 12,4 Geldeinheiten in Periode 4 und 13,64 Geldeinheiten in Periode 5, abzuziehen. Im Rahmen einer konventionellen SHS-Einkommensteuer sind dagegen die jeweiligen Arbeitslöhne in Höhe von 15 Geldeinheiten zu versteuern.

Mit Bezug auf das in Tabelle 3.2 gegebene Zahlenbeispiel stellt Abbildung 3.1 die Steuerbasen der konventionellen und der idealen SHS-Einkommensteuer dar. Die entsprechenden Steuerbasen, die sich ausschließlich auf die Humankapitalinvestition in der 3. Periode beziehen, kommen in Abbildung 3.2 zum Aus-

in Periode 0 zu versteuern. Vgl. Kaplow (1994), S. 1487-1490. Er bemerkt allerdings, dass „unerwartete Humankapitalinvestitionen" erst in der Periode ihrer „Entdeckung" zu steuerpflichtigen Humankapitaleinkommen in Höhe ihres Kapitalwerts führen. Von einem solchen Fall wird hier ausgegangen.

[34]Siehe hierzu Gleichung (3.15).

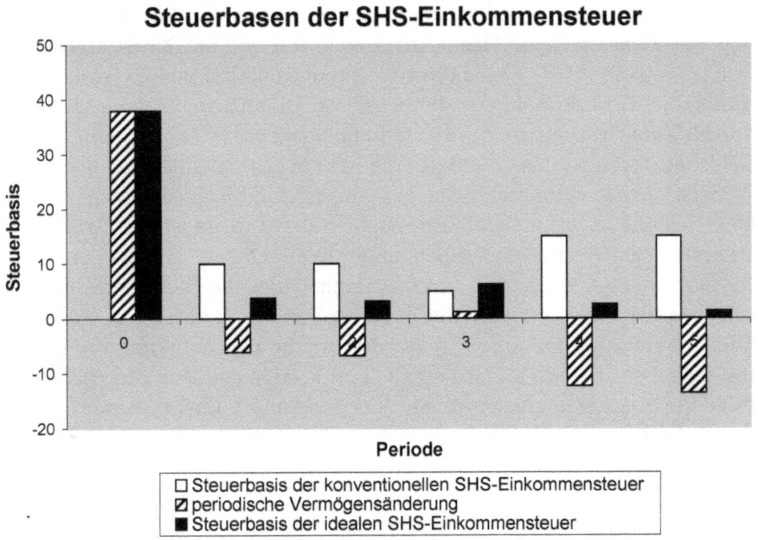

Abbildung 3.1: Steuerbasen der SHS-Einkommensteuer

druck. Die Abbildungen verdeutlichen, dass sich die Steuerbasen der idealen SHS-Einkommensteuer von den Zahlungsströmen, den periodisch bezogenen Arbeitslöhnen, abkoppeln. Das steuerliche Ergebnis stimmt insofern nicht mit dem wirtschaftlichen, zahlungsstromorientierten Ergebnis einer Periode überein.

3.3.5 Die steuerliche Belastung von Humankapital- gegenüber Sach- und Finanzkapitalinvestitionen

Nachdem die Steuerbasen der konventionellen und der idealen SHS-Einkommensteuer bezüglich einer Humankapitalinvestition in der Investitionsperiode und der Amortisationsphase abstrakt dargestellt wurden, wird nun aufgezeigt, wie Humankapitalinvestitionen gegenüber Finanz- und Sachkapitalinvestitionen steuerlich belastet werden.

Im Rahmen einer idealen SHS-Einkommensteuer werden Einkommen aus Sach-, Finanz- und Humankapitalinvestitionen aufgrund der einheitlichen Einkommensermittlungsmethode steuerlich gleichmäßig belastet. Aufbauend auf

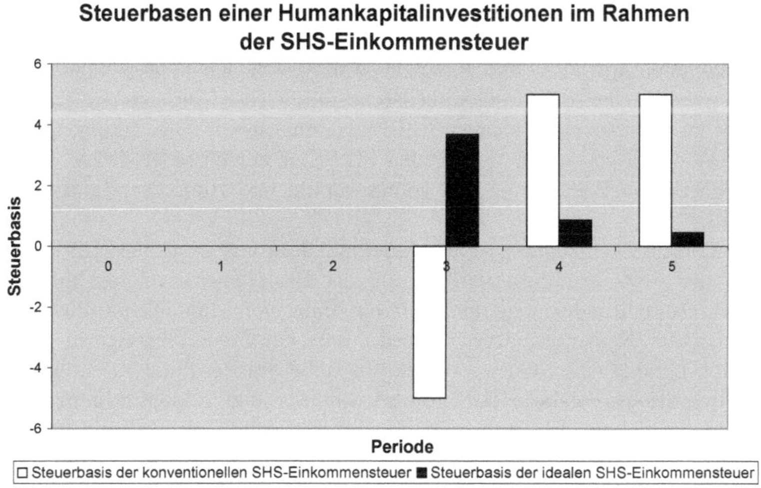

Abbildung 3.2: Steuerbasen einer Humankapitalinvestition im Rahmen der SHS-Einkommensteuer

der Vermögensrechnung ist in der Investitionsperiode zunächst der Kapitalwert einer Sach-, Finanz- oder Humankapitalinvestition als Reinvermögenszugang zu versteuern. Einnahmen (z.B. Arbeitslöhne oder Produktionserlöse), aus denen eine Investition finanziert wird, unterliegen als Vermögenszugang ebenfalls der Besteuerung.[35] In den Folgeperioden erhält man die Steuerbasis durch Korrektur der jeweiligen auf die Investition bezogenen Einnahmen (bei Humankapitalinvestitionen sind dies die erhöhten Teile der Arbeitslöhne) um Ertragswertänderungen. Effektiv besteuert wird daher – wie in Abschnitt 3.3.3.2 dieses Kapitels gezeigt wurde – der ökonomische Gewinn als Verzinsung des Vorperiodenertragswerts einer Investition [siehe Gleichung (3.14)]. Die gesamte intertemporale Steuerzahlung bezüglich Sach-, Finanz- und Humankapitalinvestitionen ergibt sich somit aus einer Steuerzahlung auf den Kapitalwert

[35]Sach-, Finanz- und Humankapitalinvestitionen werden in der Investitionsperiode somit effektiv durch die Steuerzahlung auf den Kapitalwert der Investition und das Tätigen der Investitionsausgaben aus versteuerten Einnahmen steuerlich belastet. Steuerlich belastet wird daher der Ertragswert einer Investition.

der Investition und der diskontierten Summe von Steuerzahlungen auf die periodischen ökonomischen Gewinne.[36]

Einkommen aus Sach- und Finanzkapitalinvestitionen werden innerhalb einer konventionellen SHS-Einkommensteuer in gleicher Weise steuerlich belastet wie im Rahmen einer idealen SHS-Einkommensteuer. Der Unterschied der konventionellen gegenüber der idealen SHS-Einkommensteuer drückt sich in der steuerlichen Behandlung von Humankapital und Humankapitalinvestitionen aus.[37]

Humankapitaleinkommen werden innerhalb der konventionellen SHS-Einkommensteuer – wie erläutert wurde – auf der Basis einer Kassenrechnung ermittelt. Bezüglich der steuerlichen Behandlung von Humankapitalinvestitionen bedeutet Kassenrechnung einerseits, dass der Steuerpflichtige in der Investitionsperiode eine Steuererstattung in Höhe des Produkts aus Steuersatz und Investitionsausgabe erhält. Andererseits verlangt Kassenrechnung, dass die bildungsbedingt erhöhten Teile der Arbeitslöhne in den auf die Investition folgenden Perioden als Humankapitaleinkommen zu versteuern sind. Intertemporal wird dadurch effektiv der Kapitalwert einer Humankapitalinvestition steuerlich erfasst.[38] Da die an der Vermögensrechnung orientierte Besteuerung von Einkommen aus Sach- und Finanzkapitalinvestitionen eine um die ökonomischen Gewinne höhere intertemporale Steuerzahlung induziert, werden Einkommen aus Humankapitalinvestitionen innerhalb einer konventionellen SHS-Einkommensteuer durch die Kassenrechnung als Einkommensermittlungsmethode vergleichsweise niedriger steuerlich belastet.[39] Humankapitalin-

[36] Bezogen auf obige Investitionszahlungsreihe beträgt der Barwert der Einkommensteuerzahlungen über den gesamten Investitionsprozess $T = \tau\Big(-5 + \frac{5}{1+r} + \frac{5}{(1+r)^2}\Big) + \tau\frac{(5-EWA_1)}{1+r} + \tau\frac{(5-EWA_2)}{(1+r)^2}$. Für die Ertragswertabschreibungen EWA_j $(j = 1,2)$ gilt bei einem Zinssatz von $r = 10$ %: $EWA_1 = (1+r)EW_0 - 5 - EW_0 = (8{,}68 * 1{,}1 - 5) - 8{,}68 = -4{,}1345$ und $EWA_2 = (1+r)EW_1 - 5 - EW_1 = (4{,}5455 * 1{,}1 - 5) - 4{,}5455 = -4{,}5455$. Bei einem Steuersatz von $\tau = 50$ % beträgt die intertemporale Steuerzahlung daher $T = 1{,}84 + 0{,}39 + 0{,}19 = 2{,}42$ Geldeinheiten.

[37] Unter einer konventionellen SHS-Einkommensteuer ist keine in der Steuerpraxis angewendete Einkommensteuer zu verstehen, da diese insbesondere Sachkapitaleinkommen nicht auf der Grundlage des ökonomischen Gewinns besteuert. Dennoch bildet die konventionelle SHS-Einkommensteuer den Anknüpfungspunkt einer praktizierten Einkommensteuer, die sich in Bezug auf die Besteuerung von Sach- und Finanzkapitaleinkommen an der konventionellen SHS-Einkommensteuer anlehnt.

[38] Bezüglich der oben angegebenen Investitionszahlungsreihe beträgt der Barwert der auf eine Humankapitalinvestition bezogenen Einkommensteuerzahlungen $T = \tau\left(-5 + \frac{5}{1+r} + \frac{5}{(1+r)^2}\right)$. Bei einem Zinssatz von $r = 10$ % und einem Steuersatz $\tau = 50$ %, ergibt sich eine Steuerzahlung in Höhe von $T = 1{,}84$ Geldeinheiten.

[39] Vgl. Kaplow (1994), S. 1490; Genser (2003), S. 185.

vestitionen werden aus diesem Grunde im Rahmen der konventionellen SHS-Einkommensteuer gegenüber Sach- und Finanzkapitalinvestitionen *steuerlich begünstigt.*[40]

Diese steuerliche Begünstigung von Humankapital- gegenüber Sach- und Finanzkapitalinvestitionen wird am Vergleich der Nach-Steuer-Renditen einer Human-, Sach- und Finanzkapitalinvestition bei gleicher Investitionszahlungsreihe vor Steuern deutlich. Ausgangspunkt der Betrachtung ist die in Tabelle 3.2 angenommene Investition, die bei einer Ausgabe von 5 Geldeinheiten im Investitionszeitpunkt über zwei Perioden hinweg jeweils eine Einnahme von 5 Geldeinheiten erbringt. Die Vor-Steuer-Rendite (bzw. der interne Zinsfuß vor Steuern) z dieser Investition wird durch Nullsetzen des Kapitalwerts der Investitionszahlungsreihe

$$0 = -5 + \frac{5}{1+z} + \frac{5}{(1+z)^2} \tag{3.16}$$

berechnet. Sie beträgt nach diesem Beispiel $61,8\ \%$. Durch Einführung einer konventionellen SHS-Einkommensteuer ergibt sich die Nach-Steuer-Rendite (bzw. der interne Zinsfuß nach Steuern) einer Humankapitalinvestition durch Nullsetzen der Nach-Steuer-Investitionszahlungsreihe:

$$0 = -5(1-\tau) + \left(\frac{5}{1+z} + \frac{5}{(1+z)^2}\right)(1-\tau) \tag{3.17}$$

Die konventionelle SHS-Einkommensteuer lässt die Rendite der Humankapitalinvestition auf dem Wert $z = 61,8\ \%$ unverändert, da sowohl die Ausgaben als auch die Einnahmen der beruflichen Bildungsmaßnahme proportional um den Steuerfaktor $1 - \tau$ reduziert werden.[41] Die Nach-Steuer-Investitionszahlungsreihe einer Sach- oder Finanzkapitalinvestition lautet bei gleicher Vor-Steuer-Investitionszahlungsreihe dagegen:

$$\begin{aligned} 0 &= -5 - \tau\left(-5 + \frac{5}{1+r} + \frac{5}{(1+r)^2}\right) \\ &+ \frac{5-\tau(5-EWA_1)}{1+z} + \frac{5-\tau(5-EWA_2)}{(1+z)^2} \end{aligned} \tag{3.18}$$

[40] Vgl. Genser (2003), S. 184-185; Richter (1986), S. 444; Knoll (2001), S. 337; Knoll und Posch (1999), S. 304; Knoll (2000), S. 178; Kruschwitz et al. (2003b), S. 395; Wagner (2000), S. 434; Nielsen und Sørensen (1997), S. 312; Sørensen (1994), S. 64-67; Klein (1977), S. 463.

[41] Zur Einflusslosigkeit der Cash-Flow-Besteuerung auf die Rendite bzw. den internen Zinsfuß einer Investition siehe z.B. Schneider (1992), S. 217.

Die Rendite einer Sach- oder Finanzkapitalinvestition wird hier in Abhängigkeit von Steuersatz τ und Kalkulationszinssatz r bestimmt. Bei einem Steuersatz $\tau = 50$ % und einem Kalkulationszinssatz $r = 10$ %, kann man diese unter Berücksichtigung von Ertragswertabschreibungen ($EWA_1 = 4,1345$ und $EWA_2 = 4,5455$) aus Gleichung (3.19)

$$0 = -6,84 + \frac{5 - 0,5(5 - 4,13)}{1 + z} + \frac{5 - 0,5(5 - 4,55)}{(1 + z)^2} \tag{3.19}$$

berechnen. Sie beträgt (bei oben angegebenen Werten für Einkommensteuer- und Kalkulationszinssatz) $z = 23,3$ %. Aus dem Vergleich der Nach-Steuer-Investitionsrenditen wird deutlich, dass Humankapitalinvestitionen gegenüber Sach- und Finanzkapitalinvestitionen im Rahmen der konventionellen SHS-Einkommensteuer steuerlich begünstigt werden. Ökonomisch – bezüglich ihrer Vor-Steuer-Rendite – gleichwertige Investitionsprojekte werden somit unterschiedlich steuerlich behandelt. Anders dagegen wird die Rendite einer Human-, Sach- und Finanzkapitalinvestition im Rahmen der idealen SHS-Einkommensteuer gleichmäßig auf $z = 23,3$ % abgesenkt, so dass es zu keiner Änderung der relativen Rentabilität der verschiedenen Investitionsalternativen kommt.

Diese Ergebnisse können in Bezug gesetzt werden zu den Kriterien der *Gerechtigkeit* und der *Effizienz der Besteuerung.* So verstößt die konventionelle SHS-Einkommensteuer gegen das Prinzip der horizontalen Gerechtigkeit, wenn ein Individuum A eine Humankapitalinvestition, Individuum B eine Sach- oder Finanzkapitalinvestition unternimmt und bei identischen Vor-Steuer-Investitionszahlungsreihen der Investitionsprojekte unterschiedliche (überperiodische und auf die Investition bezogene) Steuerlasten resultieren. Die konventionelle SHS-Einkommensteuer behandelt somit Individuen, die sich in gleichen wirtschaftlichen Situationen befinden, ungleich. Dieser Kritik unterliegt eine ideale SHS-Einkommensteuer nicht, da die Steuerbasen von Sach-, Finanz- und Humankapitalinvestitionen und die sich hieraus ergebenden Steuerlasten identisch sind. Auch der Besteuerungseffizienz wird die konventionelle SHS-Einkommensteuer insofern nicht gerecht, als dass Produktionsentscheidungen im weiteren Sinne – entsprechend des „Produktionseffizienztheorems" von Peter A. Diamond und James A. Mirrlees – steuerlich unverzerrt bleiben sollten. Ein Teilkriterium der Produktionseffizienz stellt dabei die *Investitionsneutralität* der Besteuerung dar. Effizienztheoretisch begründet sollte eine Einkommensteuer hiernach keinen Einfluss auf die relative Vorteilhaftigkeit von Investitionsprojekten, die sich aus dem Vergleich von Kapitalwerten der betrachteten Projekte ergibt, besitzen. Die nach den Kapitalwerten bestimmte Rangfolge von Investitionsprojekten sollte vor und nach Steuern gleich sein. Investitionsprojekte mit gleichen Kapitalwerten vor Steuern sollten übereinstimmende Kapitalwerte nach Steuern aufweisen. Sind diese Kriterien erfüllt, liegt Investitionsneutralität der Besteuerung vor. Die oben berechneten niedrigeren Nach-Steuer-Renditen von Sach- und Finanzkapitalinvestitionen gegenüber Humankapitalinvestitionen sind bei identischen Vor-Steuer-Investitionszahlungsreihen Ausdruck dessen, dass die konventionelle SHS-Einkommensteuer einen unterschiedlichen Einfluss auf die Kapitalwerte der Investitionsprojekte nimmt. Sie ist daher nicht investitionsneutral, eine ideale SHS-Einkommensteuer dagegen erfüllt das Kriterium der Investitionsneutralität.[42]

Im nächsten Abschnitt wird die leitbildgerechte steuerliche Behandlung von Humankapital und Humankapitalinvestitionen im Rahmen der lebenszeitorientierten Einkommensteuer dargestellt.

3.4 Lebenszeitorientierte Einkommensteuer

Um die steuerliche Behandlung von Humankapitalinvestitionen im Rahmen der lebenszeitorientierten Einkommensteuer zu identifizieren, muss – wie im Falle der SHS-Einkommensteuer – auf die Prinzipien der lebenszeitorientierten Einkommensteuer zurückgegriffen werden. Wie in Kapitel 2, Abschnitt 2.3.3 erläutert wurde, ist die lebenszeitorientierte Einkommensteuer durch das *Prinzip des lebenszeitlich orientierten Mittelzugangs*, das *objektive Nettoprinzip*, das *Kassenprinzip* und das *Syntheseprinzip* charakterisiert.

Das Fundamentalprinzip der lebenszeitorientierten Einkommensteuer ist das Prinzip des lebenszeitlich orientierten Mittelzugangs, nach dem Einkommen eines Kalenderjahres nur solche Zuflüsse umfasst, die weder in der Vergangenheit durch eine Besteuerung der Einkommensquelle bereits steuerlich belastet wurden noch in der Zukunft eine steuerliche Belastung erfahren werden. Hierdurch wird die *steuerliche Einmalbelastung von Einkommen in lebenszeitlicher Sicht* gewährleistet. Bei kalenderjährlicher Ermittlung von Einkommen kann

[42] In Anhang A.2 wird hergeleitet, dass eine ideale SHS-Einkommensteuer den Kapitalwert einer Sach-, Finanz- und Humankapitalinvestition einheitlich um den Faktor $1-\tau$ kürzt, so dass für die Beziehung zwischen Kapitalwert vor Steuern (KW) und Kapitalwert nach Steuern (KW_τ) gilt: $KW_\tau = (1-\tau)KW$. Diese Beziehung gilt ebenfalls bezüglich Sach- und Finanzkapitalinvestitionen innerhalb der konventionellen SHS-Einkommensteuer. Bezüglich Humankapitalinvestitionen ergibt sich dagegen der Zusammenhang $KW_\tau > (1-\tau)KW$, wobei deren relative Subventionierung gegenüber Sach- und Finanzkapitalinvestitionen mit der fehlenden Investitionsneutralität der konventionellen SHS-Einkommensteuer korrespondiert. Siehe hierzu Anhang A.3. Im Rahmen einer haushaltstheoretischen Analyse wird in Kapitel 5 aufgezeigt, wie sich die relative steuerliche Begünstigung von Humankapitalinvestitionen und die damit verbundene fehlende Investitionsneutralität auf die Zusatzlast der Besteuerung auswirkt.

dies durch die *sparbereinigte* oder die *zinsbereinigte Methode* der steuerlichen Behandlung jeglicher Form gesparten bzw. investierten Kapitals sichergestellt werden.[43]

Nach der sparbereinigten Methode der lebenszeitorientierten Einkommensteuer sind gesparte bzw. investierte Beträge im Anlagezeitpunkt als Ausgaben steuerlich abzugsfähig, Kapitalrückfluss und Rendite des angelegten Kapitals unterliegen als Einnahmen der Besteuerung. Das objektive Nettoprinzip, wonach sich Einkommen als Differenz von Einnahmen und erwerbswirtschaftlich bedingten Ausgaben ergibt, wird nach dem Kassenprinzip, d.h. auf der Grundlage einer Kassenrechnung, umgesetzt.

Nach der zinsbereinigten Methode der lebenszeitorientierten Einkommensteuer dagegen sind gesparte bzw. investierte Beträge nicht oder zumindest nicht vollständig als steuermindernde Ausgaben in der Investitionsperiode zu berücksichtigen. Über die Dauer eines Kapitalbildungsprozesses werden diese allerdings durch den Ansatz von Abschreibungen und Schutzzinsen als Ausgaben (barwertmäßig) vollständig steuermindernd erfasst. Das objektive Nettoprinzip wird kalenderjährlich daher nicht kassenmäßig umgesetzt – die Kassenrechnung als Einkommensermittlungsmethode wird durchbrochen.[44] Lebenszeitlich betrachtet sind allerdings sämtliche erwerbswirtschaftlich bedingten kassenmäßigen Ausgaben steuerlich abzugsfähig. Dadurch, dass Rückfluss und Rendite angelegten Kapitals in die Steuerbasis als Einnahmen eingehen, wird auch zinsbereinigt die steuerliche Einmalbelastung von Einkommen in lebenszeitlicher Sicht sichergestellt.[45]

Im Folgenden wird untersucht, wie Humankapitalinvestitionen im Rahmen der lebenszeitorientierten Einkommensteuer – spar- und zinsbereinigt – steuerlich zu behandeln sind.

---

[43]Zur Sparbereinigung und Zinsbereinigung von Einkommen siehe Abschnitte 2.3.2.2 und 2.3.2.3.

[44]Zinsbereinigt werden Investitionsausgaben auf Basis einer Vermögensrechnung, über Abschreibungen, steuerlich berücksichtigt. Die Vermögensrechnung muss allerdings so spezifiziert sein, dass das Prinzip des lebenszeitlich orientierten Mittelzugangs nicht verletzt wird. In Kroatien wurde das Konzept einer lebenszeitorientierten Einkommensteuer zwischen 1994 und 2000 umgesetzt. Unternehmen, die der Gewinnsteuer unterlagen, ermittelten den steuerpflichtigen Gewinn bilanzorientiert und daher auf Basis einer Vermögensrechnung. Im Gegensatz zur Vermögensrechnung einer in der Praxis angewandten SHS-Einkommensteuer, die durch Abschreibungen von Buchwerten und gerade nicht durch Ertragswertabschreibungen gekennzeichnet ist, war die Vermögensrechnung der kroatischen Gewinnsteuer durch den Abzug von Schutzzinsen auf das betriebliche Eigenkapital modifiziert. Vgl. Gress et al. (1998); Rose (1998); Keen und King (2003); Wagner und Wenger (1996).

[45]Nach der zinsbereinigten Methode der lebenszeitorientierten Einkommensteuer wird das objektive Nettoprinzip lebenszeitlich auf der Grundlage der Kassenrechnung umgesetzt.

3.4.1 Die Steuerbasis der Investitionsperiode

Nach der lebenszeitorientierten Einkommensteuer werden steuerpflichtige Humankapitaleinkommen grundsätzlich über eine Kassenrechnung bestimmt. Demnach entstehen Steuerbasen dann, wenn ein Individuum Arbeitslohn bezieht und/oder Ausgaben zur Bildung beruflichen Humankapitals tätigt. Bezogen auf den in Abschnitt 3.2 gegebenen Sachverhalt stellt der Arbeitslohn W_k als Kassenzugang eine steuerpflichtige Humankapitaleinnahme in Periode k dar. Da die beruflichen Bildungsausgaben K der Erzielung zukünftiger höherer Arbeitslöhne dienen, sind sie aus ökonomischer Sicht nicht als Konsumausgaben zu klassifizieren und werden deshalb als erwerbswirtschaftlich bedingte Ausgaben steuermindernd – entweder nach der zins- oder nach der sparbereinigten Methode der lebenszeitorientierten Einkommensteuer – angesetzt.

3.4.1.1 Sparbereinigte Methode

Nach der sparbereinigten Methode der lebenszeitorientierten Einkommensteuer sind die Investitionsausgaben für Humankapital als erwerbswirtschaftlich bedingter Kassenabgang vollständig vom Arbeitslohn in Abzug zu bringen. Bezieht der Arbeitnehmer annahmegemäß keine Einkommen aus Sach- und Finanzkapital, lautet die sparbereinigte Steuerbasis der Periode k daher:

$$Y_k = W_k - K \tag{3.20}$$

Humankapital wird nach der Sparbereinigung somit aus unversteuerten Kassenzugängen gebildet. Diese steuerliche Behandlung von Ausgaben für Humankapitalinvestitionen entspricht – wie in Abschnitt 3.3.2 gezeigt wurde – der einer konventionellen SHS-Einkommensteuer.

3.4.1.2 Zinsbereinigte Methode

Die zinsbereinigte Methode unterscheidet sich von der sparbereinigten Methode dadurch, dass Spar- bzw. Investitionskapital in der Investitionsperiode nicht bzw. nicht in voller Höhe steuerlich abzugsfähig ist. Die Ausgaben K, die der Arbeitnehmer zur beruflichen Bildung tätigt, wirken sich in Periode k daher lediglich in Höhe eines Anteils α_k $(0 \leq \alpha_k < 1)$ steuermindernd aus.[46]

[46] Im Rahmen einer zinsbereinigt ausgerichteten lebenszeitorientierten Einkommensteuer erfolgt privates Sparen – aus administrativen Gründen – aus versteuerten Einnahmen, d.h., bezogen auf das Beispiel gilt $\alpha_k = 0$. Allgemein können Investitionsausgaben zinsbereinigt – mit Ausnahme der vollständigen Sofortabschreibung $\alpha_k = 1$ – nach beliebigem Abschreibungsverfahren steuerlich berücksichtigt und zusätzlich in jeder Periode der Nut-

Die zinsbereinigte Steuerbasis in Periode k beträgt daher[47]:

$$Y_k = W_k - \alpha_k K \tag{3.21}$$

Im folgenden Abschnitt werden die Steuerbasen bei zins- und sparbereinigter Behandlung der Humankapitalinvestition während der Amortisationsphase dargestellt.

3.4.2 Die Steuerbasen der Amortisationsphase

3.4.2.1 Sparbereinigte Methode

Annahmegemäß führt die Investition in Humankapital zu einem erhöhten Arbeitslohn ΔW_m in einem auf die Investition folgenden Kalenderjahr m ($m \in [k+1, k+2, ..., n]$), so dass dieser neben dem Arbeitslohn W_m, den der Arbeitnehmer ohne Vornahme der beruflichen Bildungsmaßnahme bezieht, als Einnahme zu versteuern ist. Bei sparbereinigter steuerlicher Behandlung einer Humankapitalinvestition ist mit den gesamten Arbeitslöhnen das Einkommen im Kalenderjahr m bestimmt. Die sparbereinigte Steuerbasis beträgt:

$$Y_m = W_m + \Delta W_m \tag{3.22}$$

Die Steuerbasis in Periode m entspricht (wie in der Investitionsperiode k) exakt der einer konventionellen SHS-Einkommensteuer.

3.4.2.2 Zinsbereinigte Methode

In Periode m gehen zunächst die Arbeitslöhne $W_m + \Delta W_m$ als steuerpflichtige Humankapitaleinnahmen in die Steuerbasis ein. Da bei zinsbereinigter steuerlicher Behandlung einer Humankapitalinvestition in Periode k lediglich ein Anteil α_k ($0 \leq \alpha_k < 1$) der beruflichen Bildungsausgaben als Ausgabe angesetzt wurde, sind, um die steuerliche Abzugsfähigkeit der gesamten Investitionsausgaben für Humankapital sicherzustellen, von dem steuerlich noch nicht als Ausgaben verrechneten Teil der aufgebrachten Mittel (dem „Restbuchwert") Abschreibungen vorzunehmen. Die als Barwert bestimmte Summe

---

zungsdauer Schutzzinsen auf noch nicht abgeschriebene Investitionsausgaben in Abzug gebracht werden.

[47] Bezüglich der zinsbereinigten Steuerbasis der Periode k wird unterstellt, dass in früheren Perioden keine beruflichen Bildungsmaßnahmen vorgenommen worden sind, deren Ausgaben bis zu dieser Periode noch nicht barwertmäßig in voller Höhe zum Abzug zugelassen wurden. Ansonsten wären nämlich Schutzzinsen und Abschreibungen auf den noch nicht steuermindernd berücksichtigten Teil der Ausgaben in Periode k steuerlich abzugsfähig.

aller vorgenommenen Abschreibungen ist bei positiven Diskontierungszinssätzen allerdings kleiner als der Investitionsbetrag. Damit intertemporal der gesamte Kapitaleinsatz barwertmäßig steuermindernd Berücksichtigung findet, sind deshalb in jeder Periode j zusätzlich Schutzzinsen als Ausgaben in Abzug zu bringen, die über das Produkt von Schutzzinssatz und dem steuerlich noch nicht über Abschreibungen berücksichtigten Teil der beruflichen Bildungsausgaben ermittelt werden. Der Schutzzinssatz stimmt dabei mit dem Marktzinssatz r überein. Bei zinsbereinigter steuerlicher Behandlung von Humankapitalinvestitionen muss daher folgende Gleichung erfüllt sein:

$$K = \alpha_k K + \sum_{j=k+1}^{n} \frac{\alpha_j K + r(1 - \sum_{l=k}^{j-1} \alpha_l)K}{(1+r)^{j-k}} \tag{3.23}$$

Abzuziehen von den periodischen Arbeitslöhnen sind in Perioden j also Abschreibungen $\alpha_j K$ $(j = k+1, k+2, ..., n)$. Da diese nominell die Investitionsausgaben K über $n-(k-1)$ Perioden steuerfrei stellen, gilt[48]:

$$\sum_{j=k}^{n} \alpha_j = 1 \tag{3.24}$$

Wie man an Gleichung (3.23) erkennt, sind in einer Periode j – sofern die Investitionsausgaben noch nicht vollständig als Ausgaben steuermindernd Berücksichtigung fanden – Schutzzinsen in Höhe von $r(1 - \sum_{l=k}^{j-1} \alpha_l)K$ abzugsfähig. Für Periode m erhält man daher grundsätzlich folgende zinsbereinigte Steuerbasis:

$$Y_m = W_m + \Delta W_m - \alpha_m K - r(1 - \sum_{l=k}^{m-1} \alpha_l)K \tag{3.25}$$

Bezüglich des Abschreibungsparameters gilt $\alpha_m \geq 0$.[49]

Als Fazit ist festzuhalten, dass sich die zinsbereinigte von der sparbereinigten Methode der steuerlichen Behandlung von Humankapitalinvestitionen im Zeitraum des steuermindernden Ansatzes der Investitionsausgaben unterscheidet.

[48]Die Anzahl der Perioden $n-(k-1)$, in denen die beruflichen Bildungsausgaben abzuschreiben sind, ist grundsätzlich beliebig. Bei Sachkapitalinvestitionen wie z.B. einer Maschine gibt $n-(k-1)$ die Nutzungsdauer wieder. Trotz grundsätzlicher Beliebigkeit müsste zur praktischen Umsetzung der zinsbereinigten steuerlichen Behandlung von Investitionsausgaben auch für Humankapitalinvestitionen eine entsprechende „Nutzungsdauer" vorgegeben werden.

[49]$\alpha_m = 0$ gilt für den Fall, dass bis einschließlich Periode $m-1$ bereits die gesamten Investitionsausgaben K über Abschreibungen berücksichtigt wurden $(\sum_{l=k}^{m-1} \alpha_l = 1)$.

Während bei der Sparbereinigung berufliche Bildungsausgaben in der Investitionsperiode vollständig als erwerbswirtschaftlich bedingte Ausgaben entsprechend des Kassenprinzips abzugsfähig sind, werden diese zinsbereinigt gemäß der Wahl von n – die Kassenrechnung durchbrechend – auf eine Anzahl von $n - (k - 1)$ Perioden verteilt. Zum Ausgleich der gegenüber dem Sofortabzug verspäteten Abschreibungen, sind bei zinsbereinigter steuerlicher Behandlung von Humankapitalinvestitionen zusätzlich Schutzzinsen steuermindernd zu berücksichtigen.

Der nächste Abschnitt 3.4.3 verdeutlicht die steuerliche Behandlung von Humankapitalinvestitionen anhand eines Zahlenbeispiels. Im Anschluss hieran wird die gleichmäßige steuerliche Belastung von Sach-, Finanz- und Humankapitalinvestitionen innerhalb der lebenszeitorientierten Einkommensteuer aufgezeigt.

3.4.3 Ein Zahlenbeispiel

Grundlage dieses Abschnitts zur Verdeutlichung einer lebenszeitorientierten steuerlichen Behandlung von Humankapital und Humankapitalinvestitionen sind die Zahlenbeispiele, die in den Tabellen 3.1 und 3.2 des Abschnitts 3.3.4 (S. 51 und S. 52) abgebildet sind.

Gemäß Tabelle 3.1 bezieht das betrachtete Individuum in den Perioden 1 bis 5 Arbeitslöhne W_j $(j = 1, 2, 3, 4, 5)$ in Höhe von jeweils 10 Geldeinheiten. Lebenszeitorientiert sind diese als Kassenzugänge der jeweiligen Periode zu versteuern. Die periodischen Steuerbasen stimmen daher mit denen einer konventionellen SHS-Einkommensteuer überein, wenn – wie angenommen – keine Sach- und Finanzkapitalinvestitionen getätigt werden. Wird entsprechend Tabelle 3.2 davon ausgegangen, dass in der 3. Periode eine Humankapitalinvestition mit Ausgaben in Höhe von 5 Geldeinheiten getätigt wird, sind diese sparbereinigt als erwerbswirtschaftlich bedingte Ausgaben von den Arbeitslöhnen abzuziehen, um das steuerpflichtige Humankapitaleinkommen (5 Geldeinheiten) zu ermitteln. Im Unterschied hierzu führt die zinsbereinigte steuerliche Behandlung der Humankapitalinvestition zu keinem vollständigen steuermindernden Ansatz der Ausgaben in der Investitionsperiode. Lediglich ein Anteil $\alpha_3 5$ $(0 \leq \alpha_3 < 1)$ ist steuerlich abzugsfähig, das steuerpflichtige Humankapitaleinkommen beträgt in der 3. Periode daher $(1 - \alpha_3)5$ Geldeinheiten. In den Perioden 4 und 5 sind sparbereinigt die investitionsbedingt erhöhten Arbeitslöhne (in Höhe von jeweils 5 Geldeinheiten) als Einnahmen zu versteuern. Nach der sparbereinigten Methode bilden daher die gesamten Arbeitslöhne der Amortisationsphase (jeweils 15 Geldeinheiten in Perioden 4 und 5) die Steuerbasis. Zinsbereinigt sind die Arbeitslöhne der Perioden 4 und 5 ebenfalls als

Tabelle 3.3: Spar- und zinsbereinigte Steuerbasen einer Humankapitalinvestition

Periode	sparbereinigte Steuerbasis	zinsbereinigte Steuerbasis
3	-5	$-\alpha_3 5$
4	5	$5 - r(1 - \alpha_3)5$ $-\alpha_4 5$
5	5	$5 - r(1 - \alpha_3 - \alpha_4)5 - \alpha_5 5$

Einnahmen zu erfassen. Im Unterschied zur sparbereinigten Methode sind in Perioden 4 und 5 allerdings Abschreibungen und Schutzzinsen als Ausgaben anzusetzen, so dass intertemporal gerade die Investitionsausgaben (5 Geldeinheiten) abzugsfähig sind. Die auf die Humankapitalinvestition bezogenen zins- und sparbereinigten Steuerbasen sind in Tabelle 3.3 aufgeführt.

3.4.4 Die steuerliche Belastung von Humankapital- gegenüber Sach- und Finanzkapitalinvestitionen

Die spar- und die zinsbereinigte Methode einer lebenszeitorientierten Einkommensteuer können konzeptionell alternativ angewendet werden, um die Einmalbelastung von Einkommen in lebenszeitlicher Sicht zu garantieren. Werden Einkommen aus Sach-, Finanz- und Humankapitalinvestitionen leitbildgerecht zins- oder sparbereinigt bestimmt, hat dies eine gleichmäßige steuerliche Belastung aller Investitionsarten zur Folge. Aus intertemporaler Sicht wird der Kapitalwert einer Investition steuerlich erfasst.[50] Die gleichmäßige steuerliche Belastung der Einkommen aus Sach-, Finanz- und Humankapitalinvestitionen ist auch daran ersichtlich, dass bei gleichen Vor-Steuer-Renditen einer für alle Investitionsarten geltenden Investitionszahlungsreihe, auch die Nach-Steuer-Renditen übereinstimmen. Dass dies erfüllt ist, wird nun anhand der bereits bekannten und Tabelle 3.2 entnommenen Vor-Steuer-Investitionszahlungsreihe, die eine Rendite bzw. einen internen Zinsfuß von z besitzt, gezeigt. Sie lautet:

$$0 = -5 + \frac{5}{1+z} + \frac{5}{(1+z)^2} \tag{3.26}$$

[50] Im Vergleich zur idealen SHS-Einkommensteuer fällt die intertemporale Steuerzahlung bezüglich eines Investitionsprojekts im Rahmen der lebenszeitorientierten Einkommensteuer um den Barwert der Steuerzahlungen auf die periodischen ökonomischen Gewinne niedriger aus.

Wie in Abschnitt 3.3.5 angegeben wurde, beträgt die Vor-Steuer-Rendite dieses Investitionsprojekts $z = 61,8$ %. Werden Sach-, Finanz- und Humankapitalinvestitionen sparbereinigt steuerlich behandelt, bleibt deren Rendite von der Einkommensbesteuerung zum Steuersatz τ unbeeinflusst:

$$0 = -5(1-\tau) + \left(\frac{5}{1+z} + \frac{5}{(1+z)^2}\right)(1-\tau) \tag{3.27}$$

Dies gilt auch für den Fall der zinsbereinigten steuerlichen Behandlung von Investitionsausgaben. Um dies zu zeigen, betrachtet man zunächst den Nach-Steuer-Kapitalwert der Investitionszahlungsreihe[51]:

$$\begin{aligned} KW_\tau &= -5 + \tau\alpha_3 5 + \frac{5 - \tau\left[5 - r(1-\alpha_3)5 - \alpha_4 5\right]}{1+r} \\ &+ \frac{5 - \tau\left[5 - r(1-\alpha_3-\alpha_4)5 - \alpha_5 5\right]}{(1+r)^2} \end{aligned} \tag{3.28}$$

Gleichung (3.28) kann umgeformt werden zu:

$$\begin{aligned} KW_\tau &= -5 + \left(\frac{5}{1+r} + \frac{5}{(1+r)^2}\right)(1-\tau) + \tau\left(\alpha_3 + \frac{\alpha_4}{1+r} + \frac{\alpha_5}{(1+r)^2}\right)5 \\ &+ \tau\left(\frac{r(1-\alpha_3)}{1+r} + \frac{r(1-\alpha_3-\alpha_4)}{(1+r)^2}\right)5 \end{aligned} \tag{3.29}$$

Wegen $\alpha_3 + \alpha_4 + \alpha_5 = 1$ erhält man aus Gleichung (3.29) daher:

$$\begin{aligned} KW_\tau &= -5 + \tau(\alpha_3+\alpha_4+\alpha_5)5 + \left(\frac{5}{1+r} + \frac{5}{(1+r)^2}\right)(1-\tau) \\ \Longleftrightarrow KW_\tau &= -5(1-\tau) + \left(\frac{5}{1+r} + \frac{5}{(1+r)^2}\right)(1-\tau) \end{aligned} \tag{3.30}$$

Durch Nullsetzen des Nach-Steuer-Kapitalwerts aus Gleichung (3.30) ergibt sich bei zinsbereinigter steuerlicher Behandlung der betrachteten Investition ebenfalls (wie im Fall der Sparbereinigung) ein interner Zinsfuß $z = 61,8$ %.

Festzuhalten ist, dass sowohl die zins- als auch die sparbereinigte Methode der lebenszeitorientierten Einkommensteuer die gleichmäßige steuerliche Belastung von Sach-, Finanz- und Humankapitalinvestitionen sicherstellt. Beide

[51] Die steuerlich zu berücksichtigenden periodischen Schutzzinsen werden als Produkt aus Schutzzinssatz und dem noch nicht steuermindernd erfassten Teil der Investitionsausgaben berechnet. Der Schutzzinssatz ist auf dem Niveau des Marktzinssatzes festzusetzen.

Methoden nehmen keinen Einfluss auf die relative Vorteilhaftigkeit von Investitionen und verändern die durch den Markt gegebene Rangfolge unterschiedlicher Investitionsprojekte nicht. Die Vor-Steuer-Renditen von Sach-, Finanz- und Humankapitalinvestitionen bleiben steuerlich unberührt. Die gleichmäßige steuerliche Belastung aller Investitionsarten innerhalb der lebenszeitorientierten Einkommensteuer verhindert einerseits eine horizontal ungerechte Besteuerung von Individuen, wie sie im Rahmen einer konventionellen SHS-Einkommensteuer auftritt. Bei gleichen Vor-Steuer-Zahlungsströmen von Sach- Finanz- und Humankapitalinvestitionen ist die individuelle Steuerbelastung unabhängig von der gewählten Investitionsalternative, so dass Individuen in gleichen wirtschaftlichen Situationen identische Steuerlasten zu tragen haben. Andererseits gewährleistet die lebenszeitorientierte Einkommensteuer Investitionsneutralität.[52]

Den Abschluss dieses Kapitels bildet Abschnitt 3.5, der sich mit der praktischen Anwendbarkeit der nach dem jeweiligen Einkommensteuerleitbild geforderten steuerlichen Behandlung von Humankapitalinvestitionen befasst.

3.5 Praktische Anwendbarkeit der Einkommensteuerleitbilder

Ausgehend von der bisherigen Analyse dieses Kapitels erscheint die steuerliche Behandlung von Humankapitalinvestitionen sowohl nach der konventionellen SHS-Einkommensteuer als auch der lebenszeitorientierten Einkommensteuer aus administrativer Sicht anwendbar. Innerhalb einer konventionellen SHS-Einkommensteuer und einer sparbereinigten lebenszeitorientierten Einkommensteuer ergeben sich die steuerpflichtigen Humankapitaleinkommen aus der Differenz zwischen den Arbeitslöhnen als Kassenzugänge und den beruflichen Bildungsausgaben als erwerbswirtschaftlich bedingte Kassenabgänge, die als marktbewertete Zahlungsströme leicht bestimmbar sind. Ebenfalls anwendbar ist die zinsbereinigte Methode der steuerlichen Behandlung von Humankapitalinvestitionen, wenngleich die beruflichen Bildungsausgaben zeitverzögert über Abschreibungen und Schutzzinsen steuermindernd anzusetzen sind, was eine periodische Dokumentation der in Abzug gebrachten Investitionsausgaben erforderlich macht.

Eine steuerliche Behandlung von Humankapital und Humankapitalinvestitionen nach der dargestellten idealen SHS-Einkommensteuer ist dagegen praktisch

[52]Die Investitionsneutralität der spar- und der zinsbereinigten Methode der lebenszeitorientierten Einkommensteuer wird in Anhang A.4 und A.5 hergeleitet.

nicht umsetzbar. Ursächlich hierfür ist ein Bewertungsproblem.[53] Dieses resultiert daraus, dass sich die periodischen Steuerbasen jeweils aus der Verzinsung der Vorperiodenertragswerte von Humankapital bzw. aus den periodisch bezogenen Arbeitseinkommen unter Berücksichtigung der Ertragswertänderung von Humankapital ergeben. Beide Varianten zur Ermittlung der Steuerbasis machen es erforderlich, zukunftsgerichtete Ertragswerte von Humankapital, die theoretisch als Barwerte zukünftiger Arbeitseinkommen berechnet werden, zu bestimmen. Praktisch ist dies wegen fehlender Handelbarkeit und Marktbewertbarkeit von Humankapital und damit einhergehender fehlender Objektivierbarkeit unmöglich, so dass die Finanzverwaltung eine periodische Besteuerung des idealen SHS-Einkommens nicht durchführen kann.[54]

Um allerdings eine lebenszeitlich bestimmte steuerliche Belastung von Humankapital im Sinne der idealen SHS-Einkommensteuer zu erzeugen, kann – wie Louis Kaplow nachgewiesen hat – eine spezifische Besteuerung periodischer Arbeitseinkommen erfolgen und damit das Bewertungsproblem der dargestellten idealen SHS-Einkommensteuer entfallen.[55] Er zeigt, dass eine bestimmte, über das Leben eines Steuerpflichtigen hinweg *progressive Besteuerung von Arbeitseinkommen* eine steuerliche Belastung generiert, die exakt mit der aus der Besteuerung des Reinvermögenszugangs bei Geburt und der Besteuerung der ökonomischen Gewinne der Folgeperioden übereinstimmt.[56] Die zugrundeliegende Idee hierzu ist einfach: Zum Zeitpunkt der Geburt eines Individuums entsteht eine Steuerbasis in Höhe des Barwerts zukünftiger Arbeitseinkommen. Dementsprechend ist auch ein erst weit in der Zukunft zu beziehender Arbeitslohn bereits im Reinvermögenszugang bei Geburt enthalten. Wird ein Arbeitslohn in der Zukunft bezogen, muss dieser bei Auszahlung steuerlich daher so belastet werden, dass die bei Geburt unterlassene Besteuerung dieses Arbeitslohns – bei gleichem Barwert der Steuerzahlungen – vollständig nachgeholt wird. Um dies zu erreichen, unterliegen Arbeitslöhne der

[53] Zum Bewertungsproblem bezüglich Humankapital vgl. Wagner (1997), S. 519; Wagner (1989), S. 268; Wagner (1999b), S. 30; Wagner (1999a), S. 1523; Sørensen (1994), S. 66.

[54] Insbesondere kann daher auch keine Steuerzahlung auf den Barwert von Arbeitseinkommen bei Geburt eines Individuums erhoben werden.

[55] Auch das Liquiditätsproblem bei Geburt kann hierdurch gelöst werden.

[56] Vgl. Kaplow (1993), S. 16-20; Kaplow (1994), S. 1507-1512.

Perioden j ($j = 1, 2, 3, ..., n$) folgendem Steuersatz $\tilde{\tau}(j)$[57]:

$$\tilde{\tau}(j) = \tau\left(1 + \frac{r}{1+r}j\right) \tag{3.31}$$

Gemäß Gleichung (3.31) steigt der effektive Steuersatz auf Arbeitslöhne $\tilde{\tau}(j)$ bei gegebenem Kalkulationszinssatz r und zeitinvariantem konstantem Steuersatz τ mit den Perioden j an.[58] Zur Sicherstellung einer gleichmäßigen steuerlichen Belastung von Human-, Sach- und Finanzkapital sind periodische Arbeitseinkommen mit steigendem Lebensalter eines Steuerpflichtigen im Rahmen der idealen SHS-Einkommensteuer daher höher steuerlich zu belasten.[59]

Peter B. Sørensen bringt diese progressive Besteuerung von Arbeitseinkommen in Verbindung mit der „Dualen Einkommensteuer“ bzw. „Dual Income Tax“ der skandinavischen Staaten (Norwegen, Schweden, Finnland).[60] Diese ist durch einen proportionalen Steuersatz auf unternehmerische Einkommen (Sach- und Finanzkapitaleinkommen) und einen progressiven Steuersatz auf Arbeitseinkommen gekennzeichnet. Die Duale Einkommensteuer kann somit als Versuch der Herstellung steuerlicher Gleichbehandlung zwischen Sach-, Finanz- und Humankapitaleinkommen innerhalb einer SHS-Einkommensteuer betrachtet werden. Einschränkend weist Peter B. Sørensen allerdings darauf hin, dass die Umsetzung einer idealen SHS-Einkommensteuer die progressive Besteuerung von Arbeitseinkommen über das Leben eines Steuerpflichtigen hinweg erforderlich macht, wohingegen die Duale Einkommensteuer durch eine periodische progressive Besteuerung von Arbeitseinkommen gekennzeichnet ist. Insofern stellt diese Variante einer Einkommensteuer bezüglich der steuerlichen Behandlung von Humankapital nur eine approximative steuerpraktische Umsetzung einer idealen SHS-Einkommensteuer dar, wenngleich zumindest die sie kennzeichnende periodisch höhere Besteuerung von Arbeits- gegenüber Kapitaleinkommen zur Erzielung steuerlicher Gleichbehandlung im Rahmen einer idealen SHS-Einkommensteuer begründbar ist.[61]

---

[57]Vgl. Kaplow (1993), S. 17. Ausgehend von unterschiedlichen Ermittlungsmethoden von Einkommen bezüglich Humankapital einerseits und Sach- und Finanzkapital andererseits, leitet auch Franz W. Wagner eine progressive Besteuerung von Arbeitslöhnen zur Herstellung steuerlicher Gleichbehandlung von Humankapital gegenüber Sach- und Finanzkapital her. Vgl. Wagner (2000), S. 434-436.

[58]Der Faktor $1 + \frac{rj}{1+r}$ kann anstatt auf den Steuersatz τ auch auf die periodische Steuerbasis angewendet werden.

[59]In Anhang B wird anhand des in Tabelle 3.1 gegebenen Zahlenbeispiels gezeigt, mit welchen Steuersätzen $\tilde{\tau}(j)$ die periodischen Arbeitslöhne zu belegen sind, um eine steuerliche Belastung gemäß der idealen SHS-Einkommensteuer herzustellen.

[60]Zur Dualen Einkommensteuer siehe z.B. Cnossen (1999); Sørensen (1994).

[61]Vgl. Sørensen (1994), S. 67; Wagner (2000), S. 436-437.

Gegen die praktische Anwendung einer im Lebensalter progressiven Besteuerung von Arbeitseinkommen spricht, dass dieses Verfahren politisch kaum vermittelbar und verfassungsrechtlich bedenklich sein dürfte. Zudem wäre es mit nachteiligen effizienztheoretischen Folgen verbunden, da es negative Anreizwirkungen auf das Arbeitsangebot älterer Steuerpflichtiger bedingt.[62] Somit stellt letztlich nur die lebenszeitorientierte Einkommensteuer ein Einkommenskonzept dar, welches administrativ nicht nur in Bezug auf die steuerliche Behandlung von Humankapital und Humankapitalinvestitionen anwendbar ist, sondern darüber hinaus eine gleichmäßige und investitionsneutrale steuerliche Belastung von Sach-, Finanz- und Humankapitalinvestitionen gewährt.

[62]Vgl. Kaplow (1993), S. 19; Sørensen (1994), S. 66.

Kapitel 4

Die steuerliche Behandlung von Humankapitalinvestitionen in der deutschen Einkommensteuer

4.1 Zielsetzung des Kapitels

Ziel dieses Kapitels ist es, die steuerliche Behandlung von Humankapitalinvestitionen bzw. beruflicher Bildung im Rahmen der deutschen Einkommensteuer darzustellen und darauf aufbauend das zugrunde liegende Einkommensteuerleitbild zu identifizieren.

Da sich ein Einkommensteuerleitbild durch die Ausgestaltung der Steuerbasis konkretisiert, ist es notwendig, sowohl die Besteuerung der Einnahmen beruflicher Bildung als auch die steuerliche Abzugsfähigkeit der Ausgaben für berufliche Bildung zu betrachten. Die Einnahmen beruflicher Bildung als Kapitalrückfluss und Rendite einer Humankapitalinvestition werden in der deutschen Einkommensteuer entweder als Arbeitslohn bei den Einkünften aus nichtselbständiger Arbeit oder beispielsweise über die Besteuerung von Betriebseinnahmen bei den Einkünften aus selbständiger Arbeit kassenmäßig erfasst. Weil die Besteuerung kassenmäßiger Einnahmen beruflicher Bildung keine weiteren Probleme bzw. Fragestellungen aufwirft, wird im Folgenden lediglich die steuerliche Behandlung der Ausgaben für berufliche Bildung untersucht. Im Einklang mit der Terminologie des deutschen Einkommensteuerrechts (siehe § 4 Abs. 4 EStG[1]) werden diese im Weiteren als Aufwendungen für berufliche Bildung bzw. als *berufliche Bildungsaufwendungen* bezeichnet.

Dieses Kapitel gliedert sich wie folgt: In Abschnitt 4.2 wird die steuerliche Berücksichtigung beruflicher Bildungsaufwendungen im deutschen Einkommensteuerrecht dargestellt.[2] Nach Aufzeigen der grundlegenden begrifflichen

[1] Einkommensteuergesetz in der Fassung der Bekanntmachung v. 19.10.2002 (BGBl. I, S. 4210, ber. BGBl. I 2003, S. 179), Gesetzesstand: Juli 2004.

[2] Rechtsstand: Juli 2004. Nach Abgabe dieser Dissertation ergab sich eine Neuregelung zur steuerlichen Behandlung beruflicher Bildungsaufwendungen im deutschen EStG, die

Unterscheidung beruflicher Bildungsmaßnahmen in Ausbildung und Weiterbildung einerseits und Fortbildung andererseits sowie der mit dieser Abgrenzung bis zur Rechtsprechungsänderung des Bundesfinanzhofs (BFH) Ende des Jahres 2002 einhergehenden differenzierten steuerlichen Rechtsfolgen in Abschnitt 4.2.1, folgt ein Überblick zur historischen Entwicklung der Berücksichtigung beruflicher Bildungsaufwendungen in der deutschen Einkommensteuer (Abschnitt 4.2.2). Im Anschluss daran wird in den Abschnitten 4.3, 4.4 und 4.5 im Einzelnen beschrieben, welche beruflichen Bildungsmaßnahmen jeweils der Ausbildung, der Fortbildung und der Weiterbildung zugeordnet werden. Einzelne abzugsfähige berufliche Bildungsaufwendungen werden aufgeführt und Abzugsmodalitäten skizziert (Abschnitt 4.6). Auf der Grundlage der in diesem Kapitel gewonnenen Erkenntnisse ist es Gegenstand des Abschnitts 4.7, die steuerliche Behandlung von Humankapitalinvestitionen im Rahmen der deutschen Einkommensteuer einem der in Kapitel 2 beschriebenen Einkommensteuerleitbilder zuzuordnen.

4.2 Die steuerliche Behandlung beruflicher Bildungsaufwendungen

4.2.1 Die Abgrenzung beruflicher Bildungsmaßnahmen und -aufwendungen

Bildungsmaßnahmen werden im deutschen Einkommensteuerrecht zunächst danach unterschieden, ob sie berufsbezogen sind und insofern zur Ausübung einer Erwerbs-/Berufstätigkeit unternommen werden oder ob sie nicht berufsbezogen sind und als solche in keinem Zusammenhang zur Erzielung von Einkommen stehen. Ist ein beruflicher Bezug von Bildungsmaßnahmen nicht gegeben, werden die hierfür getätigten Aufwendungen der privaten Lebensführung des Steuerpflichtigen zugewiesen. Dementsprechend sind Aufwendungen zum Erwerb von Allgemeinbildung oder solche zur Bildung im Rahmen von Freizeittätigkeiten (Hobbies) als Kosten der privaten Lebensführung nach § 12 Nr. 1 EStG steuerlich nicht abzugsfähig.[3] Steuersystematisch stellen sie Konsumausgaben dar, die aus versteuertem Einkommen zu tätigen sind.

Berufliche Bildungsmaßnahmen werden im deutschen Einkommensteuerrecht der *Ausbildung*, der *Weiterbildung* oder der *Fortbildung* zugeordnet. Bis zum

---

allerdings in dieser Arbeit noch nicht berücksichtigt wurde. Zur gesetzlichen Neuregelung siehe Drenseck (2004); Rimmler (2005).

[3] Zu den steuerlich nicht abzugsfähigen Bildungsaufwendungen siehe Söhn (2002a), S. 7, 23-25 und 30-31.

Dezember des Jahres 2002 waren mit dieser begrifflichen, typisierenden Unterscheidung regelmäßig folgende verschiedene steuerliche Rechtsfolgen verbunden: *Ausbildungs- und Weiterbildungskosten* wurden gemäß des *subjektiven Nettoprinzips* berücksichtigt, nach dem bestimmte Ausgaben von Steuerpflichtigen, die nicht im Zusammenhang mit der Einkommenserzielung stehen und insofern steuersystematisch Konsumausgaben darstellen, steuermindernd angesetzt werden können.[4] Als *Sonderausgaben* waren sie nach § 10 Abs. 1 Nr. 7 EStG, betragsmäßig beschränkt auf 920 Euro bzw. 1.227 Euro (bei auswärtiger Unterbringung i.S.d. § 9 Abs. 1 Satz 1 Nr. 5 EStG) im Kalenderjahr, steuerlich abzugsfähig. Sie wurden der *Privatsphäre* des Steuerpflichtigen zugewiesen und stellten aufgrund ihrer Abzugsfähigkeit *steuerlich begünstigte Konsumausgaben* dar.[5]

Fortbildungskosten wurden und werden ausschließlich nach dem *objektiven Nettoprinzip* bei der Einkünfteermittlung steuerlich erfasst. Sie waren und sind auch nach derzeitiger Rechtsprechung entweder als *Werbungskosten* im Rahmen der Einkünfte aus nichtselbständiger Arbeit nach § 9 Abs. 1 Satz 1 EStG oder als *Betriebsausgaben* nach § 4 Abs. 4 EStG im Rahmen der Einkünfte aus selbständiger Arbeit vollständig abzugsfähig.[6] Als *Erwerbsausgaben* sind sie Teil der *Erwerbssphäre* des Steuerpflichtigen.

Da Ausbildung wie Fortbildung auf die konkrete Ausübung einer zukünftigen und/oder gegenwärtigen Erwerbstätigkeit gerichtet sein kann, stand die grundsätzlich differenzierte steuerliche Behandlung von Ausbildungs- und Fortbildungskosten unter zunehmender Kritik sowohl im steuerjuristischen Schrifttum als auch in der Rechtsprechung der Finanzgerichte.[7,8] Bemängelt wur-

[4] Im deutschen Einkommensteuerrecht zählen dazu z.B. gezahlte Prämien für Lebens-, Unfall- und Haftpflichtversicherungen, Spenden an gemeinnützige Organisationen und die Kirchensteuer.

[5] Weiterbildungskosten werden nach wie vor als Sonderausgaben angesetzt. Ausbildungskosten werden dagegen – insbesondere auch infolge der BFH-Rechtsprechungsänderung – nicht mehr einheitlich als Sonderausgaben steuerlich berücksichtigt. Siehe Abschnitte 4.3 und 4.5.

[6] Zur Abgrenzung von Ausbildungs- und Fortbildungskosten im deutschen Einkommensteuerrecht siehe Drenseck (1999); Söhn (2002b); Flies (1997); Kreft (2002) sowie die Lehrbuchliteratur Zenthöfer und Schulze zur Wiesche (2003), S. 210-215, 749-750; Birk (2003), S. 289; Jakob (2003), S. 117, 307-308; Tipke und Lang (2002), S. 291; Zimmermann et al. (2002), S. 202-205.

[7] Zur Kritik im steuerjuristischen Schrifttum siehe Söhn (2002b), S. 97; Flies (1997), S. 725; Balke (1997), S. 1269; Keßler (2000), S. 1-2; Kreft (2002), S. 657; Schmidt (1997), S. 762.

[8] Da Weiterbildungskosten aufgrund ihrer von der Rechtsprechung geprägten Abgrenzung von den Aus- und Fortbildungskosten nicht mit einer konkreten Berufsausübung im Zusammenhang stehen, wurde ihre steuerliche Berücksichtigung als Sonderausgaben nicht beanstandet.

de insbesondere, dass Ausbildungskosten ohne – die nach dem Wortlaut des § 10 Abs. 1 Nr. 7 EStG erforderliche – Überprüfung auf eine berufliche Veranlassung und somit ihren potentiellen Werbungskosten- bzw. Betriebsausgabencharakter einheitlich den Sonderausgaben zugewiesen wurden.[9] Die BFH-Rechtsprechung zur steuerlichen Berücksichtigung von Ausbildungskosten hat sich ausgehend von zwei Urteilen vom Dezember 2002[10] und nachfolgenden Urteilen im Jahre 2003[11] grundlegend geändert: Ausbildungskosten werden – die begriffsorientierte steuerliche Abzugsfähigkeit aufgebend und steuersystematisch korrekt – nunmehr als Werbungskosten/Betriebsausgaben steuermindernd berücksichtigt, wenn ihre *berufliche Veranlassung* nachgewiesen wird. Ohne grundsätzlich unterschiedliche steuerliche Rechtsfolgen zu bewirken, hat die begriffliche Unterteilung beruflicher Bildungsmaßnahmen in Ausbildung, Fortbildung und Weiterbildung im deutschen Einkommensteuerrecht gleichwohl nach wie vor Bestand.

4.2.2 Historische Entwicklung

Bis zum Einkommensteuergesetz von 1925[12] waren berufliche Bildungsaufwendungen nur sehr begrenzt steuerlich abzugsfähig.[13] Abstellend auf die objektive Erfordernis von Aufwendungen zur Erzielung von Einnahmen wurde nach dem Preußischen Einkommensteuergesetz von 1891[14] der steuerliche Abzug beruflicher Bildungsaufwendungen als Werbungskosten damit verneint, dass diese zum Erwerb, der Sicherung oder der Erhaltung von Einnahmen objektiv

[9] Vgl. Drenseck (1999), S. 1, 5. Kritisiert wurde insofern, dass die Rechtsprechung durch die begriffsorientierte steuerliche Behandlung beruflicher Bildungsaufwendungen steuersystematische Gesichtspunkte vernachlässige.

[10] BFH-Urt. v. 04.12.2002 - VI R 120/01, BFHE 201, S. 156, BStBl II 2003, S. 403; BFH-Urt. v. 17.12.2002 - VI R 137/01, BFHE 201, S. 211, BStBl II 2003, S. 407.

[11] BFH-Urt. v. 13.02.2003 - IV R 44/02, BFHE 201, S. 495, BStBl II 2003, S. 698; BFH-Urt. v. 29.04.03 - VI R 86/99, BFHE 202, S. 299, BStBl II 2003, S. 749; BFH-Urt. v. 27.05.03 - VI R 33/01, BFHE 202, S. 314, BFH/NV 2003, S. 1119; BFH-Urt. v. 22.07.03 - VI R 50/02, BFHE 202, S. 563, BFH/NV 2003, S. 1381; BFH-Urt. v. 04.11.2003 - VI R 96/01, Der Betrieb 2004, S. 412.

[12] Einkommensteuergesetz 1925 v. 10.08.1925, RGBl. I 1925, S. 189.

[13] Dieser Abschnitt zur historischen Entwicklung der steuerlichen Berücksichtigung beruflicher Bildungsaufwendungen im deutschen Einkommensteuerrecht orientiert sich an Boedicker (1965), S. 5-10; Herb (1986), S. 16-21; Beul (1986), S. 347-349.

[14] Preußisches Einkommensteuergesetz 1891 v. 24.06.1891, PrGS 1891, S. 175.

nicht erforderlich seien.[15] Orientiert an der Quellentheorie[16] wurden Aufwendungen für berufliche Bildung als solche zur Anschaffung oder Verbesserung einer Einkunftsquelle – dem Beruf – angesehen, die quellentheoretisch steuerlich nicht berücksichtigt werden konnten. Berufliche Bildungsaufwendungen förderten nur mittelbar das aus der Quelle fließende Einkommen. Überwiegend an der Reinvermögenszugangstheorie von von Schanz ausgerichtet, übernahm das Einkommensteuergesetz von 1920[17] formal den finalen Werbungskostenbegriff des Preußischen Einkommensteuergesetzes von 1891. Allerdings wurde die im Jahr 1913 geänderte und seither angewendete Rechtsprechung des preußischen Obersten Verwaltungsgerichts in Staatssteuersachen (OVG), wonach für die Annahme von Werbungskosten die objektive Erfordernis von Aufwendungen zur Einnahmeerzielung nicht mehr notwendig sei und es auf den Zweck der Aufwendungen ankomme, vom Reichsfinanzhof (RFH) fortgeführt. Abzugsfähig als Werbungskosten waren zu dieser Zeit z.B. Aufwendungen zur Anschaffung von Fachliteratur, nicht allerdings Aufwendungen für Fortbildungsmaßnahmen im ausgeübten Beruf sowie solche für Ausbildungsmaßnahmen.

Anders als das Preußische Einkommensteuergesetz von 1891 und das Einkommensteuergesetz von 1920 ließ das Einkommensteuergesetz von 1925 den steuerlichen Abzug so genannter „Fortbildungsausgaben" als „Sonderleistungen" – inhaltlich und in steuersystematischer Hinsicht identisch mit den heutigen Sonderausgaben – nach § 17 Abs. 1 Nr. 4 EStG 1925 in beschränkter Höhe zu. Zu den Fortbildungsausgaben zählten Aufwendungen für jede Art von Spezialisierung im ausgeübten Beruf, um beruflich besser voran zu kommen. Heutzutage würde man diese Aufwendungen den als Werbungskosten/Betriebsausgaben abzugsfähigen Fortbildungskosten zuordnen. Der Ansatz von auf Erwerb, Sicherung und Erhaltung von Einnahmen zweckgerichteten Aufwendungen als Werbungskosten blieb von der Einführung der neuen Vorschrift zu den Fortbildungsausgaben unberührt. Keinerlei steuerliche Abzugsmöglichkeit erfuhren weiterhin jene Aufwendungen, die nach der heutigen Begriffsdefinition zu den Ausbildungskosten gehören. Dies traf auch für das Einkommensteuergesetz von 1934[18] zu, das die Vorschrift zur Berücksichtigung von Fortbildungsausgaben als beschränkt abzugsfähige Sonderleistungen nicht mehr enthielt und diese den Werbungskosten zuwies. In nachfolgenden Einkommensteuergesetzen wur-

[15] Der Werbungskostenbegriff wurde final und nicht – wie im heutigen deutschen Einkommensteuerrecht – kausal ausgelegt.

[16] Zur Quellentheorie siehe Lang (1982), S. 36 ff., S. 493 ff.; Tipke (2003), S. 627; Birk (2003), S. 8, 169. Die Quellentheorie wurde von Bernhard Fuisting, dem Staatssekretär des preußischen Finanzministers Johannes von Miquel, entwickelt. Siehe Fuisting (1902).

[17] Einkommensteuergesetz 1920 v. 29.03.1920, RGBl. 1920, S. 359.

[18] Einkommensteuergesetz 1934 v. 16.10.1934, RGBl. I 1934, S. 1005.

de an der steuerlichen Abzugsfähigkeit beruflicher Bildungsaufwendungen im ausgeübten Beruf als Werbungskosten festgehalten, wobei der quellentheoretischen Unterscheidung von Aufwendungen zum Erwerb einer Einkunftsquelle und solchen zur unmittelbaren Einnahmeerzielung nach wie vor eine steuerlich entscheidende Bedeutung zukam. Nicht abzugsfähig waren weiterhin Ausbildungskosten. Begründet wurde dies allerdings nicht mehr quellentheoretisch[19], sondern mit der vom RFH im Jahr 1937 aufgestellten „Lebenskampfthese", wonach Aufwendungen zur Erlangung der für den „Lebenskampf" notwendigen Kenntnisse und Fähigkeiten in den Bereich der Lebensführung gehörten.[20, 21]

Eine steuerliche Berücksichtigung von Ausbildungskosten und Weiterbildungskosten in einem nicht ausgeübten Beruf ergab sich erst durch das Steueränderungsgesetz 1968[22]. Im Rahmen dieses Gesetzes wurden erstmalig berufliche Bildungsaufwendungen in einem nicht ausgeübten Beruf steuerlich zum Abzug zugelassen. Nach dem früheren § 10 Abs. 1 Nr. 9 EStG bzw. – ab Veranlagungszeitraum (VZ) 1974 – dem § 10 Abs. 1 Nr. 7 EStG waren bzw. sind Aufwendungen für berufliche Bildung in einem nicht ausgeübten Beruf (Ausbildungskosten und Weiterbildungskosten in einem nicht ausgeübten Beruf) der Höhe nach beschränkt als Sonderausgaben abzugsfähig.[23] Zielsetzung des Gesetzgebers war es, Ausbildung sowohl im Hinblick auf die internationale Wettbewerbsfähigkeit Deutschlands zu fördern als auch die in der Rechtsprechung praktizierte (auf die „Lebenskampfthese" des RFH zurückgehende) und von Steuerpflichtigen schwer nachvollziehbare Diskrepanz zwischen den bis dahin nicht abzugsfähigen beruflichen Bildungsaufwendungen im nicht ausgeübten Beruf und den vollständig als Werbungskosten/Betriebsausgaben abzugsfähigen Aufwendungen im ausgeübten Beruf zu verringern.[24] Seither wird im deutschen Einkommensteuerrecht zwischen den grundsätzlich als Sonderausgaben

[19] Der Abzug von Ausbildungskosten wurde in den Entscheidungen des RFH nach 1925 nicht mehr – mit Bezug auf die Quellentheorie – versagt. Vgl. Drenseck (1999), S. 7.

[20] RFH-Urt. v. 24.06.1937 - IV A 20/36, RStBl 1937, S. 1089.

[21] Auch der BFH hat hinsichtlich der grundsätzlichen Zuweisung der Ausbildung zur Lebensführung auf die „Lebenskampfthese" des RFH verwiesen. Eine ausführliche Kritik der „Lebenskampfthese" des RFH findet man z.B. bei Suhr (1966).

[22] v. 20.02.1969, BGBl. I 1969, S. 116.

[23] Obwohl die gesetzliche Regelung des § 10 Abs. 1 Nr. 7 EStG grundsätzlich die Überprüfung beruflicher Bildungsaufwendungen hinsichtlich eines Werbungskosten-/Betriebsausgabencharakters verlangt, wurden neben Weiterbildungskosten auch Ausbildungskosten regelmäßig typisierend dem Sonderausgabenbereich zugewiesen. Siehe hierzu den vorherigen Abschnitt 4.2.1.

[24] Siehe BT-Drucks. V/3430, S. 8 f.; vgl. Bericht des Finanzausschusses zur BT-Drucks. V/3602, S. 2, 3.

abzugsfähigen Ausbildungs-/Weiterbildungskosten und den als Werbungskosten/Betriebsausgaben abzugsfähigen Fortbildungskosten unterschieden.

Die folgenden Abschnitte stellen die von der Rechtsprechung geprägten und verwendeten Begriffe der Ausbildung, der Weiterbildung und der Fortbildung dar. Ziel ist es aufzuzeigen, welche beruflichen Bildungsmaßnahmen nach welchen Kriterien diesen Begriffen zugewiesen werden. Wie bereits eingangs des vorherigen Abschnitts dargelegt wurde, hatte dies nach bisheriger BFH-Rechtsprechung grundsätzlich die konkrete steuerliche Berücksichtigung beruflicher Bildungsaufwendungen bestimmt.

4.3 Ausbildung

4.3.1 Die Begriffe Ausbildung und Ausbildungskosten

Der Begriff der Ausbildung ist im EStG nicht definiert. Verwendung findet er u.a. in der Vorschrift des § 10 Abs. 1 Nr. 7 EStG, die die steuerliche Behandlung eigener Aufwendungen für die eigene Aus- und Weiterbildung und die eines Ehegatten[25] zum Gegenstand hat.[26] Insbesondere mit Bezug auf diesen Paragrafen wurde der Ausbildungsbegriff durch die Rechtsprechung gebildet, inhaltlich umschrieben und vor allem gegenüber der Fortbildung abgegrenzt.

Unter *Ausbildung* wird das Erlernen einer ersten oder weiteren, später gegen Entgelt auszuübenden Tätigkeit verstanden.[27] Ausbildung umfasst somit alle Maßnahmen, durch die das für den Beruf „typische Können" erworben werden soll.[28] In dieser Hinsicht ist Ausbildung mit dem Erwerb von Grundkenntnissen für einen künftigen Beruf gleichzusetzen.[29] Voraussetzung für das Vorliegen von Ausbildung ist die erkennbare Absicht des Steuerpflichtigen aufgrund der beruflichen Bildungsmaßnahmen eine Erwerbstätigkeit auszuüben.[30]

Wegen fehlender Berufsbezogenheit gehören Bildungsmaßnahmen, die im Rahmen unentgeltlicher Freizeitbeschäftigungen (Hobbies) erfolgen, nicht berufsbezogene Allgemeinbildung und auch Bildungsmaßnahmen, bei denen rein

---

[25] Aufwendungen eines Steuerpflichtigen für die Ausbildung bzw. Weiterbildung seines Ehegatten können nur dann steuerlich berücksichtigt werden, wenn die Voraussetzungen für eine Zusammenveranlagung des Ehepaars nach § 26 Abs. 1 Satz 1 EStG erfüllt sind (§ 10 Abs. 1 Nr. 7 Satz 3 EStG).

[26] Der Ausbildungsbegriff wird daneben auch in § 33a Abs. 1 und 2 EStG im Rahmen der Berücksichtigung von Aufwendungen für die Ausbildung unterhaltener Personen (z.B. von Kindern) verwendet.

[27] Vgl. Birk (2003), S. 289; Heinicke (2002), S. 887.

[28] Vgl. Zenthöfer und Schulze zur Wiesche (2003), S. 210; Birk (2003), S. 289.

[29] Vgl. Heinicke (2002), S. 887.

[30] Vgl. Fischer (2003), S. 615; Zenthöfer und Schulze zur Wiesche (2003), S. 211.

private Interessen (Persönlichkeitsbildung, Selbsterfahrung) verfolgt werden, nicht zur Ausbildung.[31] Ihnen fehlt gewöhnlich gerade die erkennbare, aufgrund objektiver Umstände nachvollziehbare Absicht einer späteren Erwerbstätigkeit.[32] Solche Bildungsmaßnahmen werden unter dem steuerjuristischen Begriff der „Liebhaberei" erfasst.[33, 34]

Im Einklang mit dem Ausbildungsbegriff versteht die Rechtsprechung unter *Ausbildungskosten* Aufwendungen, die dem Ziel dienen, Kenntnisse zu erwerben, die als Grundlage für einen künftigen Beruf notwendig sind oder die Grundlage dafür bilden sollen, von einer Berufs- oder einer Erwerbsart zu einer anderen überzuwechseln.[35] Sie galten nach bisheriger Rechtsprechung grundsätzlich als privat veranlasst[36] und betrafen – steuerlich begünstigt – die subjektive Leistungsfähigkeit eines Steuerpflichtigen.[37, 38] Diese frühere Klassifikation von Ausbildungskosten war schon bisher unter Berücksichtigung des Wortlauts des § 10 Abs. 1 Nr. 7 EStG zu beanstanden und wird heute, seit Änderung der BFH-Rechtsprechung, nicht mehr angewendet. Im Folgenden werden einzelne berufliche Bildungsmaßnahmen, die bislang begrifflich zur Ausbildung zählten, dargestellt. Einige der aufgeführten Bildungsmaßnahmen werden auch nach derzeitiger BFH-Rechtsprechung noch der Ausbildung zugewiesen, wenngleich die hierfür getätigten Aufwendungen nicht mehr grundsätzlich im Rahmen des Sonderausgabenabzugs berücksichtigt werden. Wie oben bereits erörtert wurde, entscheidet nunmehr der konkrete berufliche Veranlassungszusammenhang die steuerliche Berücksichtigung von Ausbildungskosten als Werbungskosten/Betriebsausgaben.

---

[31] Vgl. Söhn (2002a), S. 6-7.

[32] Vgl. Fischer (2003), S. 615; Heinicke (2002), S. 891.

[33] Vgl. Heinicke (2002), S. 891.

[34] Ausbildung verlangt ferner, dass sie objektiv auf eine gewisse Dauer angelegt und subjektiv auf eine dauerhafte, existenzsichernde Ausübung der erlernten Tätigkeit gerichtet ist. Daher werden Bildungsmaßnahmen im Rahmen von Ferien- und Freizeitjobs nicht als Ausbildung eingestuft. Vgl. Söhn (2002a), S. 6-7.

[35] Vgl. Gast-de Haan (1993), S. 106; Kreft (2002), S. 658.

[36] Vgl. Drenseck (1999), S. 4.

[37] Vgl. Lang (1982), S. 558.

[38] Ausgenommen hiervon waren bislang bereits Aufwendungen in Rahmen von Arbeitsverhältnissen, die durch Ausbildung geprägt waren und aus denen der Auszubildende steuerpflichtige Einnahmen bezog. Solche Ausbildungskosten waren und sind als Werbungskosten abzugsfähig.

4.3.2 Berufliche Bildungsmaßnahmen als Ausbildung

Zur Ausbildung mit der Folge beschränkt abzugsfähiger Ausbildungskosten zählt nach bisheriger und derzeitiger höchstrichterlicher Rechtsprechung *Ausbildung an Allgemeinwissen vermittelnden Schulen* (insbesondere Grund-, Haupt- und Realschulen sowie Gymnasien).[39] Unerheblich ist hierbei, ob die schulische Ausbildung vor dem Eintritt in das Berufsleben oder während einer Berufstätigkeit stattfindet.[40] Auch wenn der BFH die Schulausbildung nicht als typische Berufsausbildung ansieht, schaffe sie die Grundlage für die Ausübung der verschiedensten Berufe und sei daher Ausbildung.[41] Entsprechende Aufwendungen sind daher als Sonderausgaben abzugsfähig.

Berufliche Bildungsmaßnahmen im Rahmen privater oder öffentlich-rechtlicher so genannter *Ausbildungsdienstverhältnisse* sind begrifflich Ausbildung.[42] Wesentlich für ein Ausbildungsdienstverhältnis ist, dass die vom Arbeitnehmer geschuldete Leistung, für die ihn der Arbeitgeber bezahlt, in der Teilnahme des Arbeitnehmers an der Ausbildungsmaßnahme besteht.[43] Steht die berufliche Bildungsmaßnahme wie z.B. bei einer technischen, kaufmännischen oder handwerklichen Lehre im Zusammenhang mit steuerpflichtigen Einnahmen, kann der Steuerpflichtige die ihm entstehenden Kosten als Werbungskosten absetzen.[44] Mit steuerpflichtigen Einnahmen sind auch die Aufwendungen von Gerichts- und Studienreferendaren, Beamten- und Finanzanwärtern verbunden.[45] Diese Steuerpflichtigen befinden sich während der beruflichen Bildungsmaßnahmen in einem Dienstverhältnis. Wegen der Veranlassung der beruflichen Bildungsaufwendungen durch eine steuerbare Tätigkeit, sind sie steuerlich als Werbungskosten abzugsfähig. Die Berücksichtigung von Ausbildungskosten als Werbungskosten wurde von der BFH-Rechtsprechung auch dann angewendet, wenn ein Steuerpflichtiger im Rahmen eines Dienstverhältnisses ein Hochschulstudium absolvierte.[46] Aufgrund des wirtschaftlichen Zusammenhangs der studienbedingten Aufwendungen mit Einnahmen aus dem Dienstverhältnis hatte der BFH Aufwendungen eines zum Studium abkommandierten

---

[39] Vgl. Günther (2003b), S. 42.
[40] Vgl. Söhn (2002a), S. 14; Günther (2003a), S. 538.
[41] Vgl. Kreft (2002), S. 658; Heinicke (2002), S. 891.
[42] Zur Berücksichtigung beruflicher Bildungsaufwendungen im Rahmen von Ausbildungsdienstverhältnissen siehe Günther (2003a), S. 538-539; Prinz (2003), S. 200; Drenseck (2002), S. 1679; Zenthöfer und Schulze zur Wiesche (2003), S. 212.
[43] Vgl. Fischer (2003), S. 616.
[44] Vgl. Söhn (2002a), S. 22.
[45] Vgl. Zenthöfer und Schulze zur Wiesche (2003), S. 212.
[46] Vgl. Zenthöfer und Schulze zur Wiesche (2003), S. 212; Günther (2003a), S. 539.

Bundeswehroffiziers unter Fortzahlung seiner Dienstbezüge als Werbungskosten zum Abzug zugelassen.[47]

Neben der Schulausbildung wurde in bisheriger höchstrichterlicher Rechtsprechung ein *Erststudium* an einer Fachhochschule oder einer Universität mit dem Ziel der Graduierung oder eines entsprechenden Hochschulabschlusses typisierend der Ausbildung zugerechnet.[48] Die mit dem Erststudium verbundenen Aufwendungen waren als Sonderausgaben abzugsfähig.[49] Dies galt unabhängig davon, ob der Steuerpflichtige ein erstmaliges Studium direkt im Anschluss an die Schulausbildung oder erst nach abgeschlossener Berufsausbildung absolvierte.[50] Auch Aufwendungen für ein berufsbegleitendes/berufsintegriertes Erststudium wurden lediglich als Sonderausgaben steuerlich berücksichtigt.[51] In ständiger Rechtsprechung hat der BFH die Zuweisung des Erststudiums zur Privatsphäre des Steuerpflichtigen damit begründet, dass ein Hochschulstudium stets eine andere berufliche, gesellschaftliche und wirtschaftliche Stellung eröffne.[52] Aufwendungen für ein Hochschulstudium bildeten eine Basis für eine neue oder anders geartete Lebensgestaltung des Steuerpflichtigen.[53] Der BFH führte des Weiteren aus, dass die einheitliche Rechtsprechung hinsichtlich der Beurteilung eines Erststudiums der Rechtssicherheit und der gleichmäßigen, auch einfacheren Anwendung des Rechts diene.[54] Ferner wurde seitens der Rechtsprechung argumentiert, dass trotz einer gewissen Berufsnähe von Studienkosten nicht unerhebliche private Mitveranlassungsfaktoren bestünden und daher ein Abzug als Werbungskosten ausscheide.[55] Mit dem Urteil vom 17.12.2002[56], hat der BFH seine bisherige typisierende Rechtsprechung bezüglich eines erstmaligen Studiums aufgegeben.[57] Ein berufsbegleitendes Erststudium kann nach neuester BFH-Rechtsprechung zum steuerlichen Abzug der Bildungsaufwendungen als Werbungskosten bzw. Betriebsausgaben führen, wenn diese beruflich veranlasst sind.[58]

---

[47] Vgl. Günther (2003b), S. 45.
[48] Vgl. Kreft (2002), S. 658.
[49] Vgl. Richter (2000), S. 264; Drenseck (1999), S. 4.
[50] Vgl. Söhn (2002b), S. 101; Drenseck (1999), S. 4.
[51] Vgl. Söhn (2002a), S. 15; Richter (2000), S. 264; Kreft (2002), S. 658.
[52] Vgl. Drenseck (1999), S. 5; Günther (2003b), S. 42; Heinicke (2002), S. 892; Söhn (2002b), S. 101.
[53] Vgl. Herb (1986), S. 29-30.
[54] Vgl. Kreft (2002), S. 659; Richter (2000), S. 264; Söhn (2002b), S. 101.
[55] Vgl. Prinz (2003), S. 197; Kreft (2002), S. 659.
[56] BFH-Urt. v. 17.12.2002 - VI R 137/01, BFHE 201, S. 211, BStBl II 2003, S. 407.
[57] Der Sachverhalt und die Urteilsbegründung werden im nächsten Abschnitt zur Fortbildung dargestellt.
[58] Zur neuen BFH-Rechtsprechung hinsichtlich eines berufsbegleitenden Erststudiums siehe z.B. Sonneborn (2004); Günther (2003a), S. 539-541; Kreft (2003); Seifert (2003). Un-

Für ein *Zweitstudium* galten in früherer Rechtsprechung dieselben Grundsätze wie für ein Erststudium.[59] Sie wurden ausnahmslos der Privatsphäre des Steuerpflichtigen zugewiesen.[60] Allerdings hatte der BFH bezüglich der Beurteilung, ob ein Zweitstudium Ausbildung oder Fortbildung sei, bereits in bisheriger Rechtsprechung differenziert.[61] Ein Zweitstudium wurde bislang als Ausbildung betrachtet, wenn das Studium zum einen objektiv einen Berufswechsel ermöglicht, zum anderen der Steuerpflichtige diesen neuen, anderen Beruf auch subjektiv anstrebt und es sich daher nicht um eine Spezialisierung innerhalb des bisherigen Berufsbildes handelt.[62] Auf die Einordnung von Zweitstudien wird ausführlich im nächsten Abschnitt zur Fortbildung eingegangen.

Nach ständiger Rechtsprechung des BFH wurde die *Umschulung* als berufliche Bildungsmaßnahme zur Ausübung eines neuen Berufs der Ausbildung zugewiesen.[63] Umschulungskosten wurden als Ausbildungskosten (mit beschränktem Abzug als Sonderausgaben) angesehen, da sie die Grundlage dafür bildeten, von einer Berufs- oder Erwerbsart zu einer anderen überzuwechseln.[64] Hierfür war es sogar unerheblich, ob die Umschulung aufgrund von Arbeitslosigkeit oder Krankheit des Steuerpflichtigen erfolgte.[65] Mit dem Urteil vom 04.12.2002[66] hat der BFH seine bisherige typisierende Rechtsprechung aufgegeben.[67] Nunmehr können Umschulungskosten „vorab entstandene" Werbungskosten sein, wenn der Steuerpflichtige den konkreten Veranlassungszusammenhang mit der Erzielung von Einkünften glaubhaft machen kann.[68]

---

klar ist derzeit, wie Aufwendungen für ein Studium im unmittelbaren Anschluss an die Schulausbildung zu behandeln sind. Vgl. Kreft (2003), S. 203.

[59]Vgl. Kreft (2002), S. 659; Heinicke (2002), S. 892.

[60]Vgl. Drenseck (1999), S. 4.

[61]Vgl. Söhn (2002b), S. 102.

[62]Vgl. Söhn (2002a), S. 19-20.

[63]Vgl. Zimmermann et al. (2002), S. 203; Zenthöfer und Schulze zur Wiesche (2003), S. 211; Söhn (2002b), S. 103; Birk (2003), S. 289.

[64]Vgl. Gast-de Haan (1993), S. 106.

[65]Vgl. Söhn (2002b), S. 103.

[66]BFH-Urt. v. 04.12.2002 - VI R 120/01. Abgedruckt z.B. in N.N. (2003), S. 131-134.

[67]Zur neuen BFH-Rechtsprechung bezüglich Umschulungsmaßnahmen siehe Seifert (2003); Sonneborn (2004); Bildsdorfer (2003); Kreft (2003); Günther (2003a), S. 544.

[68]Im Streitfall hatte eine gelernte Industriekauffrau nach Zeiten der Arbeitslosigkeit eine Ausbildung zur Fahrlehrerin absolviert. Nach Abschluss der Ausbildung war sie zunächst als Fahrlehrerin angestellt und hat dann eine Fahrschule eröffnet. Die Kosten der Fahrlehrerausbildung machte sie beim Finanzamt ohne Erfolg als Werbungskosten geltend. Sie ging in Revision. Das Finanzgericht (FG) gab ihrer Klage statt, der BFH als Revisionsgericht bestätigte diese Entscheidung. In der Urteilsbegründung des BFH heißt es:

> „Im Streitfall hat das FG anhand seiner tatsächlichen Feststellungen zutreffend entschieden, dass die Aufwendungen für die Umschulungsmaßnahmen der

Auch die *Promotion* wurde nach bisheriger BFH-Rechtsprechung grundsätzlich zur Ausbildung gezählt.[69] Promotionskosten waren deshalb regelmäßig Ausbildungskosten.[70] Sie konnten als Sonderausgaben steuermindernd angesetzt werden. Steuerlich ohne Bedeutung war, ob die Promotion vor oder nach Eintritt in das Berufsleben erfolgte.[71] Nur ausnahmsweise, wenn das Promotionsvorhaben ausschließlicher oder wesentlicher Gegenstand eines Dienstverhältnisses war, konnten Promotionskosten als Werbungskosten steuerlich berücksichtigt werden.[72] Ein solches Dienstverhältnis lag jedoch nicht schon deshalb vor, wenn die Promotion Voraussetzung für die Einstellung als wissenschaftlicher Mitarbeiter war.[73] Aufwendungen, die gleichzeitig und ununterscheidbar sowohl mit dem Dienstverhältnis als auch mit dem Promotionsvorhaben zusammenhingen, waren als Werbungskosten abzugsfähig.[74] Abgesehen von den Promotionsdienstverhältnissen wurde die typisierende Zuweisung der Promotion zur privaten Lebensführung insbesondere mit ihrer Nähe zur akademischen Ausbildung begründet.[75] Die Promotion wurde als „Schlussexamen" akademischer Studien angesehen[76] und verbesserte die gesellschaftliche Stellung des Steuerpflichtigen.[77] Diesbezüglich hat der BFH seine bisherige Rechtsprechung

> Klägerin vorab entstandene Werbungskosten darstellen. Denn vorliegend ist ein hinreichend konkreter Zusammenhang dieser Aufwendungen mit späteren Einnahmen gegeben. Die Bildungsmaßnahme bereitete konkret und berufsbezogen auf eine Fahrlehrertätigkeit vor, welche die Klägerin auch alsbald nach Bestehen der Prüfung ausübte. Die Umschulungskosten wurden deswegen aufgewendet, um nach Zeiten der Arbeitslosigkeit wieder Einnahmen zu erzielen."

An dieser Urteilsbegründung erkennt man, dass sich der BFH bei der Bewertung von Umschulungsmaßnahmen nicht mehr an der bislang praktizierten begrifflichen Zuordnung der Umschulung zur Ausbildung mit der Folge des Abzugs der Aufwendungen als Sonderausgaben orientiert. In klarer Ablehnung der bisherigen Rechtsprechung wird an anderer Stelle im Urteil darauf hingewiesen, dass es steuerlich unerheblich sei, ob Umschulungsmaßnahmen eine neue Basis für andere Berufsfelder schaffe oder einen Berufswechsel vorbereiteten. Stattdessen stellt der BFH nun darauf ab, ob die Umschulungsaufwendungen in einem hinreichend konkreten Zusammenhang mit einer (späteren) Erzielung von Einnahmen stehen. Ist dies gegeben, sind Umschulungsaufwendungen als Werbungskosten (bzw. Betriebsausgaben) steuerlich abzugsfähig.

69 Vgl. Richter (2000), S. 264-265; Günther (2003a), S. 544.

70 Vgl. Jakob (2003), S. 307; Birk (2003), S. 289; Zenthöfer und Schulze zur Wiesche (2003), S. 211.

71 Vgl. Söhn (2002a), S. 21; Heinicke (2002), S. 891; Fischer (2003), S. 616.

72 Vgl. Günther (2003b), S. 43; Zenthöfer und Schulze zur Wiesche (2003), S. 211.

73 Vgl. Drenseck (2002), S. 1686.

74 Vgl. Fischer (2003), S. 616.

75 Vgl. Söhn (2002a), S. 21.

76 Vgl. Jakob (2003), S. 307.

77 Vgl. Herb (1986), S. 46-47.

mit dem Urteil vom 04.11.2003[78] ebenfalls aufgegeben. Danach können Promotionskosten, sofern sie beruflich veranlasst sind, Werbungskosten sein und sind daher nicht mehr grundsätzlich als steuerlich begünstigte Kosten der privaten Lebensführung einzuordnen.[79]

4.4 Fortbildung

4.4.1 Die Begriffe Fortbildung und Fortbildungskosten

Der Begriff der Fortbildung ist wie der Ausbildungsbegriff im EStG nicht definiert und wurde ebenfalls von der Rechtsprechung zur Abgrenzung beruflicher Bildungsmaßnahmen hinsichtlich ihres Bezugs zur Erwerbs- oder Privatsphäre entwickelt.[80] *Fortbildung* ist im Gegensatz zur grundsätzlich privat veranlassten Ausbildung stets auf die Erwerbssphäre des Steuerpflichtigen gerichtet.[81] Berufliche Bildungsmaßnahmen werden zur Fortbildung gezählt, wenn sich der Steuerpflichtige im Rahmen einer ausgeübten beruflichen Tätigkeit weiterbildet.[82] Fortbildung wird daher auch als Weiterbildung im ausgeübten Beruf bzw. berufliche Weiterbildung bezeichnet.[83] Sie wird insofern der – wie Ausbildung ebenfalls privat veranlassten – Weiterbildung in einem nicht ausgeübten Beruf[84] gegenübergestellt. Fortbildung setzt eine abgeschlossene Ausbildung notwendigerweise voraus.[85]

Wie der Fortbildungsbegriff ist auch der Begriff der Fortbildungskosten im EStG nicht definiert.[86] Nach ständiger BFH-Rechtsprechung sind *Fortbildungskosten* beruflich veranlasste Weiterbildungskosten in einem erlernten und ausgeübten Beruf[87] und stellen daher Aufwendungen der Erwerbssphäre bzw. Erwerbsaufwendungen des Steuerpflichtigen dar.[88] Steuerlich berücksichtigt werden sie ausschließlich als Werbungskosten nach § 9 Abs. 1 Satz 1 EStG oder als Betriebsausgaben nach § 4 Abs. 4 EStG. Anders als (bislang grundsätzlich)

[78] BFH-Urt. v. 04.11.2003 - VI R 96/01, Der Betrieb 2004, S. 412.
[79] Zur bisherigen BFH-Rechtsprechung bezüglich der Promotionskosten und zur Forderung, den beruflichen Veranlassungszusammenhang auch bei der Bewertung von Promotionskosten zu prüfen, siehe ausführlich Theisen und Zeller (2003).
[80] Vgl. Herb (1986), S. 4.
[81] Vgl. Drenseck (1999), S. 4.
[82] Vgl. Zimmermann et al. (2002), S. 203; Jakob (2003), S. 307.
[83] Vgl. Jakob (2003), S. 117.
[84] Siehe Abschnitt 4.5.
[85] Vgl. Küch et al. (2001), S. 131; Söhn (2002a), S. 29.
[86] Vgl. Flies (1997), S. 726; Söhn (2002b), S. 98.
[87] Vgl. Heinicke (2002), S. 887.
[88] Vgl. Fischer (2003), S. 617.

Ausbildungskosten gehen sie daher in die Bestimmung der objektiven Leistungsfähigkeit eines Steuerpflichtigen ein.[89] Inhaltlich sind Fortbildungskosten Aufwendungen, die dem Steuerpflichtigen dazu dienen, im Rahmen des ausgeübten Berufs „auf dem Laufenden zu bleiben" oder um innerhalb des ausgeübten Berufs besser voranzukommen oder aufzusteigen.[90] Sie werden getätigt, um Wissen innerhalb eines bestehenden Berufsbildes zu vertiefen.[91]

Mit der neuen Rechtsprechung des BFH kommt der begrifflichen Unterscheidung von Ausbildung und Fortbildung bzw. Ausbildungs- und Fortbildungskosten kaum noch Bedeutung zu, da nun nämlich auch Ausbildungskosten bei Vorliegen eines beruflichen Veranlassungszusammenhangs als Werbungskosten/Betriebsausgaben abzugsfähig sind. Die begriffsorientierte Einordnung beruflicher Bildungsmaßnahmen ist somit nicht mehr maßgeblich für die steuerliche Rechtsfolge. Da der Fortbildungsbegriff allerdings nach wie vor besteht, soll nun – analog der Vorgehensweise des vorherigen Abschnitts – aufgeführt werden, welche beruflichen Bildungsmaßnahmen im Einzelnen als Fortbildung gelten.

4.4.2 Berufliche Bildungsmaßnahmen als Fortbildung

Zur Fortbildung zählen *Studien*, die *ohne Verleihung eines akademischen Grades* bzw. des Titels „graduiert" abgeschlossen werden.[92] Hierzu gehören beispielsweise der Besuch von Fachschulen und von Verwaltungs- und Wirtschaftsakademien. Bei diesen beruflichen Bildungsaktivitäten werden lediglich Erkenntnisse ergänzt und vorhandenes Wissen vertieft, ohne dass hierdurch eine Änderung der Berufs- oder Erwerbsart bewirkt wird.[93] Mit dieser Begründung werden z.B. ein zweijähriger Lehrgang an einer Wirtschaftsfachschule mit dem Abschlussziel „staatlich geprüfter Betriebswirt" und die Teilnahme an einem Lehrgang zum „technischen Betriebswirt" der Fortbildung zugeordnet.[94] Ein Abzug entstandener Aufwendungen als Fortbildungskosten wird auch dann gewährt, wenn ein möglicher Prüfungsabschluss, der einen akademischen Grad vermittelt, vom Steuerpflichtigen nicht angestrebt wird.[95]

[89] Vgl. Dohmen (1999), S. 31.
[90] Vgl. Gast-de Haan (1993), S. 106; Günther (2003b), S. 43; Drenseck (1999), S. 4; Fischer (2003), S. 617; Kreft (2002), S. 658; Söhn (2002a), S. 8.
[91] Vgl. Fischer (2003), S. 617.
[92] Vgl. Söhn (2002a), S. 15; Zenthöfer und Schulze zur Wiesche (2003), S. 211.
[93] Vgl. Günther (2003b), S. 44.
[94] Vgl. Günther (2003b), S. 44. Weitere Beispiele für solche Studien mit Nachweisen auf BFH-Urteile findet man bei Drenseck (2002), S. 1687.
[95] Vgl. Prinz (2003), S. 198; Söhn (2002a), S. 15.

Um Fortbildungskosten handelt es sich auch bei Aufwendungen eines angestellten Handwerksgesellen zur Vorbereitung und Ablegung der *Meisterprüfung*.[96] Als Fortbildungskosten uneingeschränkt anerkannt werden auch Aufwendungen von in steuerberatenden und wirtschaftsprüfenden Bereichen Tätigen (z.B. ein Diplom-Kaufmann, ein Finanzbeamter, ein Steuerbevollmächtigter), die sich auf das Steuerberaterexamen vorbereiten.[97]

Nach bisheriger BFH-Rechtsprechung wurde auch ein *Zweitstudium* – anders als regelmäßig ein Erststudium – häufig als Fortbildung anerkannt. Früher wurde ein Zweitstudium dagegen wie ein Erststudium zur Ausbildung gezählt.[98] Für die Zuordnung von Zweitstudien zur Fortbildung und somit des steuerlichen Abzugs der entstehenden Kosten als Werbungskosten/Betriebsausgaben mussten mehrere Kriterien gleichzeitig erfüllt sein: So musste zunächst ein Erststudium mit einem diplomierten oder graduierten Studienabschluss absolviert worden sein, also ein Hochschul- oder Fachhochschulabschluss, vorliegen.[99] Eine Berufsausbildung musste daher abgeschlossen sein, eine vorherige Berufsausübung im Anschluss an das Erststudium war allerdings nicht erforderlich.[100] Das Zweitstudium musste wie das Erststudium ein Hochschul- oder Fachhochschulstudium sein, ansonsten wäre es sowieso der Fortbildung zuzurechnen gewesen.[101] Eine studientechnische Verzahnung des abgeschlossenen Erststudiums mit dem Zweitstudium war allerdings keine Notwendigkeit.[102] Voraussetzung für die Anerkennung eines Zweitstudiums als Fortbildung war aber, dass der Steuerpflichtige durch das Zweitstudium – als Aufbau- und Ergänzungsstudium – keinen Wechsel in einen völlig anderen Beruf anstrebte[103], sondern lediglich aus dem Erststudium gewonnene Kenntnisse, also im Rahmen des erlernten Berufs, ergänzen oder vertiefen wollte („Spezialisierung“).[104] Ein Wechsel der Berufsart wurde dabei inhaltlich-materiell und nicht wie nach der früheren BFH-Rechtsprechung standes- und/oder statusmäßig beurteilt.[105] Auf die objektive Möglichkeit aufgrund des Zweitstudiums in eine andere, neue

---

[96] Vgl. Prinz (2003), S. 203; Heinicke (2002), S. 891; Drenseck (2002), S. 1687; Fischer (2003), S. 618.

[97] Vgl. Prinz (2003), S. 206-207.

[98] Vgl. Drenseck (1999), S. 4; Richter (2000), S. 264. Siehe zum Zweitstudium als Ausbildung Abschnitt 4.3.2.

[99] Vgl. Söhn (2002b), S. 102.

[100] Vgl. Richter (2000), S. 264; Fischer (2003), S. 617.

[101] Vgl. Söhn (2002a), S. 19.

[102] Vgl. Fischer (2003), S. 617; Richter (2000), S. 264.

[103] Vgl. Günther (2003b), S. 44.

[104] Vgl. Fischer (2003), S. 617; Richter (2000), S. 264.

[105] Vgl. Söhn (2002b), S. 102; Fischer (2003), S. 617.

Berufs- oder Erwerbsart überzuwechseln, kam es dabei nicht (mehr) an.[106] Die subjektiven Vorstellungen des Steuerpflichtigen waren entscheidend.[107]

Neben Zweitstudien kann nach neuer, veränderter BFH-Rechtsprechung auch ein *berufsbegleitendes Erststudium* der Fortbildung zugerechnet werden. Mit dem Urteil vom 17.12.2002 hat der BFH seine bisherige Rechtsprechung bezüglich eines berufsbegleitenden Erststudiums aufgehoben.[108] Danach sind Aufwendungen eines Steuerpflichtigen für ein berufsbegleitendes Erststudium an einer Universität oder einer Fachhochschule als Werbungskosten zu berücksichtigen, wenn diese beruflich veranlasst sind. Bedeutungslos ist hierbei, ob durch das Studium eine Basis für andere Berufsfelder geschaffen oder ein Berufswechsel vorbereitet wird.[109]

Zur Fortbildung zählt schließlich auch die *Habilitation* eines wissenschaftlichen Assistenten an einer Universität. Die durch die Habilitation entstehen-

---

[106] Vgl. Söhn (2002a), S. 20.

[107] Vgl. Kreft (2002), S. 658.

[108] BFH-Urt. v. 17.12.2002 - VI R 137/01. Abgedruckt z.B. in N.N. (2003), S. 127-130.

[109] Im konkreten Streitfall handelte es sich um eine Rechtsanwalts- und Notargehilfin, die zusätzlich den Abschluss „staatlich geprüfte Betriebswirtin“ erworben hatte und bei einer Bank als Personalreferentin tätig war. Um diese Stelle behalten zu können, wurde von Seiten ihres Arbeitgebers ein akademischer Studienabschluss gefordert. Aus diesem Grund absolvierte die Bankangestellte ein berufsbegleitendes Fernstudium der Betriebswirtschaftslehre mit der Fachrichtung Personalwesen an einer Fachhochschule. Sie machte die entstanden Studienkosten als Werbungskosten steuerlich geltend und klagte am Finanzgericht (FG), nachdem das für sie zuständige Finanzamt die Studienkosten als beschränkt abzugsfähige Ausbildungskosten berücksichtigte. Das FG gab ihrer Klage statt, der BFH bestätigte die Rechtsprechung des Finanzgerichts und hielt an seiner bisherigen Rechtsprechung nicht mehr fest. Er führte aus:

> „Im Streitfall hat das FG anhand seiner tatsächlichen Feststellungen zutreffend entschieden, dass die Kosten für das berufsbegleitende Erststudium der Klägerin beruflich veranlasst sind. Der berufliche Anlass ist deshalb gegeben, weil die Klägerin nach Jahren der Berufstätigkeit an einer Bildungsmaßnahme teilgenommen hat, um in ihrem Beruf besser voranzukommen, ihre Kenntnisse zu erweitern und ihre Stellung im Unternehmen zu festigen. Das Studium der Betriebswirtschaft diente dazu, den vom Arbeitgeber geforderten akademischen Abschluss zu erwerben, um in der bereits erlangten Position verbleiben zu können und den Anforderungen dieser beruflichen Tätigkeit dauerhaft gerecht zu werden. Die Klägerin hat die Studienkosten deswegen getätigt, um höhere Einnahmen zu erzielen bzw. diese Einnahmen zu sichern.“

Wie man an der Urteilsbegründung des BFH durch dessen Anwendung von Merkmalen des Fortbildungsbegriffes auf das berufsbegleitende Erststudium erkennt, handelt es sich bei einem berufsbegleitenden Erststudium nach neuester Rechtsprechung somit um Fortbildung, die einen Werbungskostenabzug ermöglicht.

den Aufwendungen sind als Werbungskosten abzugsfähig.[110] Anders als bislang grundsätzlich die Promotion, steht die Habilitation nämlich in einer konkreten Beziehung zum Beruf als akademischer Lehrer.[111] Der Erwerb der Professur durch einen wissenschaftlichen Universitätsassistenten wird als Aufstieg im ausgeübten Beruf und nicht als Berufswechsel angesehen.[112]

4.5 Weiterbildung

Die Vorschrift des § 10 Abs. 1 Nr. 7 EStG verwendet neben dem Begriff der Ausbildung auch den Begriff der Weiterbildung in einem nicht ausgeübten Beruf, der im Folgenden als Weiterbildung bezeichnet wird. Er ist ebenfalls nicht gesetzlich definiert, sondern von der Rechtsprechung inhaltlich bestimmt worden.

Weiterbildung erstreckt sich auf Bildungsmaßnahmen im erlernten, aber zur Zeit der Weiterbildung nicht ausgeübten Beruf, die der Steuerpflichtige tätigt, um in diesem „auf dem Laufenden zu bleiben" und vorhandene Fähigkeiten und Kenntnisse zu erhalten bzw. zu vertiefen.[113] Im Unterschied zur Ausbildung wird weder ein Berufswechsel noch ein erstmaliger Beruf angestrebt. Eine abgeschlossene Ausbildung ist daher notwendige Voraussetzung für Weiterbildung.[114] Eine frühere Berufsausübung ist dagegen unerheblich.[115]

Bezüglich der Vertiefung und Erhaltung von Kenntnissen und vorhandener Fähigkeiten in einem erlernten Beruf stimmt Weiterbildung mit Fortbildung überein. Während Fortbildung und die Abzugsfähigkeit von Fortbildungskosten als Werbungskosten/Betriebsausgaben das Vorliegen eines konkreten beruflichen Veranlassungszusammenhangs voraussetzt, wird dies bei Weiterbildung nicht gefordert. Keine Voraussetzung für die Einordnung beruflicher Bildungsmaßnahmen als Weiterbildung ist nämlich, dass diese in der Absicht der Wiederaufnahme einer Erwerbstätigkeit unternommen werden.[116] Weiterbildungskosten sind deshalb grundsätzlich privat veranlasst und werden als Sonderausgaben berücksichtigt.[117] Ist eine Weiterbildungsmaßnahme aufgrund ihres

[110] Vgl. Tipke und Lang (2002), S. 291; Prinz (2003), S. 203; Fischer (2003), S. 616; Drenseck (2002), S. 1689.

[111] Vgl. Herb (1986), S. 45-50.

[112] Vgl. Herb (1986), S. 50.

[113] Vgl. Küch et al. (2001), S. 268.

[114] Vgl. Fischer (2003), S. 616; Heinicke (2002), S. 887; Zenthöfer und Schulze zur Wiesche (2003), S. 212.

[115] Vgl. Söhn (2002a), S. 28; Fischer (2003), S. 616.

[116] Vgl. Günther (2003b), S. 46; Küch et al. (2001), S. 268; Fischer (2003), S. 616.

[117] Vgl. Söhn (2002a), S. 28-29.

konkreten Bezugs zu einer künftigen Erwerbstätigkeit dagegen beruflich veranlasst, sind die getätigten Aufwendungen als vorweggenommene Werbungskosten/Betriebsausgaben abzugsfähig.[118]

4.6 Abzugsfähigkeit beruflicher Bildungsaufwendungen und Abzugsmodalitäten

4.6.1 Einzelne abzugsfähige berufliche Bildungsaufwendungen

In den bisherigen Abschnitten dieses Kapitels wurde die von der Rechtsprechung begründete Einteilung beruflicher Bildungsmaßnahmen in Ausbildung, Fort- und Weiterbildung dargestellt und auf die steuerliche Abzugsfähigkeit der entstehenden Aufwendungen als Sonderausgaben oder Werbungskosten/Betriebsausgaben eingegangen. Unerwähnt blieb dabei, welche Aufwendungen im Einzelnen steuermindernd berücksichtigt werden können. Dies wird in diesem Abschnitt nachgeholt. Anschließend werden allgemeine Grundsätze bzw. Modalitäten zur Abzugsfähigkeit beruflicher Bildungsaufwendungen als Sonderausgaben oder als Werbungskosten/Betriebsausgaben skizziert. Hierbei wird sich u.a. zeigen, dass die unterschiedliche steuerliche Berücksichtigung beruflicher Bildungsaufwendungen nicht nur hinsichtlich der Höhe der abzugsfähigen Beträge von Bedeutung ist.

Das deutsche Einkommensteuerrecht gewährt Steuerpflichtigen, die sich in beruflichen Bildungsmaßnahmen befinden, den steuermindernden Ansatz eines umfangreichen Katalogs von Aufwendungen. Unabhängig von der Zuordnung einer Bildungsmaßnahme zur Ausbildung bzw. Weiterbildung in einem nicht ausgeübten Beruf oder zur Fortbildung – und insofern auch unabhängig vom steuerlichen Ansatz der getätigten Aufwendungen als Sonderausgaben oder Werbungskosten/Betriebsausgaben – sind im Einzelnen folgende Aufwendungen abzugsfähig[119]:

[118] Vgl. Söhn (2002a), S. 29; Fischer (2003), S. 616.

[119] Vgl. Fischer (2003), S. 620-621; Heinicke (2002), S. 889; Drenseck (2002), S. 1687-1688; Söhn (2002a), S. 32-34; Zenthöfer und Schulze zur Wiesche (2003), S. 214. Die aufgeführten beruflichen Bildungsaufwendungen werden in der Literatur zu den als Sonderausgaben abzugsfähigen Ausbildungskosten und Weiterbildungskosten im nicht ausgeübten Beruf genannt. Werden berufliche Bildungsaktivitäten allerdings als beruflich veranlasst anerkannt (Fortbildungskosten und beruflich veranlasste Ausbildungskosten), sind die getätigten Aufwendungen als Werbungskosten/Betriebsausgaben steuerlich zu berücksichtigen.

- Schul-, Studien-, Lehrgangs-, Tagungs-, Seminar- und sonstige Veranstaltungsgebühren,
- Aufwendungen für Fachbücher und -zeitschriften,
- Aufwendungen für Lernmaterial,
- Aufwendungen für Geräte und Werkzeuge, die im Zusammenhang mit beruflichen Bildungsmaßnahmen angeschafft werden,
- Vorbereitungs-, Zulassungs- und Prüfungskosten im Zusammenhang mit dem Abschluss beruflicher Bildungsmaßnahmen,
- Zinszahlungen für gewährte Studiendarlehen, *nicht* allerdings die Tilgung der Darlehen,
- Aufwendungen für ein häusliches Arbeits- bzw. Studienzimmer (§ 10 Abs. 1 Nr. 7 Satz 5 EStG i.V.m. § 4 Abs. 5 Satz 1 Nr. 6b EStG),
- Fahrtkosten zwischen der Wohnung und der Bildungsstätte (§ 10 Abs. 1 Nr. 7 Satz 5 EStG i.V.m. § 9 Abs. 1 Satz 3 Nr. 4 und 5 sowie § 9 Abs. 2 EStG),
- Mehraufwendungen wegen doppelter Haushaltsführung (§ 10 Abs. 1 Nr. 7 Satz 5 EStG i.V.m. § 9 Abs. 1 Satz 3 Nr. 5 EStG) sowie
- Mehraufwendungen für Verpflegung bei auswärtiger Unterbringung (§ 10 Abs. 1 Nr. 7 Satz 5 EStG i.V.m. § 4 Abs. 5 Satz 1 Nr. 5 EStG).

Wie man an dieser Aufzählung erkennt, handelt es sich bei den steuerlich berücksichtigungsfähigen Aufwendungen um solche, die in einem engen sachlichen Zusammenhang zur beruflichen Bildung stehen. Es kommt lediglich darauf an, dass ein Steuerpflichtiger diese Aufwendungen hinsichtlich seiner beruflichen Bildung tätigt. Unerheblich ist dagegen, ob die Aufwendungen – wie beispielsweise Gebühren für die Teilnahme an Veranstaltungen beruflicher Bildung – unmittelbar der Humankapitalbildung dienen oder lediglich im Rahmen beruflicher Bildungsaktivitäten getätigt und insofern mittelbar zur Humankapitalbildung aufgewendet werden. Zu letzteren Aufwendungen zählen z.B. Fahrtkosten, Zinszahlungen auf Studiendarlehen und Vorbereitungs-, Zulassungs- und Prüfungskosten wie auch Aufwendungen zur Anschaffung von Geräten und Werkzeugen, die für berufliche Bildungszwecke erworben werden.

Handelt es sich bei den für berufliche Bildungszwecke erworbenen Geräten und Werkzeugen um abnutzbare Wirtschaftsgüter mit mehrjähriger Nutzungsdauer, deren Anschaffungs-/Herstellungskosten exklusive Umsatzsteuer den Betrag von 410 Euro (§ 6 Abs. 2 Satz 1 EStG i.V.m. §§ 7, 9 Abs. 1 Satz 3 Nr. 7 EStG) übersteigen, sind diese verteilt über die Nutzungsdauer des Wirtschaftsgutes als Abschreibungen zu berücksichtigen. Im Unterschied hierzu sind Aufwendungen für die Teilnahme an beruflichen Bildungsaktivitäten (wie z.B. die oben erwähnten Seminare, Lehrgänge, Schulungen, usw.) steuerlich in voller Höhe sofort abzugsfähig. Der unmittelbare Erwerb von Humankapital begründet im Einkommensteuerrecht *kein* Wirtschaftsgut bzw. Vermögensgegenstand.[120]

4.6.2 Abzugsmodalitäten

Wird eine berufliche Bildungsmaßnahme der nicht beruflich veranlassten Ausbildung oder der Weiterbildung in einem nicht ausgeübten Beruf zugeordnet, kann der Steuerpflichtige die entstandenen Aufwendungen für die eigene Aus- und Weiterbildung und – falls die Voraussetzungen des § 26 Abs. 1 Satz 1 EStG[121] erfüllt sind – die seines Ehegatten steuerlich als Sonderausgaben geltend machen. Welcher der beiden Ehepartner die Bildungsaufwendungen wirtschaftlich trägt, ist dabei unerheblich.[122] Wie bereits angemerkt wurde, sind als Sonderausgaben zu berücksichtigende berufliche Bildungsaufwendungen betragsmäßig begrenzt abzugsfähig. Die im Rahmen des Sonderausgabenabzugs relevanten Höchstbeträge von 920 Euro bzw. 1.227 Euro sind jahresbezogen. Finden die Aus- oder Weiterbildungsmaßnahmen nicht über das gesamte Kalenderjahr hinweg statt, kommt es (dennoch) zu keiner zeitanteiligen Kürzung der Höchstbeträge.[123] Ferner sind die Höchstbeträge personenbezogen.[124] Ein nicht ausgenutzter Höchstbetrag eines Ehepartners kann daher nicht auf den ande-

---

[120] Vgl. Beul (1986), S. 349; Suhr (1966), S. 592. Der Begriff des Wirtschaftsgutes im deutschen Einkommensteuerrecht setzt separate Bewertbarkeit, regelmäßig die Nutzung über mehrere Wirtschaftsjahre und Übertragbarkeit voraus. Vgl. Weber-Grellet (2002), S. 386-387. Da eine berufliche Bildungsmaßnahme kein Wirtschaftsgut begründet, werden entsprechende berufliche Bildungsaufwendungen nicht „aktiviert“ und insofern nicht über Abschreibungen steuermindernd erfasst.

[121] § 26 Abs. 1 Satz 1 EStG fordert, dass beide Ehepartner im Inland unbeschränkt steuerpflichtig sind, nicht dauernd voneinander getrennt leben und diese Voraussetzungen zu Beginn des Veranlagungszeitraums bereits vorlagen oder während des Veranlagungszeitraums eingetreten sind.

[122] Vgl. Günther (2003b), S. 48.

[123] Vgl. Küch et al. (2001), S. 268.

[124] Vgl. Heinicke (2002), S. 890.

ren übertragen werden.[125] Grundsätzlich ohne Bedeutung für die beschränkte Abzugsfähigkeit beruflicher Bildungsaufwendungen als Sonderausgaben ist die Herkunft der Mittel, mit denen Steuerpflichtige Aus- oder Weiterbildungsmaßnahmen finanzieren.[126] Diesbezüglich einschränkend wird allerdings eine wirtschaftliche Belastung des Steuerpflichtigen durch die von ihm getätigten beruflichen Bildungsaufwendungen vorausgesetzt.[127] Diese liegt nicht vor, wenn ein Steuerpflichtiger zur unmittelbaren Förderung seiner Aus- und Weiterbildung z.B. nach § 3 Nr. 11 EStG zweckgebundene steuerfreie Bezüge nach dem Arbeitsförderungsgesetz (AFG), dem Bundesausbildungsförderungsgesetz (BAföG) oder nach §§ 67 ff., 81 ff. des dritten Sozialgesetzbuchs (SGB III) erhält.[128] Als Sonderausgaben absetzbar sind in diesen Fällen die um die steuerfreien Bezüge verminderten und vom Steuerpflichtigen getätigten Aus- und Weiterbildungsaufwendungen.[129] Eine Kürzung des Sonderausgabenabzugs entfällt allerdings, wenn steuerfreie Bezüge ausschließlich oder teilweise zur Abdeckung von Lebenshaltungskosten gezahlt werden.[130] Zu solchen steuerfreien Bezügen zählt z.B. das Unterhaltsgeld nach §§ 40, 44 AFG sowie Leistungen nach § 13 BAföG.[131] Die als Sonderausgaben abzugsfähigen beruflichen Bildungsaufwendungen sind im Veranlagungszeitraum ihrer Verausgabung (§ 11 Abs. 2 Satz 1 EStG) steuerlich zu berücksichtigen.[132] Dies gilt auch dann, wenn der Steuerpflichtige seine Aus- oder Weiterbildung mit Darlehensmitteln bestritten hat.[133] Absetzbar sind die eigentlichen Aus- oder Weiterbildungskosten und die Zinszahlungen infolge der Fremdfinanzierung.[134] Als Sonderausgaben abzugsfähige Berufsbildungsaufwendungen werden – mit Ausnahme der Anschaffungs-/Herstellungskosten oben genannter abnutzbarer Wirtschaftsgüter – kassenmäßig steuermindernd erfasst.

Die Berücksichtigung beruflicher Bildungsaufwendungen als Sonderausgaben kann aus verschiedenen Gründen zu einer nur unvollständigen steuerlichen Abzugsfähigkeit getätigter Aufwendungen führen. Steuerlich vollständig wirkungslos bleibt der Sonderausgabenabzug beruflicher Bildungsaufwendungen in den Fällen, in denen Steuerpflichtige über keine positiven Einkünfte verfügen. Da Sonderausgaben die subjektive Leistungsfähigkeit von Steuerpflichtigen betref-

[125] Vgl. Fischer (2003), S. 614.
[126] Vgl. Zenthöfer und Schulze zur Wiesche (2003), S. 214.
[127] Vgl. Heinicke (2002), S. 888.
[128] Vgl. Fischer (2003), S. 620.
[129] Vgl. Söhn (2002a), S. 37-38.
[130] Vgl. Günther (2003b), S. 48.
[131] Siehe hierzu Fischer (2003), S. 620.
[132] Vgl. Söhn (2002a), S. 45.
[133] Vgl. Zenthöfer und Schulze zur Wiesche (2003), S. 214.
[134] Vgl. Fischer (2003), S. 620; Söhn (2002a), S. 52-53.

fen, können sie nicht zu steuerlichen Verlusten führen.[135] Dies ist anders im Fall beruflicher Bildungsaufwendungen, die als Werbungskosten/Betriebsausgaben angesetzt werden können. Zumindest eine eingeschränkte effektive steuerliche Abzugsfähigkeit erfahren Aus- und Weiterbildungsaufwendungen dann, wenn der Steuerpflichtige im betreffenden Veranlagungszeitraum einen Gesamtbetrag der Einkünfte gemäß § 2 Abs. 3 EStG aufweist, der ausreichend hoch ist, dass wenigstens ein Teil der als Sonderausgaben im Rahmen der Höchstgrenzen abzugsfähigen Bildungsaufwendungen steuerlich geltend gemacht werden kann. Eine Beschränkung der effektiven steuerlichen Abzugsfähigkeit beruflicher Bildungsaufwendungen als Sonderausgaben ist natürlich auch dann gegeben, wenn – bei Vorliegen eines ausreichend hohen Gesamtbetrags der Einkünfte – die tatsächlich getätigten Aufwendungen die genannten Höchstbeträge übersteigen.

Werden berufliche Bildungsaufwendungen zu den Fortbildungskosten gezählt oder handelt es sich bei diesen um beruflich veranlasste Ausbildungskosten, sind sie als Werbungskosten/Betriebsausgaben steuerlich absetzbar. Eine betragsmäßige Abzugsbeschränkung existiert nicht. Wie bei den als Sonderausgaben zu berücksichtigenden beruflichen Bildungsaufwendungen erfolgt auch ihr Ansatz als Werbungskosten/Betriebsausgaben in dem Kalenderjahr, in welchem die Aufwendung geleistet wurde. Dies ergibt sich aus der Vorschrift des § 11 Abs. 2 Satz 1 EStG. Sie werden demnach wie die Sonderausgaben grundsätzlich nach dem Kassenprinzip steuerlich berücksichtigt. Eine Durchbrechung dieses Grundsatzes erfolgt ebenfalls bei abnutzbaren Wirtschaftsgütern mit mehrjähriger Nutzungsdauer, sofern deren Anschaffungs-/Herstellungskosten den Betrag von 410 Euro exklusive Umsatzsteuer übersteigen.[136] Im Einklang mit den Regelungen zum Sonderausgabenabzug beruflicher Bildungsaufwendungen, sind diese betragsmäßig nur in der Höhe abziehbar, in der der Steuerpflichtige eine wirtschaftliche Belastung erfährt. Dementsprechend führen Werbungskostenerstattungen eines Arbeitgebers an einen Arbeitnehmer, der sich zunächst auf eigene Kosten beruflich fortbildet und anschließend die Aufwendungen vom Arbeitgeber erstattet bekommt, zu Arbeitslohn. Durch Verrechnung mit den Aufwendungen, die als Werbungskosten angesetzt werden können, wird dadurch sichergestellt, dass der Steuerpflichtige entsprechend seiner tatsächlichen wirtschaftlichen Belastung besteuert wird.

Im Gegensatz zu den als Sonderausgaben abzugsfähigen beruflichen Bildungsaufwendungen können sich als Werbungskosten/Betriebsausgaben zu be-

---

[135] Vgl. Dohmen (1999), S. 33.

[136] Die Anschaffungs-/Herstellungskosten eines abnutzbaren Wirtschaftsgutes sind über kalenderjährliche Abschreibungen auf die Nutzungsdauer des betreffenden Wirtschaftsgutes zu verteilen. Siehe diesbezüglich § 9 Abs. 1 Satz 3 Nr. 7 EStG i.V.m. §§ 7, 6 Abs. 2 Satz 1 EStG.

rücksichtigende Beträge im Rahmen der Verlustberücksichtigung steuermindernd auswirken.[137] Die Verlustberücksichtigung erfolgt dabei zunächst über den Verlustausgleich. In einem ersten Schritt müssen Verluste aus verschiedenen Einkunftsquellen innerhalb einer Einkunftsart verrechnet werden (horizontaler Verlustausgleich). Ein auf diese Weise nicht berücksichtigter Verlust aus einer Einkunftsart kann anschließend mit anderen positiven Einkünften des Steuerpflichtigen, allerdings seit VZ 1999 begrenzt nach § 2 Abs. 3 EStG, verrechnet werden. Dieses Verfahren wird als vertikaler Verlustausgleich bezeichnet. Sowohl der horizontale als auch der vertikale Verlustausgleich bezieht sich auf die steuerliche Berücksichtigung von Verlusten in dem Veranlagungszeitraum, in dem sie entstanden sind. Verbleiben nach Durchführung des vertikalen Verlustausgleichs im betreffenden Veranlagungszeitraum negative Einkünfte, sind diese über den Verlustrücktrag oder -vortrag im Rahmen des Verlustabzugs nach § 10d EStG steuerlich zu berücksichtigen. Es handelt sich hierbei somit um einen zeitlichen bzw. periodenübergreifenden Ausgleich von Verlusten, bei denen diese im entsprechenden Veranlagungszeitraum vom Gesamtbetrag der Einkünfte – vorrangig vor Sonderausgaben und außergewöhnlichen Belastungen – abzugsfähig sind.

Insgesamt besitzt der Abzug beruflicher Bildungsaufwendungen als Werbungskosten/Betriebsausgaben gegenüber dem Sonderausgabenabzug erstens durch die der Höhe nach unbeschränkte steuerliche Abzugsfähigkeit der Ausgaben und zweitens durch die Möglichkeit ihrer Berücksichtigung im Rahmen der periodenübergreifenden Verlustverrechnung einen doppelten Vorteil. In Bezug auf die relative steuerliche Vorteilhaftigkeit des Werbungskosten-/Betriebsausgabenabzugs gegenüber dem Sonderausgabenabzug beruflicher Bildungsaufwendungen ist einschränkend allerdings Folgendes anzumerken: Tätigt ein Arbeitnehmer als Werbungskosten zu berücksichtigende berufliche Bildungsaufwendungen, wirken sich diese effektiv erst oberhalb des Arbeitnehmer-Pauschbetrages (§ 9a Satz 1 Nr. 1 EStG) von derzeit 920 Euro steuerlich aus. Der Pauschbetrag steht nämlich jedem Arbeitnehmer – unabhängig von der Höhe der von ihm geleisteten und beruflich veranlassten Aufwendungen – zu. Erst wenn er beruflich veranlasste anderweitige Aufwendungen von mindestens 920 Euro nachweist, besitzen als Werbungskosten zu berücksichtigende berufliche Bildungsaufwendungen eine vollständige steuermindernde Wirkung. Ist dieser Fall nicht gegeben, könnte der Abzug der Bildungsaufwendungen als Sonderausgaben für den Steuerpflichtigen günstiger sein.

---

[137] Zu den Modalitäten der Verlustberücksichtigung siehe ausführlich z.B. Küch et al. (2001), S. 243-248; Birk (2003), S. 171-176.

4.7 Leitbildeinordnung der steuerlichen Behandlung von Humankapitalinvestitionen

Wie in Kapitel 2 dargelegt wurde, konkretisieren sich Einkommensteuerleitbilder durch ihre spezifische Abgrenzung und Ermittlung der Steuerbasis nach dem objektiven Nettoprinzip. Die SHS-Einkommensteuer setzt das objektive Nettoprinzip auf der Basis einer Vermögensrechnung bzw. unter Anwendung des Vermögensprinzips um. Einkommen eines Steuerabschnitts ist danach die Differenz erwerbsbedingter Vermögenszu- und -abgänge. Erörtert in Kapitel 3, lässt sich die SHS-Einkommensteuer in idealer und konventioneller Ausprägung unterscheiden. Während die konventionelle SHS-Einkommensteuer die Vermögensrechnung als Ermittlungsmethode von Einkommen auf Sach- und Finanzkapital bezieht und Humankapital nicht als steuerlich (bezüglich dessen kalenderjährlicher Wertänderung) relevantes Vermögen auffasst, erfordert eine konzeptionelle und insofern ideale SHS-Einkommensteuer die Anwendung der Vermögensrechnung sowohl auf Sach- und Finanz- als auch auf Humankapital.

Anders als die SHS-Einkommensteuer und mit der Zielsetzung einer einmaligen steuerlichen Belastung von Einkommen in lebenszeitlicher Sicht, kann das objektive Nettoprinzip innerhalb des lebenszeitorientierten Einkommensteuerleitbilds auf der Grundlage einer Kassenrechnung operationalisiert werden. Einkommen eines Steuerabschnitts wird nach der sparbereinigten Methode der lebenszeitorientierten Einkommensteuer als Saldo erwerbsbedingter Kassenzu- und -abgänge bestimmt, wobei deren steuerlicher Ansatz die Einmalbelastung von Einkommen in intertemporaler Sicht zu gewährleisten hat.[138]

In diesem Kapitel wurde herausgearbeitet, dass berufliche Bildungsaufwendungen im deutschen Einkommensteuerrecht grundsätzlich *kassenmäßig*, entweder als Werbungskosten/Betriebsausgaben oder als Sonderausgaben, steuermindernd berücksichtigt werden.[139] Der unmittelbare Erwerb von Humanka-

[138]Wie in Kapitel 2 gezeigt wurde, kann die lebenszeitlich abgegrenzte Kassenrechnung leitbildkonform durch Anwendung der zinsbereinigten Methode der steuerlichen Behandlung gesparten bzw. investierten Einkommens in einzelnen Steuerabschnitten durchbrochen werden.

[139]Die Tatsache, dass die Rechtsprechung einige auf die Ausübung einer Erwerbstätigkeit gerichtete und insofern erwerbsbedingte Bildungsaufwendungen den Kosten der privaten Lebensführung zuweist und diese als Sonderausgaben im Rahmen des subjektiven Nettoprinzips abzugsfähig sind, die Einkommensteuerleitbilder aber die Einkommensermittlung nach dem objektiven Nettoprinzip betreffen, macht eine Leitbildzuordnung der steuerlichen Behandlung beruflicher Bildung dennoch nicht unmöglich. Denn bezüglich der als Sonderausgaben abzugsfähigen beruflichen Bildungsaufwendungen wird im deutschen Einkommensteuerrecht ein fehlender beruflicher Veranlassungszusammenhang angenommen. Würde ein solcher dagegen bejaht, wären die getätigten Aufwendungen bei der Einkünf-

pital (z.B. durch den Besuch von Lehrgängen, Schulungen, Seminaren usw.) begründet nach dem deutschen Einkommensteuerrecht *kein Wirtschaftsgut.* Entsprechende Aufwendungen sind daher nicht wie die Anschaffungs-/Herstellungskosten abnutzbarer Wirtschaftsgüter mit mehrjähriger Nutzungsdauer zu „aktivieren". In Anlehnung an Kapitel 3 technisch formuliert, steht dem Vermögensabgang in Höhe der getätigten Aufwendungen kein steuerpflichtiger Vermögenszugang in Höhe des Ertragswerts des erworbenen Humankapitals im Investitionszeitpunkt gegenüber, so dass die ideale SHS-Einkommensteuer als Leitbild der deutschen Einkommensteuer zur steuerlichen Behandlung beruflicher Bildung ausscheidet.

Das der deutschen Einkommensteuer diesbezüglich zugrunde liegende Einkommensteuerkonzept ist dagegen die SHS-Einkommensteuer in konventioneller Form, die Humankapitalinvestitionen im Investitionszeitpunkt vollständig sofort abschreibt. Dem steuermindernden Ansatz beruflicher Bildungsaufwendungen als Vermögensabgang steht gerade kein Vermögenszugang gegenüber. Einen steuerpflichtigen Vermögenszugang stellen erst die kassenmäßigen Einnahmen beruflicher Bildung dar.[140]

Mit den steuerlich relevanten Vermögenszu- und -abgängen im Rahmen der konventionellen SHS-Einkommensteuer sind gleichsam Kassenzu- und -abgänge verbunden. Da die vermögens- und kassenmäßigen Einnahmen beruflicher Bildung gedanklich Kapitalrückfluss und Rendite einer Humankapitalinvestition beinhalten, kann die steuerliche Behandlung beruflicher Bildung im deutschen Einkommensteuerrecht auch als nachgelagert bzw. sparbereinigt bezeichnet werden. Die Vermögensrechnung der konventionellen SHS-Einkommensteuer und die Kassenrechnung einer sparbereinigt umgesetzten lebenszeitorientierten Einkommensteuer führen bezüglich der Abgrenzung der auf eine Humankapitalinvestition bezogenen Steuerbasis – bei Eigenfinanzierung beruflicher Bil-

teermittlung, also innerhalb des objektiven Nettoprinzips, zu berücksichtigen. Beide Einkommensteuerleitbilder verlangen lediglich, erwerbsbedingte Vermögens- oder Kassenabgänge steuermindernd anzusetzen. Welche Vermögens- oder Kassenabgänge allerdings als erwerbsbedingt gelten, wird nicht auf der Leitbildebene konkretisiert, sondern auf der Ebene des Einkommensteuerrechts über die spezifische Auslegung des Veranlassungsprinzips bestimmt.

[140] Auch wenn berufliche Bildung häufig zur Erzielung von Einkünften aus nichtselbständiger Arbeit getätigt wird, ist die den Überschusseinkünften zugrunde liegende Quellentheorie als Einkommenskonzeption bei der steuerlichen Behandlung beruflicher Bildung nicht realisiert. Nach der Quellentheorie wären berufliche Bildungsausgaben als Ausgaben zur „Verbesserung" des Vermögensstamms bzw. der Einkunftsquelle „Arbeitskraft" steuerlich irrelevant. Ausgehend von der finalen Auslegung des Werbungskostenbegriffs der Quellentheorie dienen sie nämlich nicht unmittelbar, sondern lediglich mittelbar der Einkunftserzielung. Siehe hierzu Abschnitt 4.2.2.

dungsaufwendungen – zum gleichen Ergebnis.[141] Bei Finanzierung beruflicher Bildungsaufwendungen aus fremden Mitteln trifft dies allerdings nicht zu. Werden berufliche Bildungsaufwendungen fremdfinanziert, resultieren aus der Kassenrechnung im Sinne der Sparbereinigung der lebenszeitorientierten Einkommensteuer und der Vermögensrechnung der konventionellen SHS-Einkommensteuer unterschiedliche Steuerbasen. Ursächlich hierfür ist, dass zur Umsetzung der steuerlichen Einmalbelastung von Einkommen als Merkmal der lebenszeitorientierten Einkommensteuer Investitionsausgaben intertemporal gerade in Höhe ihres Barwerts als erwerbsbedingter Kassenabgang zu berücksichtigen sind. Obwohl es sich bei der Zahlung von Kreditzinsen um einen Kassenabgang handelt, ist dieser leitbildkonform – den Abzug des Barwerts der Investitionsausgaben sicherstellend – nicht steuermindernd anzusetzen.[142] Anders dagegen stellen geleistete Zinszahlungen bei Fremdfinanzierung beruflicher Bildungsaufwendungen einen erwerbsbedingten Vermögensabgang dar, den es im Rahmen der konventionellen SHS-Einkommensteuer zu berücksichtigen gilt. Da die deutsche Einkommensteuer bei Fremdfinanzierung beruflicher Bildungsmaßnahmen Kreditzinsen zum Abzug zulässt, ist folglich das konventionelle SHS-Einkommensteuerleitbild und gerade nicht das lebenszeitorientierte Einkommensteuerleitbild umgesetzt. Festzustellen bleibt daher, dass die steuerliche Behandlung beruflicher Bildung im deutschen Einkommensteuerrecht dem Leitbild einer konventionellen SHS-Einkommensteuer folgt.

Wie in Kapitel 3 gezeigt wurde, werden Investitionen in Humankapital ggü. Sach- und Finanzkapitalinvestitionen im Rahmen der konventionellen SHS-Einkommensteuer steuerlich begünstigt. Dies gilt unabhängig davon, ob Humankapitalinvestitionen aus eigenen Mitteln oder fremdfinanziert werden. Im deutschen Einkommensteuerrecht ist diese relative steuerliche Begünstigung von Humankapitalinvestitionen allerdings nicht grundsätzlich gegeben. Zurückzuführen ist dies auf die rechtspraktische Umsetzung des Einkommensteuerleitbilds. Werden berufliche Bildungsaufwendungen als Sonderausgaben berücksichtigt, kann deren betragsmäßige Beschränkung die relative Subventionierung zu einer relativen Diskriminierung von Humankapitalinvestitionen umschlagen lassen. Dies ist ebenfalls in den Fällen möglich, in denen Steuerpflichtige keinen

---

[141] Aus diesem Grund wird in der Literatur auch von „Consumption Tax Treatment of Human Capital" gesprochen. Vgl. Kaplow (1993); Bradford (1986); Boskin (1975); Sørensen (1994); Boadway (1990). Siehe diesbezüglich Kapitel 3.

[142] Wie in Kapitel 6 gezeigt wird, können Kreditzinsen auch im Rahmen des lebenszeitorientierten Einkommensteuerleitbilds als erwerbsbedingter Kassenabgang berücksichtigt werden. Erforderlich ist dann aber, neben der Kreditaufnahme als Kassenzugang, auch die Kredittilgung als erwerbsbedingten Kassenabgang in die Steuerbasis einzubeziehen. Ausführlich hierzu siehe Abschnitt 6.3.2.

ausreichend hohen positiven Gesamtbetrag der Einkünfte aufweisen; Sonderausgaben können nicht in Rahmen des Verlustabzugs berücksichtigt werden. Eine relative Subventionierung von Humankapitalinvestitionen ist aber auch dann nicht zwangsläufig gegeben, wenn berufliche Bildungsaufwendungen Werbungskosten darstellen. Ist nämlich die administrativ begründete Werbungskostenpauschale nicht bereits durch anderweitige beruflich veranlasste Aufwendungen ausgeschöpft, wirken sich berufliche Bildungsaufwendungen nur partiell steuerlich aus.

Kapitel 5

Humankapitalbildung und effiziente Einkommensbesteuerung: Eine haushaltstheoretische Analyse

5.1 Zielsetzung des Kapitels

In Kapitel 3 wurde ausführlich erörtert wie Humankapitalinvestitionen im Rahmen der idealen und der konventionellen SHS-Einkommensteuer sowie innerhalb der lebenszeitorientierten Einkommensteuer (mit spar- und zinsbereinigter Ausgestaltung der Steuerbasis) steuerlich zu behandeln sind. Aus dieser Betrachtung ging hervor, dass die Umsetzung der konventionellen SHS-Einkommensteuer zu einer steuerlichen Diskriminierung von Sach- und Finanzkapitalinvestitionen gegenüber Investitionen in Humankapital führt. Die lebenszeitorientierte Einkommensteuer dagegen belastet Sach-, Finanz- und Humankapitalinvestitionen gleichmäßig und setzt die steuerliche Einmalbelastung jeglichen investierten oder gesparten Einkommens in intertemporaler Sicht um.[1]

In diesem Kapitel wird nun zweierlei untersucht: Zum einen wird danach gefragt, welcher steuerliche Einfluss von der jeweiligen Einkommenskonzeption auf die individuelle Entscheidung, in Humankapital zu investieren, ausgeht. Zum anderen werden die ideale und die konventionelle SHS-Einkommensteuer sowie die lebenszeitorientierte Einkommensteuer unter Berücksichtigung der steuerlichen Behandlung von Humankapitalinvestitionen in ihrer Wirkung auf Besteuerungseffizienz analysiert. Neben einer positiven Analyse dieser Einkommensteuern bezüglich der Humankapitalbildung, welche die Anreizeffekte der Besteuerung auf die berufliche Bildungsentscheidung offenlegt, werden daher

[1] Auch die Anwendung der idealen SHS-Einkommensteuer stellt eine gleichmäßige steuerliche Behandlung jeglichen gesparten oder investierten Einkommens sicher. Eine solche Einkommensteuer ist jedoch nur theoretisch von Interesse, da sie in der Steuerpraxis – aufgrund der steuerlichen Behandlung von Humankapital und Humankapitalinvestitionen auf Basis einer Vermögensrechnung – nicht anwendbar ist. Siehe Abschnitt 3.5.

im Rahmen einer normativ-effizienztheoretischen Analyse deren Wohlfahrtsverluste bzw. Zusatzlasten bei variabler Humankapitalbildung identifiziert.[2]

In Abschnitt 5.2 wird zunächst der Modellrahmen erläutert. Im Anschluss wird die berufliche Bildungsentscheidung bei individueller Nutzenmaximierung in der steuerlosen Welt untersucht (Abschnitt 5.3). Danach wird in Abschnitt 5.4 eine Pauschsteuer modelliert, die – ohne Zusatzlasten der Besteuerung zu verursachen – ein first-best Optimum der Steueraufkommenserzielung sicherstellt. Anknüpfend hieran werden die Wirkungen der Lohnsteuer, der konventionellen und der idealen SHS-Einkommensteuer sowie der lebenszeitorientierten Einkommensteuer mit spar- und zinsbereinigter Ausgestaltung der Steuerbasis auf die Humankapitalbildung analysiert und die im Rahmen der Generierung von Steueraufkommen auftretenden Zusatzlasten bestimmt (Abschnitte 5.5.1, 5.5.2 und 5.5.3). Bei der Analyse der Effizienzwirkungen der Einkommensteuerkonzepte werden sowohl proportionale als auch progressive Einkommensteuertarife betrachtet und die mögliche Beschränkung der steuerlichen Abzugsfähigkeit beruflicher Bildungsausgaben berücksichtigt. Wenngleich die Wahl des Einkommensteuertarifs leitbildunabhängig ist und die Beschränkung der steuerlichen Abzugsfähigkeit beruflicher Bildungsausgaben als Verstoß gegen das objektive Nettoprinzip als Fundamentalprinzip einer jeden Einkommensteuer gewertet werden kann, werden beide Aspekte in die Untersuchung miteinbezogen. Sie sind nämlich im Einkommensteuerrecht vieler Länder (wie beispielsweise auch in Deutschland) anzutreffen und können wie die Abgrenzung der Steuerbasis ebenfalls Anreizeffekte besitzen und hierdurch Effizienzverluste der Einkommensbesteuerung hervorrufen.

[2]Die gewählte Modellierung baut auf der von Davies und St-Hilaire (1987), ferner auch auf den Artikeln von Nielsen und Sørensen (1997) und Davies und Whalley (1989) auf.

5.2 Modellrahmen

Im Folgenden wird von einem repräsentativen Konsumenten ausgegangen, der im Rahmen eines haushaltstheoretischen intertemporalen Zwei-Perioden-Konsummodells über die Allokation von Konsum heute (Gegenwartskonsum) und Konsum morgen (Zukunftskonsum) entscheidet. Das auf Konsum aufzuteilende Einkommen beider Perioden wird dabei durch die Bildung von Humankapital endogen bestimmt.

In der ersten Periode trifft das betrachtete Individuum neben der Wahl über die Konsumverteilung auf beide Perioden eine berufliche Bildungsentscheidung. Es alloziiert die exogen vorgegebene und auf eins normierte Zeitausstattung zwischen Arbeit am Arbeitsmarkt und der Teilnahme an beruflichen Bildungsmaßnahmen bzw. Ausbildung.[3] Periode 1 wird im Weiteren auch als Ausbildungsphase bezeichnet. In der zweiten Periode wird nicht (mehr) in berufliche Bildung investiert; das Individuum verwendet die (ebenfalls auf eins normierte) Zeitausstattung vollständig für Arbeit am Arbeitsmarkt. Periode 2 wird Erwerbsphase genannt. Sowohl in der Ausbildungs- als auch in der Erwerbsphase wird von der Möglichkeit der Arbeit-Freizeit-Wahl abgesehen.[4] Investiert der repräsentative Konsument – unter Verzicht auf Arbeitseinkommen und durch Tätigen beruflicher Bildungsausgaben (wie z.B. Gebühren für Fortbildungskurse, Bücherkosten) in der Ausbildungsphase – in Ausbildung bzw. in Humankapital, kann er in der Erwerbsphase aufgrund besserer beruflicher Qualifikation ein höheres Arbeitseinkommen erzielen. Ein höheres zu konsumierendes Einkommen in der Erwerbsphase kann er alternativ aber auch dadurch erzielen, dass er einen Teil seines Arbeitseinkommens der Ausbildungsphase spart und hieraus Zinseinkommen bezieht. Das betrachtete Individuum ist in diesem Modell daher mit dem Trade-Off der Humankapital- und der Ersparnisbildung (oder auch als Finanzkapital- bzw. Sparkapitalbildung bezeichnet) konfrontiert.

Bevor die nutzenmaximierenden Entscheidungen des repräsentativen Konsumenten in der steuerlosen Welt Betrachtungsgegenstand sind, werden die Modellvariablen definiert. Befindet sich das betrachtete Individuum in Periode 1 in Ausbildung, verzichtet es – aufgrund der fehlenden Möglichkeit der Freizeitwahl – im selben Umfang auf Arbeit am Arbeitsmarkt. Bezeichnet h $(0 \leq h \leq 1)$ die Ausbildungszeit, kann das Individuum daher lediglich $1 - h$ Zeiteinheiten Arbeit am Arbeitsmarkt anbieten. Die Entlohnung des Individuums richtet sich nach den angebotenen Effizienzeinheiten Arbeit, die sich

[3] Der Ausbildungsbegriff wird in diesem Kapitel stellvertretend für alle Formen beruflicher Bildungsmaßnahmen verwendet.

[4] „Freizeit" wird in beiden Perioden somit auf dem Niveau von Null festgehalten.

aus dem Produkt quantitativer Arbeit und Humankapitalstock als qualitative Komponente des Arbeitsangebots ermitteln lassen. Da der Humankapitalstock des Individuums in der Ausbildungsphase per Annahme auf eins normiert ist ($H_1 = 1$), beträgt die Zahl der Effizienzeinheiten Arbeit $1 - h$. Bei einem Lohnsatz pro Effizienzeinheit Arbeit von w ergibt sich in der Ausbildungsphase daher eine gesamte Entlohnung in Höhe von $w(1 - h)$. hw stellt die Zeit-/Opportunitätskosten der Humankapitalinvestition in Form entgangenen Arbeitslohns dar.

Ausbildung bzw. die Bildung von Humankapital erfordert neben Zeit grundsätzlich auch den Einsatz von Inputgütern wie z.B. Aus- und Fortbildungsmaßnahmen, Bücher, Geräte und Werkzeuge. Die Kosten dieses Inputeinsatzes kommen in der Variablen x zum Ausdruck, wobei davon ausgegangen wird, dass der Inputeinsatz in einer konstanten linearen Beziehung zur Ausbildungszeit h steht. Es gilt daher $x = ah$ $(a > 0)$.[5] Das für Konsum C_1 und Sparen S verwendbare Einkommen der Ausbildungsphase beträgt daher $w(1 - h) - ah$.

Es wird angenommen, dass die Zeitausstattung der zweiten Periode vollständig für Arbeit am Arbeitsmarkt verwendet wird. Das Arbeitseinkommen der Erwerbsphase ergibt sich dann als Entlohnung der am Arbeitsmarkt angebotenen Effizienzeinheiten Arbeit. Diese angebotene Menge an Effizienzeinheiten Arbeit entspricht dem Humankapitalstock in Periode 2, der mit H_2 bezeichnet wird. Er ergibt sich als Funktion g der Ausbildungszeit h, des Inputeinsatzes x und des Humankapitalstocks der ersten Periode H_1. Allgemein gilt daher $H_2 = g(h, x, H_1)$. Weil der Humankapitalstock der ersten Periode annahmegemäß auf eins fixiert ist und der Inputeinsatz x in einem festen Verhältnis zur Ausbildungszeit h steht, wird im Weiteren von $H_2 = g(h, ah) =: \tilde{g}(h)$ ausgegangen. Das Arbeitseinkommen der Erwerbsphase ist daher durch $wH_2 = w\tilde{g}(h)$ gegeben. Es wird unterstellt, dass der Humankapitalstock mit zunehmender Ausbildungszeit h (und Inputeinsatz x) ansteigt, dies allerdings in abnehmendem Maße. Die Produktionsfunktion für Humankapital ist deshalb durch $\frac{\partial \tilde{g}(h)}{\partial h} > 0$ und $\frac{\partial^2 \tilde{g}(h)}{\partial h^2} < 0$ – jeweils bei kosteneffizienter Humankapitalproduktion – gekennzeichnet.[6] Wird in Periode 1 nicht in Ausbildung investiert ($h = 0$), bleibt der Humankapitalstock gegenüber der Ausbildungsphase unverändert. Bezüglich der Produktionsfunktion für Humankapital gilt deswegen ferner $\tilde{g}(0) = 1$. Wird in Humankapital investiert ($h > 0, x > 0$), ist das be-

[5]Ausbildungszeit und Inputgüter sind annahmegemäß kosteneffizient nur in einem festen Verhältnis einsetzbar. Eine Substitutionsmöglichkeit zwischen Zeit- und Inputeinsatz besteht nicht. Bezüglich der Produktion von Humankapital wird daher eine Leontief-Produktionstechnologie unterstellt.

[6]Es wird die Gültigkeit der Bedingungen $\lim_{h \to 1} \frac{\partial \tilde{g}(h)}{\partial h} = 0$ und $\lim_{h \to 0} \frac{\partial \tilde{g}(h)}{\partial h} = \infty$ zur Sicherstellung einer inneren Lösung bezüglich der Ausbildungszeit h $(0 \leq h \leq 1)$ unterstellt.

trachtete Individuum aufgrund der höheren beruflichen Qualifikation produktiver. Dies widerspiegelnd ist das Arbeitseinkommen der zweiten Periode größer als das der ersten Periode. Wird neben dem Arbeitseinkommen $w\tilde{g}(h)$ ein aus Ersparnisbildung der Ausbildungsphase resultierendes Zinseinkommen rS bezogen, kann der repräsentative Konsument bei Auflösung seiner Ersparnisse insgesamt Konsumausgaben C_2 in Höhe von $w\tilde{g}(h) + (1+r)S$ tätigen.[7]

5.3 Humankapitalbildung in der steuerlosen Welt

Die Nutzenfunktion des Individuums sei streng quasikonkav und besitze die Form

$$U(C_1, C_2) \text{ mit } U_1 := \frac{\partial U}{\partial C_1} > 0, U_2 := \frac{\partial U}{\partial C_2} > 0$$
$$\text{und } U_{11} := \frac{\partial^2 U}{\partial C_1^2} < 0, U_{22} := \frac{\partial^2 U}{\partial C_2^2} < 0 \tag{5.1}$$

Der Nutzen des repräsentativen Konsumenten steigt in abnehmendem Maße sowohl im Gegenwartskonsum C_1 als auch im Zukunftskonsum C_2. Bezüglich der Nutzenmaximierung hat das betrachtete Individuum in der Ausbildungsphase folgende Budgetbeschränkung zu beachten:

$$C_1 = w(1-h) - ah - S \tag{5.2}$$

Der Konsum der Ausbildungsphase C_1 ergibt sich nach Abzug der Ersparnisbildung S sowie der Kosten für im Rahmen beruflicher Bildung eingesetzte Inputgüter ah vom Arbeitseinkommen $w(1-h)$. Die Budgetbeschränkung der Erwerbsphase lautet:

$$C_2 = w\tilde{g}(h) + S(1+r) \tag{5.3}$$

Der Konsum der Erwerbsphase C_2 wird durch das – vom Ausmaß der Humankapitalbildung in der ersten Periode abhängige – Arbeitseinkommen $w\tilde{g}(h)$ und unter Berücksichtigung der Auflösung von Ersparnissen inklusive der Zinsen (für den Fall $S > 0$) bzw. der Zahlung von Kreditzinsen und -tilgung (für den Fall $S < 0$) bestimmt. Substituiert man S aus (5.2) in (5.3) erhält man:

$$C_2 = w\tilde{g}(h) + \big(w(1-h) - ah - C_1\big)(1+r) \tag{5.4}$$

und folglich die konsolidierte Budgetbeschränkung:

$$w(1-h) - ah + \frac{w\tilde{g}(h)}{1+r} = C_1 + \frac{C_2}{1+r} \tag{5.5}$$

[7] Nimmt das betrachtete Individuum in der Ausbildungsphase einen Kredit auf ($S < 0$), stellt $(1+r)S$ Kreditzins- und -tilgungszahlungen dar.

Der repräsentative Konsument maximiert seinen Nutzen unter der Nebenbedingung der konsolidierten Budgetbeschränkung (5.5) bzgl. C_1, C_2, h und λ. Die Lagrange-Funktion lautet somit:

$$L(C_1, C_2, h, \lambda) = U(C_1, C_2) + \lambda\Big[w(1-h) - ah + \frac{w\tilde{g}(h)}{1+r} - C_1 - \frac{C_2}{1+r}\Big] \quad (5.6)$$

Die notwendigen und (aufgrund der Annahme der strengen Quasikonkavität der Nutzenfunktion) hinreichenden Bedingungen für ein Nutzenmaximum lauten[8]:

$$\frac{\partial L}{\partial C_1} = U_1 - \lambda = 0 \quad (5.7)$$

$$\frac{\partial L}{\partial C_2} = U_2 - \frac{\lambda}{1+r} = 0 \quad (5.8)$$

$$\frac{\partial L}{\partial h} = \lambda\Big[\frac{w}{1+r}\frac{\partial \tilde{g}(h)}{\partial h} - (w+a)\Big] = 0 \quad (5.9)$$

$$\frac{\partial L}{\partial \lambda} = w(1-h) - ah + \frac{w\tilde{g}(h)}{1+r} - C_1 - \frac{C_2}{1+r} = 0 \quad (5.10)$$

Aus (5.7), (5.8) und (5.9) folgt:

$$\frac{U_1}{U_2} = 1 + r \quad (5.11)$$

und für $\lambda > 0$[9]:

$$\frac{w}{1+r}\frac{\partial \tilde{g}(h)}{\partial h} = w + a \quad (5.12)$$

Aus (5.11) und (5.12) erhält man:

$$\frac{U_1}{U_2} - 1 = \gamma = r = \frac{w\frac{\partial \tilde{g}(h)}{\partial h}}{w+a} - 1 \quad (5.13)$$

Gemäß (5.11) entspricht im Nutzenmaximum die Grenzrate der Substitution zwischen Gegenwarts- und Zukunftskonsum dem Zinsfaktor. Die Zeitpräferenzrate des Haushalts γ stimmt daher mit dem Marktzinssatz r überein. Aus (5.12) geht hervor, dass bei Wahl der optimalen Ausbildungszeit h (und folglich eines

[8] Zur Implikation der strengen Quasikonkavität bezüglich der Maximierung von Funktionen unter Nebenbedingungen siehe Chiang (1984), S. 398.

[9] λ kann als Grenznutzen des Einkommens hergeleitet werden. Aufgrund der Annahme der strengen Monotonie der Präferenzen gilt im Nutzenmaximum $\lambda > 0$. Vgl. Jehle und Reny (2001), S. 23.

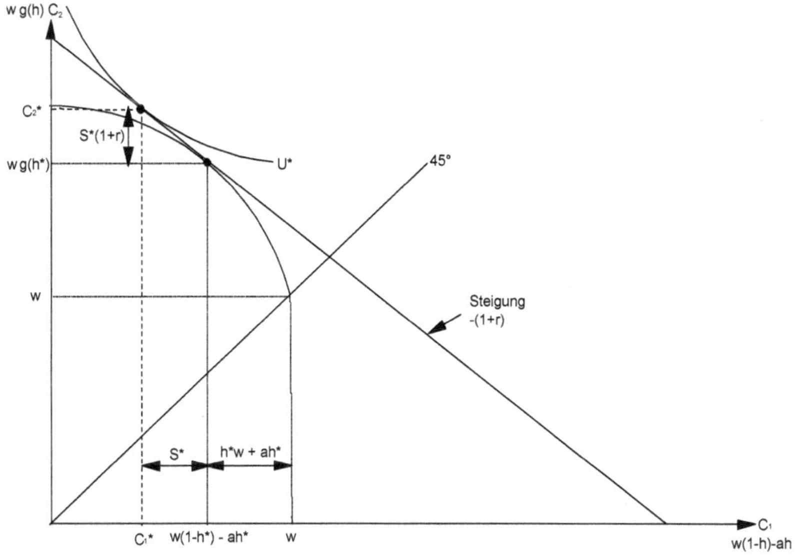

Abbildung 5.1: Humankapitalbildung in der steuerlosen Welt
(Quelle: In Anlehnung an Davies und St-Hilaire (1987))

optimalen Inputeinsatzes ah) deren marginale Erhöhung einen Gegenwartswert zusätzlichen Einkommens in Höhe von $\frac{w}{1+r}\frac{\partial\tilde{g}(h)}{\partial h}$ aufweist, der der Summe aus entgangenem Lohn w (Grenzzeitkosten der Ausbildung) und den Kosten a einer marginalen Einheit des Inputgutes (Grenzkosten des Inputeinsatzes) entspricht.[10] Nutzenmaximierende Humankapitalbildung ist somit äquivalent zur Maximierung des Zwei-Perioden-Einkommenstroms. Die effiziente Ausbildungszeit wird mit h^*, der optimale Inputeinsatz mit $x^* = ah^*$ bezeichnet. Der effiziente Humankapitalstock ist bestimmt durch $H_2^* = \tilde{g}(h^*)$.

Die Wahl des optimalen Humankapitalstocks sowie der nutzenmaximierenden Konsumallokation ist in Abbildung 5.1 dargestellt. Hieran ist zunächst zu erkennen, dass das betrachtete Individuum ohne Ausbildung vorzunehmen ($h = 0$) ein Arbeitseinkommen in Höhe von w in beiden Perioden erzielt. Sein Humankapitalstock bleibt in diesem Fall unverändert ($H_1 = H_2$). Investiert

[10] Grenzerträge und Grenzkosten der Ausbildung werden in Einheiten Gegenwartskonsum gemessen.

der repräsentative Konsument dagegen in Ausbildung, wächst dessen Humankapitalstock mit zunehmender Ausbildungszeit (und zunehmendem Inputeinsatz) entsprechend der Produktionsfunktion für Humankapital unterproportional bzw. mit abnehmenden Grenzerträgen an. Wie an der Abbildung ferner ersichtlich ist, lässt sich das Nutzenmaximierungsproblem in zwei voneinander getrennt lösbare, allerdings nicht voneinander unabhängige Optimierungsprobleme aufteilen: in die Maximierung des Zwei-Perioden-Einkommenstroms über die Wahl der Ausbildungszeit h und somit des Humankapitalstocks $\tilde{g}(h)$ und die Maximierung der Nutzenfunktion bezüglich der datierten Konsumgütermengen C_1 und C_2 bei gegebener optimaler Wahl der Ausbildungszeit.[11] Diese Trennbarkeit der Investitions- von Konsum- und Finanzierungsentscheidungen ist in die finanzwirtschaftliche Literatur als „Fishersches Separationstheorem[12]" eingegangen.[13] Bei gegebenem Marktzinssatz r bestimmt der repräsentative Konsument die Ausbildungszeit h (und damit einen bestimmten Inputeinsatz x), bei welchem das Zwei-Perioden-Einkommen maximiert wird und die Grenzerträge mit den Grenzkosten der Ausbildung übereinstimmen.[14] Die Tangente mit Steigung $-(1+r)$ an die Produktionsfunktion für Humankapital an der Stelle der optimalen Periodeneinkommen $\left[w(1-h^*) - ah^*, w\tilde{g}(h^*)\right]$ determiniert die Budgetbeschränkung.[15] Bei gegebenem Budget wählt der repräsentative Konsument die optimale Konsumallokation C_1^* und C_2^*. Ausgehend von den endogen bestimmten Periodeneinkommen sind es die Präferenzen des repräsentativen Konsumenten bezüglich Gegenwarts- und Zukunftskonsum, die die Höhe der Ersparnisbildung bzw. die Höhe der Kreditaufnahme in der Ausbildungsphase festlegen.[16]

Nachdem der Modellrahmen entwickelt und die Ausbildungs-, Spar- und Konsumentscheidungen des repräsentativen Konsumenten in der steuerlosen Welt betrachtet wurden, wird in Abschnitt 5.5 analysiert, wie unterschiedlich

[11] Insofern ist die optimale Humankapitalbildung eine notwendige, nicht aber hinreichende Bedingung für ein Nutzenmaximum.

[12] Siehe Fisher (1930).

[13] Eine Darstellung des Fisher-Modells findet man bei Hirshleifer (1974), S. 1-45; Terberger und Schmidt (1997), S. 99-120; Sinn (1985), S. 9-16; Buchholz und Wiegard (1990).

[14] Da die Gültigkeit der in Fußnote 6 angegebenen Bedingungen unterstellt wird, übersteigen die (unendlichen) Grenzerträge der Ausbildung bei Ausbildungszeit $h = 0$ die (endlichen) Grenzkosten, so dass bei abnehmenden Grenzerträgen solange in Ausbildung investiert wird bis die konstanten Grenzkosten den Grenzerträgen entsprechen.

[15] Die Steigung der Produktionsfunktion $-w\frac{\partial \tilde{g}(h)}{\partial h}/(w+a)$ beträgt an der Stelle der optimalen Periodeneinkommen gerade -(1+r).

[16] In der Graphik handelt es sich um einen Sparer, da der nutzenmaximierende Gegenwartskonsum kleiner als das Arbeitseinkommen der Ausbildungsphase nach Abzug der beruflichen Bildungsausgaben ist.

ausgestaltete Einkommensteuern einerseits die Ausbildungsentscheidung[17] beeinflussen und wie sie andererseits hinsichtlich der Besteuerungseffizienz bzw. der Zusatzlasten als Effizienzverluste der Besteuerung abschneiden. Gegenstand dieser Besteuerungsanalyse sind (neben einer Lohnsteuer (Abschnitt 5.5.1)) die beiden in Kapitel 2 und bezüglich der steuerlichen Behandlung von Humankapitalinvestitionen in Kapitel 3 betrachteten Einkommensteuerleitbilder: die SHS-Einkommensteuer in konventioneller und in idealer Ausprägung (Abschnitt 5.5.2) sowie die lebenszeitorientierte Einkommensteuer mit zins- und sparbereinigter Steuerbasis (Abschnitt 5.5.3).

Den Ausgangspunkt dieser Untersuchung bildet allerdings eine Pauschsteuer bzw. Lump-Sum-Steuer, die, ohne individuelle Entscheidungen des repräsentativen Konsumenten steuerlich zu verzerren und daher ohne Zusatzlasten bei der Erhebung von Steueraufkommen hervorzurufen, als effizienztheoretische Besteuerungs-Benchmark gilt und die first-best Steuer darstellt. Sie wird im folgenden Abschnitt 5.4 betrachtet.

5.4 Pauschsteuer (Lump-Sum-Steuer)

Eine Pauschsteuer bzw. Lump-Sum-Steuer ist eine Steuer, die als fester Betrag von einem Individuum erhoben wird.[18] Sie ruft lediglich Einkommenseffekte der Besteuerung hervor. Das von der Steuerzahlung betroffene Individuum kann dieser durch Verhaltensanpassungen bzw. -änderungen nicht ausweichen. Wird dem repräsentativen Konsumenten innerhalb dieses Modellrahmens eine solche Pauschsteuer in Höhe $\bar{T}$[19] auferlegt, erhält man folgenden Nutzenmaximierungsansatz:

$$\begin{aligned} L(C_1, C_2, h, \lambda) &= U(C_1, C_2) + \lambda \Big[w(1-h) - ah + \frac{w\tilde{g}(h)}{1+r} \\ &\quad -C_1 - \frac{C_2}{1+r} - \bar{T} \Big] \end{aligned} \tag{5.14}$$

Die notwendigen und hinreichenden Bedingungen für ein Nutzenmaximum bleiben gegenüber den Bedingungen (5.7) bis (5.10) bzw. (5.13) unverändert. Der

[17] Der Begriff Ausbildungsentscheidung wird im Weiteren synonym für Ausbildungszeitentscheidung ($\Leftrightarrow$ Wahl des nutzenmaximierenden h) verwendet.

[18] Zur Pauschsteuer als first-best optimale Steuer siehe z.B. Homburg (2000), S. 163 ff.; Wellisch (2000), S. 27, 95, 111; Reding und Müller (1999), S. 254-256.

[19] Diese Pauschsteuerzahlung kann bei unterstelltem vollkommenen und vollständigen Kapitalmarkt beliebig auf periodische Steuerzahlungen $\bar{T}^1$ und $\bar{T}^2$ mit $\bar{T} = \bar{T}^1 + \frac{\bar{T}^2}{1+r}$ aufgeteilt werden.

Nutzenverlust dieser Besteuerungsmaßnahme wird durch die pauschsteuerbedingte Verringerung des verfügbaren Einkommens auf $w(1-h^*)-ah^*+\frac{w\tilde{g}(h^*)}{1+r}-\bar{T}$ hervorgerufen und beträgt ausgedrückt als Differenz indirekter Nutzenfunktionswerte:

$$V(p^0, I^0) - V(p^0, I^0 - \bar{T}) \tag{5.15}$$

mit $p^0 = (1, \frac{1}{1+r})$ und $I^0 = w(1-h^*) - ah^* + \frac{w\tilde{g}(h^*)}{1+r}$. Unter Verwendung des Konzepts der Ausgabenfunktion ermittelt man die *Äquivalente Variation*[20] der Besteuerungsmaßnahme, die den gesamten Nutzenverlust in Geldeinheiten zu Preisen p^0 der Situation vor Durchführung des steuerlichen Projekts kennzeichnet, als:

$$E\Big(p^0, V(p^0, I^0 - \bar{T})\Big) - E\Big(p^0, V(p^0, I^0)\Big) \tag{5.16}$$

Die Äquivalente Variation stimmt im Fall der Pauschsteuer ($\bar{T} > 0$) mit dem negativen Wert der Steuerzahlung überein.[21] Im Rahmen der Effizienzanalyse ist allerdings nicht der gesamte in Geldeinheiten gemessene individuelle Nutzenverlust einer steuerlichen Maßnahme von Interesse, sondern lediglich deren Zusatzlast (ZL) als jenen Nutzenverlust, der die steuerzahlungsbedingte Nutzenminderung übersteigt.[22] Sie beträgt allgemein

$$ZL = E\Big(p^0, V(p^0, I^0 - \bar{T})\Big) - E\Big(p^0, V(p^k, I^k)\Big) \tag{5.17}$$

wobei $V(p^k, I^k)$ das Nutzenniveau nach Durchführung einer steuerlichen Maßnahme k, die zum Preisvektor p^k und zum Einkommen I^k führt, bezeichnet. Da die Zusatzlast einer steuerlichen Maßnahme immer durch Vergleich des projektbezogenen Ausgabenfunktionswerts mit dem einer Pauschsteuer gleichen Steueraufkommens ermittelt wird, gilt ferner $T^k = \bar{T}$.[23]

[20] Zum hier verwendeten Konzept der Äquivalenten Variation siehe Ahlheim und Rose (1992), S. 72 ff.; Wellisch (2000), S. 16-18; Varian (1994), S. 161-162.

[21] In der Literatur wird die Äquivalente Variation eines Steuerprojekts häufig als Differenz der Ausgabenfunktionswerte $E\big(p^1, V(p^1, I^1)\big) - E\big(p^0, V(p^1, I^1)\big)$ definiert. Vgl. Homburg (2000), S. 162; Reding und Müller (1999), S. 187-188; Auerbach (1985), S. 65-67; Auerbach und Hines (2002), S. 5.

[22] Die Zusatzlast der Besteuerung, die im anglo-amerikanischen Schrifttum als „Excess Burden“ oder „Deadweight Loss“ bezeichnet wird, ist der Teil des individuellen Nutzenverlusts einer steuerlichen Maßnahme, der aus der Ineffizienz der Besteuerung durch Auslösen unerwünschter Substitutionseffekte resultiert. Zum Konzept der Zusatzlast siehe z.B. Ahlheim (1990); Wigger (2004), S. 136-140, 142-144; Homburg (2000), S. 157-165; Rosen (2002), S. 282-305; Atkinson und Stiglitz (1980), S. 367-370; Hyman (1999), S. 405-428, 437-443; Auerbach (1985), S. 63-75.

[23] T^k bezeichnet die intertemporale Steuerzahlung infolge der steuerlichen Maßnahme k.

Die Zusatzlast der Pauschsteuer beträgt Null, da diese lediglich Einkommenseffekte induziert ($p^0 = p^k$ und $I^k = I^0 - \bar{T}$).[24] Die Pauschsteuer bildet lediglich einen theoretischen Referenzrahmen, da sie aufgrund der Problematik des Auffindens geeigneter Steuerbasen durch die Steuerbehörde einerseits und des Verstoßes gegen den Gerechtigkeitsgrundsatz der Besteuerung bei leicht identifizierbaren Steuerbasen (z.B. Alter, Augenfarbe, Geschlecht eines Individuums) andererseits in der Steuerpraxis nicht umgesetzt werden kann.[25] Als first-best Steuer dient sie allerdings dazu, die verschiedenen Konzeptionen einer Einkommensbesteuerung bezüglich ihrer Zusatzlasten zu bewerten.

5.5 Humankapitalbildung und Einkommensteuern

5.5.1 Proportionale und progressive Lohnsteuer[26]

In Vorbereitung der Untersuchung der konventionellen und der idealen SHS-Einkommensteuer sowie der lebenszeitorientierten Einkommensteuer wird in diesem Abschnitt eine Lohnsteuer betrachtet.[27] Dabei wird einerseits berücksichtigt, dass Arbeitseinkommen progressiv besteuert werden und andererseits die steuerliche Abzugsfähigkeit beruflicher Bildungsausgaben nur begrenzt zulässig sein kann.[28]

Die Steuerbasis (im Falle der Lohnsteuer das Arbeitseinkommen) beider Perioden i ($i = 1, 2$), y_i, unterliege einer zeitinvarianten, abschnittsweise definierten

[24] Dies ist äquivalent zur Aussage, dass die Pauschsteuer Marginalkalküle unbeeinflusst lässt.

[25] Vgl. Reding und Müller (1999), S. 254-256.

[26] Der Begriff der Lohnsteuer ist in diesem Kapitel nicht im steuerrechtlichen Sinne als Erhebungsform der Einkommensteuer zu verstehen, sondern bedeutet hier eine ausschließliche Besteuerung von Arbeitseinkommen im Rahmen der Einkommensteuer.

[27] Wie später gezeigt wird, entspricht die Lohnsteuer in diesem Modellrahmen der lebenszeitorientierten Einkommensteuer mit zinsbereinigter steuerlicher Behandlung der Ersparnisbildung und sparbereinigter steuerlicher Behandlung von Humankapitalinvestitionen. Siehe hierzu Abschnitt 5.5.3 dieses Kapitels.

[28] Sind Bildungsausgaben als beruflich zu klassifizieren, weil sie zur Ausübung einer gegenwärtigen oder zukünftigen Erwerbstätigkeit aufgewendet werden, stellt die Begrenzung ihrer steuerlichen Abzugsfähigkeit ein Verstoß gegen das objektive Nettoprinzip dar. Die Begrenzung der steuerlichen Abzugsfähigkeit wird in der Analyse allerdings berücksichtigt, um die hieraus resultierenden Effekte auf die Humankapitalbildung herauszustellen. Aus dem selben Grund findet die (direkte) Progression des Steuertarifs Berücksichtigung. Sowohl die Beschränkung der steuerlichen Abzugsfähigkeit von Ausbildungskosten (siehe Kapitel 4) als auch die Steuertarifprogression ist im deutschen Einkommensteuerrecht anzutreffen.

Steuertariffunktion:

$$T(y^i) = \begin{cases} \tau^1 y^i & \text{für} \quad y^i \in [0, w] \\ \tau^2[y^i - w] + \tau^1 w & \text{für} \quad y^i > w \end{cases}$$

Bezüglich der Grenzsteuersätze wird von $\tau^2 \geq \tau^1$ ausgegangen, wobei $\tau^2 > \tau^1$ einen (direkt) progressiven Steuertarif, $\tau^2 = \tau^1$ dagegen einen proportionalen Steuertarif kennzeichnet. Obige Steuertariffunktion geht von der vereinfachenden Annahme aus, dass Arbeitseinkommen w eines nicht ausgebildeten Individuums zu dem (bei Steuertarifprogression niedrigeren) Steuersatz τ^1 besteuert wird[29], während dagegen das aufgrund der Humankapitalbildung höhere Arbeitseinkommen ausgebildeter Individuen in der Erwerbsphase der (höheren) Grenzbelastung von τ^2 unterliegt. w als periodisches Arbeitseinkommen nicht ausgebildeter Individuen bildet somit annahmegemäß die Progressionsgrenze.[30] Wird in Ausbildung investiert ($h > 0$), ist daher der Grenzsteuersatz der Ausbildungsphase τ^1 im Falle eines (direkt) progressiven Tarifs kleiner als der Grenzsteuersatz der auf die Ausbildung folgenden Erwerbsphase τ^2.[31] Bezüglich der Bestimmung der Steuerbasis der Ausbildungsphase gilt, dass vom Arbeitseinkommen berufliche Bildungsausgaben bzw. Ausbildungskosten zu einem Anteil α ($0 \leq \alpha \leq 1$) steuerlich abzugsfähig sind. Für den Konsum der ersten Periode ergibt sich:

$$C_1 = w(1-h) - ah - S - T^1 \tag{5.18}$$

mit Steuerzahlung

$$T^1 = \tau^1[w(1-h) - \alpha a h] \tag{5.19}$$

und folglich

$$C_1 = w(1-h)(1-\tau^1) - ah(1-\alpha\tau^1) - S \tag{5.20}$$

In der Erwerbsphase bezieht das betrachtete Individuum ein von der Höhe der Humankapitalbildung abhängiges Arbeitseinkommen zuzüglich (abzüglich) der verzinsten Ersparnisbildung (der Kredittilgung inklusive der Kreditzinszahlungen) und abzüglich der Steuerzahlung. Der Konsum der zweiten Periode ist gegeben durch:

$$C_2 = w\tilde{g}(h) + S(1+r) - T^2 \tag{5.21}$$

[29]Natürlich wird Arbeitseinkommen von in Ausbildung befindlichen Individuen ebenfalls mit dem Grenzsteuersatz τ^1 belastet.

[30]Diese Darstellung eines progressiven Steuertarifs orientiert sich an Nielsen und Sørensen (1997).

[31]Dies ergibt sich daraus, dass das Arbeitseinkommen der Erwerbsphase $w\tilde{g}(h)$ für $0 < h \leq 1$ größer ist als w und die periodischen Steuerbasen bei (direkter) Progression daher unterschiedlichen Grenzsteuersätzen unterliegen.

mit T^2 als Steuerzahlung. Diese lässt sich unter Verwendung obiger Steuertariffunktion ermitteln als:

$$T^2 = \tau^2 w\tilde{g}(h) - (\tau^2 - \tau^1)w \tag{5.22}$$

und daher

$$\begin{aligned} C_2 &= w\tilde{g}(h)(1-\tau^2) + (\tau^2 - \tau^1)w + \big[w(1-h)(1-\tau^1) \\ &- ah(1-\alpha\tau^1) - C_1\big](1+r) \end{aligned} \tag{5.23}$$

Aus (5.23) folgt die konsolidierte Budgetbeschränkung:

$$\begin{aligned} &\frac{w\tilde{g}(h)(1-\tau^2) + (\tau^2 - \tau^1)w}{1+r} + w(1-h)(1-\tau^1) \\ &-ah(1-\alpha\tau^1) = C_1 + \frac{C_2}{1+r} \end{aligned} \tag{5.24}$$

Die Lagrange-Funktion zu diesem Maximierungsproblem lautet:

$$\begin{aligned} L(C_1, C_2, h, \lambda) &= U(C_1, C_2) + \lambda\Big[\frac{w\tilde{g}(h)(1-\tau^2) + (\tau^2 - \tau^1)w}{1+r} \\ &\quad + w(1-h)(1-\tau^1) - ah(1-\alpha\tau^1) \\ &\quad - C_1 - \frac{C_2}{1+r}\Big] \end{aligned} \tag{5.25}$$

Daraus ergeben sich die folgenden notwendigen und hinreichenden Bedingungen für ein Nutzenmaximum:

$$\frac{\partial L}{\partial C_1} = U_1 - \lambda = 0 \tag{5.26}$$

$$\frac{\partial L}{\partial C_2} = U_2 - \frac{\lambda}{1+r} = 0 \tag{5.27}$$

$$\frac{\partial L}{\partial h} = \lambda\Big[\frac{w(1-\tau^2)}{1+r}\frac{\partial \tilde{g}(h)}{\partial h} - [w(1-\tau^1) + a(1-\alpha\tau^1)]\Big] = 0 \tag{5.28}$$

$$\begin{aligned} \frac{\partial L}{\partial \lambda} &= \frac{w\tilde{g}(h)(1-\tau^2) + (\tau^2 - \tau^1)w}{1+r} + w(1-h)(1-\tau^1) \\ &- ah(1-\alpha\tau^1) - C_1 - \frac{C_2}{1+r} = 0 \end{aligned} \tag{5.29}$$

Wie im Fall der Pauschbesteuerung stimmt gemäß (5.26) und (5.27) die Zeitpräferenzrate des Individuums γ mit dem Marktzinssatz r im Haushaltsoptimum überein. Die nutzen- bzw. einkommensmaximierende Ausbildungsentscheidung verlangt, dass folgende Gleichung erfüllt ist:

$$\frac{w(1-\tau^2)}{1+r}\frac{\partial \tilde{g}(h)}{\partial h} = w(1-\tau^1) + a(1-\alpha\tau^1) \tag{5.30}$$

Die optimale Zeitinvestition in Ausbildung, die sich bezüglich der in diesem Abschnitt betrachteten Lohnsteuer anhand (5.30) ermitteln lässt, wird mit h^{WT} bezeichnet.[32] Wie Änderungen der Grenzsteuersätze τ^1 und τ^2 $(0 \leq \tau^1, \tau^2 \leq 1)$ und des Abzugsfähigkeitsparameters α $(0 \leq \alpha \leq 1)$ die Humankapitalbildung beeinflussen, zeigt die folgende komparativ-statische Analyse.

Bildet man das totale Differential von (5.30) und unterstellt $dr = dw = da = 0$, folgt:

$$\begin{aligned} &w\frac{\partial^2 \tilde{g}(h)}{\partial h^2}(1-\tau^2)dh - w\frac{\partial \tilde{g}(h)}{\partial h}d\tau^2 \\ &+\left[wd\tau^1 + \alpha a d\tau^1 + a\tau^1 d\alpha\right](1+r) = 0 \end{aligned} \tag{5.31}$$

Bezüglich des Abzugsfähigkeitsparameters erhält man:

$$\frac{dh}{d\alpha} = -\frac{a\tau^1(1+r)}{w\frac{\partial^2 \tilde{g}(h)}{\partial h^2}(1-\tau^2)} > 0 \tag{5.32}$$

Eine steigende steuerliche Abzugsfähigkeit von Ausbildungskosten führt aufgrund fallender (totaler) Grenzkosten in der Ausbildungsphase c.p. zu einem Anstieg der Ausbildungstätigkeit. Bezüglich der Grenzsteuersätze gilt:

$$\frac{dh}{d\tau^1} = -\frac{(w+\alpha a)(1+r)}{w\frac{\partial^2 \tilde{g}(h)}{\partial h^2}(1-\tau^2)} > 0 \tag{5.33}$$

$$\frac{dh}{d\tau^2} = \frac{\frac{\partial \tilde{g}(h)}{\partial h}}{\frac{\partial^2 \tilde{g}(h)}{\partial h^2}(1-\tau^2)} < 0 \tag{5.34}$$

Durch eine c.p.-Erhöhung des Grenzsteuersatzes in der Ausbildungsphase sinken die Grenzkosten der Ausbildung, was zu einer Stimulation der Humankapitalbildung führt. Anders dagegen fallen die Grenzerträge der Ausbildung durch eine Verschärfung der Steuertarifprogression, die durch eine marginale Erhöhung des Grenzsteuersatzes der Erwerbsphase bewirkt wird. In diesem Fall wird die Humankapitalbildung steuerlich reduziert. Betrachtet man (5.30), lassen sich i.V.m. Bedingung (5.12), die die steuerlich unverzerrte Humankapitalbildung darstellt, folgende Schlussfolgerungen treffen:

[32] „WT" steht hierbei für „Wage Tax".

Proposition 1 *Für $\tau^2 > \tau^1 > 0$ und $0 \leq \alpha \leq 1$ gilt $h^{WT} < h^*$. Dies bedeutet, dass unabhängig von der Höhe des Abzugsfähigkeitsparameters α, ein zeitinvarianter progressiver Steuertarif die Humankapitalbildung (im Vergleich zur Lump-Sum-Steuer) diskriminiert.*[33] *Vergleichsweise höhere Grenzsteuersätze in der Erwerbsphase reduzieren die diskontierten Grenzerträge der Ausbildung stärker als die entsprechenden Grenzkosten.*

Proposition 2 *Für $\tau^1 = \tau^2 = \tau > 0$ und $0 \leq \alpha < 1$ gilt $h^{WT} < h^*$. Liegt ein zeitinvarianter proportionaler Steuertarif vor, führt die beschränkte Abzugsfähigkeit der Ausbildungskosten zu einem reduzierten Ausbildungsniveau. Die Grenzkosten der Ausbildung werden durch die Begrenzung der steuerlichen Abzugsfähigkeit von Ausbildungskosten gegenüber den Grenzerträgen in geringerem Maße abgesenkt.*

Proposition 3 *Für $\tau^1 = \tau^2 = \tau > 0$ und $\alpha = 1$ gilt $h^{WT} = h^*$. Die vollständige Abzugsfähigkeit der Ausbildungskosten und ein proportionaler zeitinvarianter Steuertarif führen zur Neutralität der Lohnsteuer in Bezug auf die Humankapitalbildung.*[34]

Sowohl die Konsum-/Sparentscheidung als auch die Ausbildungsentscheidung werden durch eine proportionale Lohnsteuer mit vollständiger Abzugsfähigkeit der Ausbildungskosten nicht verzerrt. Dies liegt daran, dass eine solche Lohnsteuer wie eine Pauschsteuer lediglich Einkommenseffekte auf den Konsum beider Perioden in Höhe der Steuerzahlungen ausübt. Es entsteht keine Zusatzlast, eine first-best Besteuerung liegt vor.[35] Diese unverzerrende Lohnsteuer ist in Abbildung 5.2 dargestellt. Hieran erkennt man zunächst, dass die Produktionsfunktion für Humankapital entsprechend des proportionalen Steuersatzes τ nach unten „skaliert“ wird. Entlang eines jeden Fahrstrahls aus dem Ursprung ist das Verhältnis der periodischen für Konsumzwecke verfügbaren

[33] Bei gegebener Differenz der Grenzsteuersätze in beiden Perioden führt eine Erhöhung der steuerlichen Abzugsfähigkeit von Ausbildungskosten (gegeben $\alpha < 1$) zu einem Anstieg des Ausbildungsniveaus.

[34] Dies erkennt man leicht daran, dass die Bedingungen erster Ordnung für ein Nutzenmaximum bei einer proportionalen Lohnsteuer mit vollständiger Abzugsfähigkeit der Ausbildungskosten mit denen einer Pauschsteuer übereinstimmen.

[35] Diesbezüglich ist allerdings anzumerken, dass eine Lohnsteuer natürlich dann eine Zusatzlast aufweist und Effizienzverluste der Besteuerung verursacht, wenn der repräsentative Konsument über die periodische bzw. intratemporale Aufteilung von Arbeit und Freizeit entscheiden kann. Bei substitutionalen Präferenzen bezüglich Gegenwarts-, Zukunftskonsum und Freizeit führt die oben betrachtete Lohnsteuer aufgrund der steuerbedingten Absenkung des Lohnsatzes zu einer Zusatzlasten begründenden Substitution von Arbeit durch Freizeit. Siehe z.B. Wellisch (2000), S. 92-108; Davies und St-Hilaire (1987), S. 47-49.

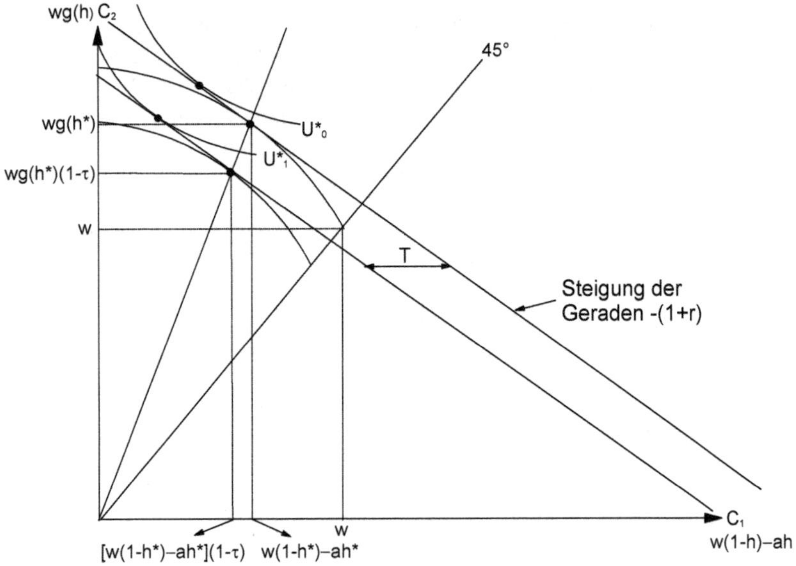

Abbildung 5.2: Humankapitalbildung bei proportionaler Lohnsteuer und vollständiger Abzugsfähigkeit der Ausbildungskosten
(Quelle: In Anlehnung an Davies und St-Hilaire (1987))

Arbeitseinkommen konstant. Die Humankapitalbildung bleibt bei einer steuerbedingten prozentualen Verringerung beider Einkommen unverändert, da das Marginalkalkül hinsichtlich der Ausbildungsentscheidung steuerlich nicht beeinflusst wird. Dass keine Zusatzlast der Besteuerung entsteht, ist daran ersichtlich, dass der repräsentative Konsument bei Rückerstattung des Steueraufkommens das Nutzenniveau U_0^* vor (Erhebung der) Steuerzahlung erreicht.

Ist dagegen die steuerliche Abzugsfähigkeit eingeschränkt ($0 \leq \alpha < 1$) und/oder der Steuertarif progressiv ausgestaltet ($\tau^2 > \tau^1$), wird eine ineffizient niedrige Ausbildung h^{WT} ($h^{WT} < h^*$) gewählt und ein entsprechend ineffizient niedriger Humankapitalstock H_2^{WT} ($H_2^{WT} < H_2^*$) gebildet.[36] Besonders anschaulich wird dies, wenn man die Wirkungen der Steuertarifprogression und der Abzugsfähigkeitsbeschränkung bezüglich der Ausbildungskosten

[36]Es sind diesbezüglich insgesamt drei Fälle zu unterscheiden: 1) $0 \leq \alpha < 1, \tau^1 = \tau^2$, 2) $\alpha = 1, \tau^1 < \tau^2$ und 3) $0 \leq \alpha < 1, \tau^1 < \tau^2$.

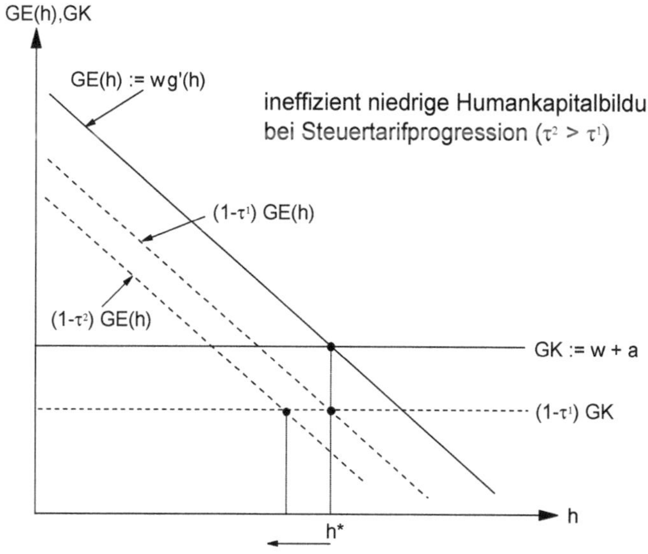

Abbildung 5.3: Steuertarifprogression und Humankapitalbildung
(Quelle: In Anlehnung an Gunderson und Thirsk (1994))

in einem Grenzertrag-Grenzkosten/Ausbildungszeit-Diagramm betrachtet. In den in Abbildungen 5.3 und 5.4 dargestellten Fällen werden die konstanten Grenzkosten der Ausbildung (GK) durch die Lohnsteuer jeweils um weniger als die diskontierten fallenden Grenzerträge (GE) reduziert.[37] Aus der ineffizient niedrigen Humankapitalbildung resultiert ein Vor-Steuer-Einkommenstrom, der kleiner ist als jener, der sich bei einer first-best optimalen Lohnsteuer (vor Steuerzahlung) ergibt[38]:

$$\frac{w\tilde{g}(h^{WT})}{1+r} + w(1-h^{WT}) - ah^{WT} < \frac{w\tilde{g}(h^*)}{1+r} + w(1-h^*) - ah^* \qquad (5.35)$$

Bei gleichem Steueraufkommen der die Ausbildungsentscheidung verzerrenden Lohnsteuer und der first-best optimalen Lohnsteuer bzw. Pauschsteuer weichen

[37] Die vertikale Verschiebung der Grenzertragsgeraden ist größer als die der Grenzkostengeraden.

[38] Der linke Ausdruck von (5.35) beschreibt den Vor-Steuer-Einkommenstrom einer verzerrenden Lohnsteuer, der Ausdruck rechts des Ungleichheitszeichens den einer first-best optimalen Lohnsteuer.

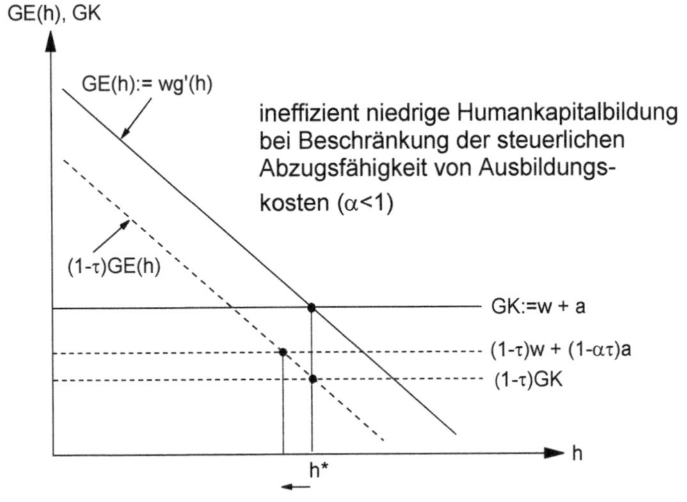

Abbildung 5.4: Beschränkte Abzugsfähigkeit von Ausbildungskosten und Humankapitalbildung

entsprechend auch die für Gegenwarts- und Zukunftskonsum verwendbaren Nach-Steuer-Einkommenströme voneinander ab. Die verzerrende Lohnsteuer ruft insgesamt somit Einkommensverringerungen hervor, die den Barwert der Steuerzahlungen übersteigen. Bei Erzielung eines vorgegebenen Steueraufkommens $\bar{T}$ begründen die den Barwert der Steuerzahlungen übersteigenden Einkommensverringerungen einen zusätzlichen Nutzenverlust. Dieser Nutzenverlust entspricht der Zusatzlast der Besteuerung, d.h. jenem Nutzenverlust, der zur steuerzahlungsbedingten Nutzenminderung hinzutritt. Die Zusatzlast einer durch die Steuertarifprogression verzerrenden Lohnsteuer ist in Abbildung 5.5 dargestellt.[39] Ausgehend von der steuerlosen Ausgangssituation mit Nutzenniveau U_0^* wird eine die Humankapitalbildung diskriminierende progressive Lohnsteuer eingeführt, die die Steigung der „Humankapital-Produktionsfunktion" an jeder Stelle bzw. bei jeder Einkommenskombination verringert; die Pro-

[39] Es wird hierbei davon ausgegangen, dass die Steueraufkommen aus der Besteuerung von Arbeitseinkommen in beiden Fällen übereinstimmen, d.h. es gilt:
$$\tau\left[w(1-h^*)-ah^*\right]+\tfrac{\tau}{1+r}w\tilde{g}(h^*) = \tau^1\left[w(1-h^{WT})-ah^{WT}\right]+\tfrac{1}{1+r}\left[\tau^2 w\tilde{g}(h^{WT})-(\tau^2-\tau^1)w\right].$$

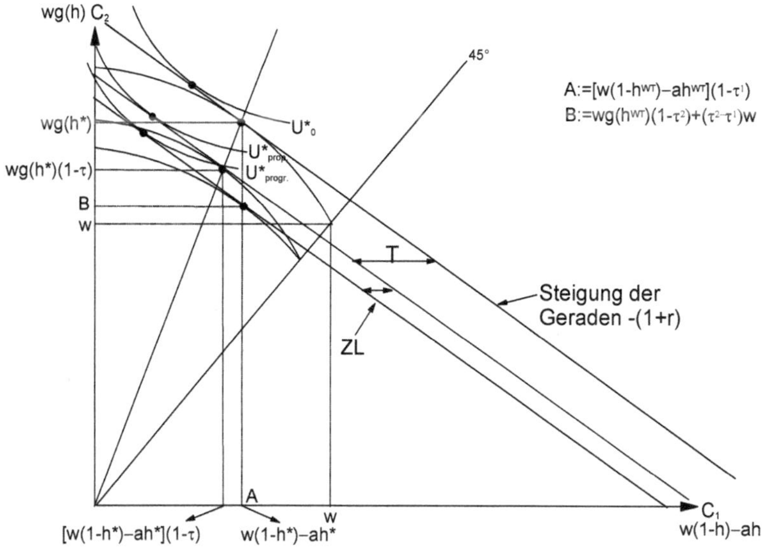

Abbildung 5.5: Die Zusatzlast einer progressiven Lohnsteuer

duktionsfunktion wird somit flacher.[40] Die verzerrende Lohnsteuer generiert ein Steueraufkommen $\bar{T}$ und führt bei endogen bestimmtem Einkommenstrom und nutzenmaximierender Wahl von Gegenwarts- und Zukunftskonsum zum Nutzenniveau $U^*_{progr.}$. Eine first-best optimale Lohnsteuer bzw. Pauschsteuer gleichen Aufkommens ermöglicht ein höheres Nutzenniveau $U^*_{prop.}$, so dass die ineffiziente Humankapitalbildung einer Lohnsteuer mit progressivem Steuertarif einen vermeidbaren Nutzenverlust in Höhe $U^*_{prop.} - U^*_{progr.}$ hervorruft.[41] In der Graphik ist die Zusatzlast der Besteuerung als in Einheiten des Gegenwartskonsums bzw. in Geldeinheiten gemessenem Nutzenverlust ersichtlich.

[40]Den gleichen Effekt auf die Steigung der Produktionsfunktion besitzt die Beschränkung der steuerlichen Abzugsfähigkeit von Ausbildungskosten.

[41]Auch die Beschränkung der steuerlichen Abzugsfähigkeit von Ausbildungskosten führt bei gegebenem (proportionalen oder progressiven) Steuertarif zu einer reduzierten Humankapitalbildung und zur Entstehung einer Zusatzlast.

Misst man die Zusatzlast der Besteuerung über die Äquivalente Variation als Differenz zweier Ausgabenfunktionswerte, erhält man für den Fall der Steuertarifprogression ($\tau^2 > \tau^1$) und/oder der Beschränkung der steuerlichen Abzugsfähigkeit von Ausbildungskosten ($0 \leq \alpha < 1$):

$$ZL = E\Big(p^0, V(p^0, I^0 - \bar{T})\Big) - E\Big(p^0, V(p^0, I^{WT})\Big) > 0 \tag{5.36}$$

mit

$$\begin{aligned} I^{WT} &= \frac{w\tilde{g}(h^{WT})(1-\tau^2) + (\tau^2 - \tau^1)w}{1+r} \\ &\quad + w(1-h^{WT})(1-\tau^1) - ah^{WT}(1-\alpha\tau^1) \end{aligned}$$

und

$$\bar{T} = \frac{\tau^2 w\tilde{g}(h^{WT}) - (\tau^2 - \tau^1)w}{1+r} + \tau^1 w(1-h^{WT}) - \alpha\tau^1 ah^{WT}$$

Wegen $E(p, V(p, I)) \equiv I$ als Identität der Dualitätstheorie[42] folgt hieraus:

$$ZL = I^0 - \bar{T} - I^{WT} > 0 \tag{5.37}$$

Die Zusatzlast einer Lohnsteuer mit progressivem Steuertarif und/oder beschränkter steuerlicher Abzugsfähigkeit von Ausbildungskosten geht auf die steuerliche Verzerrung der Humankapitalbildung – und damit einer Produktionsentscheidung – zurück. Die steuerbedingte Reduzierung des Ausbildungsniveaus führt daher zu vermeidbaren Nutzenverlusten. Lediglich eine proportionale Lohnsteuer mit vollständiger steuerlicher Abzugsfähigkeit der Ausbildungskosten gewährleistet wegen $I^0 - \bar{T} = I^{WT}$ eine Zusatzlast von Null und somit Besteuerungseffizienz.

Im folgenden Abschnitt wird die SHS-Einkommensteuer in konventioneller und in idealer Ausprägung hinsichtlich ihrer Wirkungen auf die Humankapitalbildung und die Zusatzlasten der Besteuerung analysiert.

5.5.2 Proportionale und progressive SHS-Einkommensteuer

Die SHS-Einkommensteuer ist in konventioneller und in idealer Form durch die periodische Besteuerung des Reinvermögenszugangs charakterisiert. Dieser Reinvermögenszugang ist allerdings jeweils unterschiedlich abgegrenzt. Im Rahmen der konventionellen SHS-Einkommensteuer umfasst er Arbeits- und

[42] Zur Dualitätstheorie siehe Ahlheim und Rose (1992).

Kapitaleinkommen, deren periodische Steuerbasen mittels verschiedener Ermittlungsmethoden bestimmt werden. Arbeitseinkommen wird über eine Kassenrechnung, Kapitaleinkommen über eine Vermögensrechnung ermittelt. Innerhalb der idealen SHS-Einkommensteuer dagegen besteht die periodische Steuerbasis letztlich ausschließlich aus Kapitaleinkommen, wobei dieses neben Einkommen aus Sach- und Finanzkapital auch solches aus Humankapital beinhaltet. Einkommen aus Sach- und Finanz- sowie Humankapital wird einheitlich und im Unterschied zur konventionellen SHS-Einkommensteuer über eine Vermögensrechnung ermittelt. Einkommen aus Humankapital entspricht den Zinsen auf den Humankapitalertragswert der Vorperiode bzw. den kassenmäßig bezogenen Arbeitseinkommen unter Berücksichtigung der periodischen Ertragswertänderung des Humankapitalstocks.[43]

Zunächst wird die konventionelle SHS-Einkommensteuer hinsichtlich ihrer Wirkungen auf die Humankapitalbildung und die Zusatzlast der Einkommensbesteuerung überprüft, bevor daran anschließend die ideale SHS-Einkommensteuer diesbezüglich analysiert wird.

5.5.2.1 Konventionelle SHS-Einkommensteuer

Ausgehend von der im vorherigen Abschnitt betrachteten Lohnsteuer ist die konventionelle SHS-Einkommensteuer im Rahmen dieser Modellanalyse dadurch charakterisiert, dass neben dem Arbeitseinkommen beider Perioden auch das aus einer Ersparnisbildung der Ausbildungsphase resultierende Zinseinkommen der zweiten Periode zur Steuerbasis zählt.[44] Die bisherige Analyse der Lohnsteuer wird insofern um eine Steuer auf Zinseinkommen mit Steuersatz τ_r[45] ergänzt. Während die Bildung von Ersparnissen aus Arbeitseinkommen lediglich ein Akt der Einkommensverwendung darstellt und insofern die Steu-

[43] Siehe detailliert hierzu Abschnitt 3.3.3.2.

[44] Wird in der Ausbildungsphase entspart, sind gezahlte Kreditzinsen in der zweiten Periode als Vermögensabgang steuerlich leitbildkonform abzugsfähig. Zur leitbildkonformen steuerlichen Abzugsfähigkeit von Kreditzinsen siehe von Schanz (1896), S. 24. Wird die SHS-Einkommensteuer am objektiven Nettoprinzip (mit der Folge der Zuordnung von Ausgaben zur Erwerbs- oder Privatsphäre) ausgerichtet, sind Kreditzinsen nur dann steuerlich abzugsfähig, wenn sie im Zusammenhang mit der Erzielung von Einkommen stehen. Vgl. Goode (1977), S. 22-23.

[45] Es wird hier allgemein der Fall betrachtet, in dem der Steuersatz auf Zinsen τ_r nicht notwendigerweise demjenigen auf Arbeitseinkommen in der zweiten Periode entspricht. Die Anwendung unterschiedlicher Grenzsteuersätze auf Arbeits- und Zinseinkommen stellt eine Abweichung vom Syntheseprinzip der SHS-Einkommensteuer dar. Diese Unterscheidung der Grenzsteuersätze ist – wie sich im Weiteren zeigen wird – allerdings sinnvoll, um Zinsbesteuerungseffekte von Steuertarifprogressionseffekten auf die Humankapitalbildung trennen zu können.

erbasis nicht berührt, reduzieren die Kosten der Humankapitalinvestition die Steuerbasis, da dem steuerlich relevanten Vermögensabgang in Höhe der für die Bildung von Humankapital aufgebrachten Mittel kein Vermögenszugang in Höhe des Ertragswerts der Humankapitalinvestition gegenübersteht.[46] Steuermindernde Ausgaben und steuerpflichtige Einnahmen einer Humankapitalinvestition werden auf der Grundlage einer Kassenrechnung erfasst.

In der Ausbildungsphase hat dies zum einen zur Konsequenz, dass nicht das Potenzialeinkommen w, sondern das um die Zeit-/Opportunitätskosten hw beruflicher Bildung reduzierte realisierte Arbeitseinkommen $w(1-h)$ in die Steuerbasis der Ausbildungsphase eingeht. Zum anderen sind die mit einem Kassen- und einem Vermögensabgang verbundenen Ausbildungskosten ah (im Einklang mit dem objektiven Nettoprinzip) leitbildkonform vollständig steuerlich abzugsfähig ($\alpha = 1$), da die Bildung von Humankapital – wie in dieser Modellanalyse angenommen – keinen Konsumcharakter besitzt.[47] In der Erwerbsphase unterliegen die Einnahmen aus der Humankapitalinvestition $w\tilde{g}(h) - w$ und das Arbeitseinkommen w, welches ohne Ausbildung erzielt werden kann, der Besteuerung. Insgesamt bestimmt daher neben erhaltenen oder gezahlten Zinsen rS das Arbeitseinkommen $w\tilde{g}(h)$ die Steuerbasis. Im Rahmen der folgenden Analyse wird wie im Fall der Lohnsteuer angenommen, dass der Steuertarif progressiv ausgestaltet und daneben die steuerliche Abzugsfähigkeit der beruflichen Bildungsausgaben – wenn auch mit dem Leitbild der SHS-Einkommensteuer nicht vereinbar – beschränkt sein kann.

Anknüpfend an die Besteuerung des Reinvermögenszugangs im Sinne der konventionellen SHS-Einkommensteuer wird der Gegenwartskonsum bzw. der Konsum der Ausbildungsphase wie im Fall der zuvor betrachteten Lohnsteuer ermittelt:

$$C_1 = w(1-h) - ah - S - T^1 \tag{5.38}$$

mit Steuerzahlung

$$T^1 = \tau^1[w(1-h) - \alpha ah] \tag{5.39}$$

und daher

$$C_1 = w(1-h)(1-\tau^1) - ah(1-\alpha\tau^1) - S \tag{5.40}$$

Durch die Besteuerung von Zinseinkommen ändern sich (5.21) bis (5.23) aus Abschnitt 5.5.1 zu:

[46] Siehe Abschnitte 3.3.2.1 und 3.3.3.1.

[47] Besitzt Humankapitalbildung dagegen einen Konsumcharakter, sind entsprechende Bildungsausgaben steuerlich nicht abzugsfähig.

$$C_2 = w\tilde{g}(h) + S(1+r) - T^2 \tag{5.41}$$

mit Steuerzahlung

$$T^2 = \tau^2 w\tilde{g}(h) - (\tau^2 - \tau^1)w + \tau_r r S \tag{5.42}$$

Durch Substitution von S aus (5.40) in (5.41) erhält man:

$$\begin{aligned} C_2 &= w\tilde{g}(h)(1-\tau^2) + (\tau^2 - \tau^1)w + \big[w(1-h)(1-\tau^1) \\ &- ah(1-\alpha\tau^1) - C_1\big]\big(1 + r(1-\tau_r)\big) \end{aligned} \tag{5.43}$$

Aus (5.43) ergibt sich schließlich die konsolidierte Budgetbeschränkung:

$$\begin{aligned} &\frac{w\tilde{g}(h)(1-\tau^2) + (\tau^2 - \tau^1)w}{1 + r(1-\tau_r)} + w(1-h)(1-\tau^1) - ah(1-\alpha\tau^1) \\ &= C_1 + \frac{C_2}{1 + r(1-\tau_r)} \end{aligned} \tag{5.44}$$

Die zu maximierende Lagrange-Funktion lautet dann:

$$\begin{aligned} L(C_1, C_2, h, \lambda) &= U(C_1, C_2) + \lambda\Big[\frac{w\tilde{g}(h)(1-\tau^2) + (\tau^2 - \tau^1)w}{1 + r(1-\tau_r)} \\ &\quad + w(1-h)(1-\tau^1) - ah(1-\alpha\tau^1) \\ &\quad - C_1 - \frac{C_2}{1 + r(1-\tau_r)}\Big] \end{aligned} \tag{5.45}$$

Die notwendigen und hinreichenden Bedingungen für ein Nutzenmaximum ergeben sich als:

$$\frac{\partial L}{\partial C_1} = U_1 - \lambda = 0 \tag{5.46}$$

$$\frac{\partial L}{\partial C_2} = U_2 - \frac{\lambda}{1 + r(1-\tau_r)} = 0 \tag{5.47}$$

$$\frac{\partial L}{\partial h} = \lambda\Big[\frac{w(1-\tau^2)}{1 + r(1-\tau_r)}\frac{\partial \tilde{g}(h)}{\partial h} - \big[w(1-\tau^1) + a(1-\alpha\tau^1)\big]\Big] = 0 \tag{5.48}$$

$$\begin{aligned} \frac{\partial L}{\partial \lambda} = &\frac{w\tilde{g}(h)(1-\tau^2) + (\tau^2 - \tau^1)w}{1 + r(1-\tau_r)} + w(1-h)(1-\tau^1) - ah(1-\alpha\tau^1) \\ &- C_1 - \frac{C_2}{1 + r(1-\tau_r)} = 0 \end{aligned} \tag{5.49}$$

Dividiert man (5.46) durch (5.47), erhält man:

$$\frac{U_1}{U_2} = 1 + r(1 - \tau_r) \tag{5.50}$$

Führt man (5.48) mit (5.50) zusammen, ergibt sich:

$$\frac{U_1}{U_2} - 1 = \gamma = r(1 - \tau_r) = \frac{w(1 - \tau^2)\frac{\partial \tilde{g}(h)}{\partial h}}{w(1 - \tau^1) + a(1 - \alpha\tau^1)} - 1 \tag{5.51}$$

Wie man an (5.50) erkennt, führt die Besteuerung von Zinsen im Nutzenmaximum zu einer Absenkung der Grenzrate der Substitution zwischen Gegenwarts- und Zukunftskonsum. Im Vergleich zur Pauschsteuer und zur im letzten Abschnitt behandelten Lohnsteuer wird Zukunftskonsum durch die Besteuerung von Zinsen diskriminiert und die Ersparnisbildung negativ beeinflusst.[48] Gemäß Bedingung (5.48) besitzt die Besteuerung von Zinsen dagegen eine stimulierende Wirkung auf die Humankapitalbildung.[49] An (5.48) wird deutlich, dass der Gegenwartswert der Einnahmen der Humankapitalinvestition durch den zinssteuerbedingt wachsenden Diskontierungsfaktor c.p. ansteigt, so dass bei gegebenen Grenzkosten die Humankapitalbildung ausgeweitet wird bis die Grenzerträge den Grenzkosten der Humankapitalbildung entsprechen. Dies ist das Ergebnis der differenzierten steuerlichen Behandlung von Humankapitalinvestitionen und der Bildung von Ersparnissen. Bei proportionalem Steuertarif und vollständig steuermindernden Ansatz von Ausbildungskosten führt die Besteuerung von Zinsen dazu, dass die Ersparnisbildung steuerlich (barwertmäßig) höher belastet ist als die Investition in Humankapital, wodurch letztere eine vergleichsweise günstigere Möglichkeit des Transfers von Gegenwarts- in Zukunftskonsum bietet. In (5.51) kommt schließlich zum Ausdruck, dass die Nettorendite der Humankapitalinvestition mit der durch die Zinsbesteuerung abgesenkten Nettorendite der Ersparnisbildung im Nutzenmaximum übereinstimmt. Die folgende komparativ-statische Analyse bestätigt die Humankapitalbildung fördernde Wirkung der Zinsbesteuerung.

[48] Dies gilt dann, wenn in der ersten Periode entspart wird und der (positive) Kreuzsubstitutionseffekt auf den Gegenwartskonsum durch den Einkommenseffekt verstärkt wird. Handelt es sich dagegen um einen Sparer, wird die Ersparnisbildung negativ beeinflusst solange der Substitutionseffekt den Einkommenseffekt übersteigt. Siehe hierzu im Rahmen eines partialanalytischen Zwei-Perioden-Modells bei exogenen Periodeneinkommen Sandmo (1985), S. 268-270. Vgl. diesbezüglich auch die Ergebnisse auf S. 125 dieser Arbeit.

[49] Zur Humankapitalbildung fördernden Wirkung der Besteuerung von Zinseinkommen siehe z.B. Eaton und Rosen (1980); Davies und Whalley (1989); Gunderson und Thirsk (1994); Nielsen und Sørensen (1997); Boskin (1975); Heckman (1976); Davies und St-Hilaire (1987); Nerlove et al. (1993); Trostel (1993); Kotlikoff und Summers (1979); Alstadsæter (2001).

Durch Bilden des totalen Differentials von (5.48) mit $dr = d\tau^1 = d\tau^2 = da = d\alpha = dw = 0$ erhält man:

$$\frac{dh}{d\tau_r} = -\frac{\frac{\partial \tilde{g}(h)}{\partial h}}{\frac{\partial^2 \tilde{g}(h)}{\partial h^2}} \frac{r}{1 + r(1 - \tau_r)} > 0 \qquad (5.52)$$

Bei proportionaler Besteuerung von Arbeitseinkommen und vollständiger steuerlicher Abzugsfähigkeit von Ausbildungskosten ($\tau^1 = \tau^2$ und $\alpha = 1$) wird durch die Zinsbesteuerung als Kennzeichen einer SHS-Einkommensteuer c.p. ein gegenüber h^* höheres Ausbildungsniveau h^{IT} gewählt.[50] Dies wird anhand Abbildung 5.6 verdeutlicht. Um den Effekt der Zinssteuer auf die Humankapitalbildung in der Graphik aufzuzeigen, geht man zunächst von einer first-best optimalen Lohnsteuer aus. Das repräsentative Individuum wählt das Ausbildungsniveau h^* und die hiermit verbundene Einkommensallokation, bei der die Budgetgerade mit Steigung $-(1 + r)$ die Produktionsfunktion für Humankapital tangiert. Werden Zinsen besteuert, sinkt das intertemporale Preisverhältnis, so dass die Budgetgeradensteigung $\big(-1 + r(1 - \tau_r)\big)$ beträgt. Das die Periodeneinkommen bestimmende Ausbildungsniveau h^* ist nicht (mehr) einkommens- bzw. nutzenmaximierend, da die Budgetgerade die „Humankapital-Produktionsfunktion" nun schneidet. Eine Kreditaufnahme zur Finanzierung zusätzlicher Ausbildung lässt (bei steuerlicher Abzugsfähigkeit der Kreditzinszahlungen) den Barwert des Zwei-Perioden-Einkommens ansteigen. Erst wenn eine zusätzliche Kreditaufnahme keine Erhöhung des für Konsumzwecke verwendbaren Einkommens mehr ermöglicht, kann der Nutzen bei optimalem Ausbildungsniveau h^{IT} bezüglich der Konsumgütermengen maximiert werden.

Unter Berücksichtigung der Ergebnisse der Lohnsteueranalyse des Abschnitts 5.5.1 lässt sich daher festhalten:

Proposition 4 *Die effiziente Besteuerung von Humankapital ist durch $\tau^1 = \tau^2 = \tau > 0$, $\alpha = 1$ und $\tau_r = 0$ gewährleistet. Ein first-best optimales Steuersystem wird hierdurch sichergestellt.*

Die obige Analyse macht deutlich, dass der Übergang von einer first-best optimalen Lohnsteuer zur konventionellen SHS-Einkommensteuer (mit zeitinvariantem proportionalem Steuertarif auf Arbeitseinkommen und vollständiger Abzugsfähigkeit der Ausbildungskosten) c.p. zu einer „Überinvestition" in Humankapital führt. Nachteilig wirkt sich ein solcher Steuersystemwechsel

[50] „IT" steht hierbei für „Income Tax".

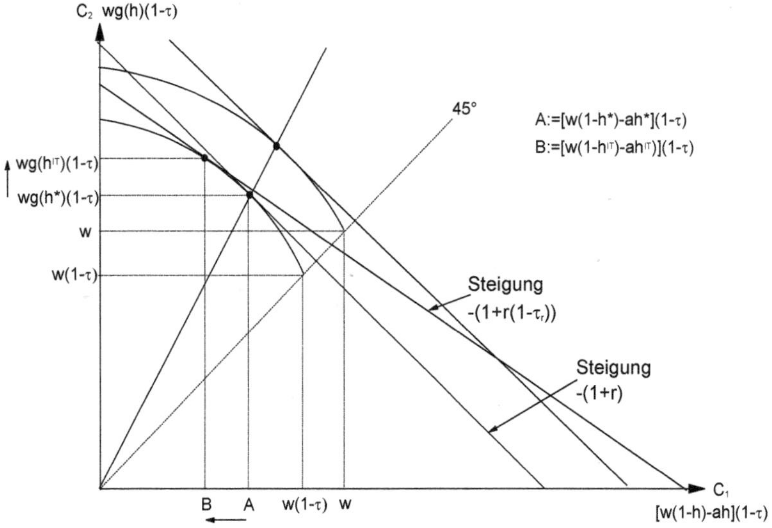

Abbildung 5.6: Humankapitalbildung im Rahmen der konventionellen SHS-Einkommensteuer
(Quelle: In Anlehnung an Davies und St-Hilaire (1987))

auf den Nutzen des betrachteten repräsentativen Individuums aus. Bekanntlich hat die zinssteuerinduzierte Substitution von Zukunfts- durch Gegenwartskonsum (bei substitutionalen Präferenzen bezüglich der betreffenden Güter) eine Zusatzlast zur Folge.[51] Neben dieser Gütersubstitution bewirkt die Zinsbesteuerung in diesem Modellrahmen eine weitere Substitution, die innerhalb des gesamten Transfers von Gegenwarts- in Zukunftskonsum auftritt und die Zusammensetzung des Konsumverzichts in der Ausbildungsphase, die Ersparnisbildung und die Bildung von Humankapital, betrifft. Für die Ersparnisse S gilt:

$$S = w(1-h)(1-\tau^1) - ah(1-\alpha\tau^1) - C_1 \tag{5.53}$$

[51] Vgl. Feldstein (1978), S. S31-S32; Hyman (1999), S. 499-500; Rosen (2002), S. 451-452; Wellisch (2000), S. 112-113.

Differenziert man die Bedingungen erster Ordnung für ein Nutzenmaximum [(5.46)-(5.49)] nach τ_r, erhält man daraus für $\frac{\partial C_1}{\partial \tau_r}$[52]:

$$\frac{\partial C_1}{\partial \tau_r} = \frac{-rU_2}{U_{11} - 2U_{12}(1 + r(1 - \tau_r)) + (1 + r(1 - \tau_r))^2 U_{22}} + \frac{rS\left[U_{12} - U_{22}(1 + r(1 - \tau_r))\right]}{U_{11} - 2U_{12}(1 + r(1 - \tau_r)) + (1 + r(1 - \tau_r))^2 U_{22}} \quad (5.54)$$

mit $U_{11} - 2U_{12}(1 + r(1 - \tau_r)) + (1 + r(1 - \tau_r))^2 U_{22} < 0$ für $U_{12} = U_{21} \geq 0$. Der erste Term dieses Ausdrucks stellt den (positiven) Kreuzsubstitutionseffekt, der zweite den Einkommenseffekt der Zinssteuer auf den Gegenwartskonsum dar. Wird im Nutzenmaximum gespart ($S > 0$), steigt der Gegenwartskonsum infolge einer Erhöhung der Zinssteuer an, wenn der Substitutionseffekt den Einkommenseffekt übersteigt. Im Falle des Entsparens ($S < 0$) ist der Einkommenseffekt positiv (der steuerliche Abzug von Kreditzinszahlungen erhöht durch Anhebung des Steuersatzes auf Zinsen das Einkommen), so dass der Gegenwartskonsum bei gleichgerichtetem Einkommens- und Substitutionseffekt eindeutig ansteigt. Wird (5.53) nach τ_r abgeleitet, ergibt sich:

$$\frac{\partial S}{\partial \tau_r} = -\frac{\partial h}{\partial \tau_r}\left[w(1 - \tau^1) + a(1 - \alpha\tau^1)\right] - \frac{\partial C_1}{\partial \tau_r} \quad (5.55)$$

Wie an (5.55) deutlich wird, übt die Besteuerung von Zinsen in diesem Modellrahmen durch die Stimulierung der Humankapitalbildung und der dadurch verursachten Verringerung des Gegenwartseinkommens einen (für $\frac{\partial C_1}{\partial \tau_r} > 0$ zusätzlichen) negativen Effekt auf die Ersparnisse S aus. Nimmt der Gegenwartskonsum infolge einer Zinssteuererhöhung bzw. -einführung zu, wird die Ersparnisbildung unter Berücksichtigung der einkommens- und nutzenmaximierenden Ausbildungsentscheidung daher „doppelt" diskriminiert.[53] Selbst dann, wenn das betrachtete Individuum im Nutzenmaximum spart und der Einkommenseffekt den Substitutionseffekt der Zinssteuer auf den Gegenwartskonsum dominiert ($\frac{\partial C_1}{\partial \tau_r} < 0$), kann es – anders als im Fall exogener Periodeneinkommen – aufgrund des zunehmenden Ausbildungsniveaus dennoch zu einer Reduktion der Ersparnisbildung kommen.[54] Die Diskriminierung der Ersparnisbildung durch die Besteuerung von Zinsen ist in Abbildung 5.7 graphisch veranschaulicht.[55] Im Rahmen der graphischen Darstellung wird davon ausgegan-

[52]Die Herleitung hierzu befindet sich in Anhang C.

[53]Vgl. hierzu die verbale Darstellung bei Davies und Whalley (1989), S. 2, 7.

[54]Dies ist der Fall solange $-\frac{\partial h}{\partial \tau_r}\left[w(1 - \tau^1) + a(1 - \alpha\tau^1)\right] \leq \frac{\partial C_1}{\partial \tau_r}$ gilt.

[55]Es wird von einem zeitinvarianten proportionalen Steuertarif bei vollständiger Abzugsfähigkeit der Ausbildungskosten ausgegangen.

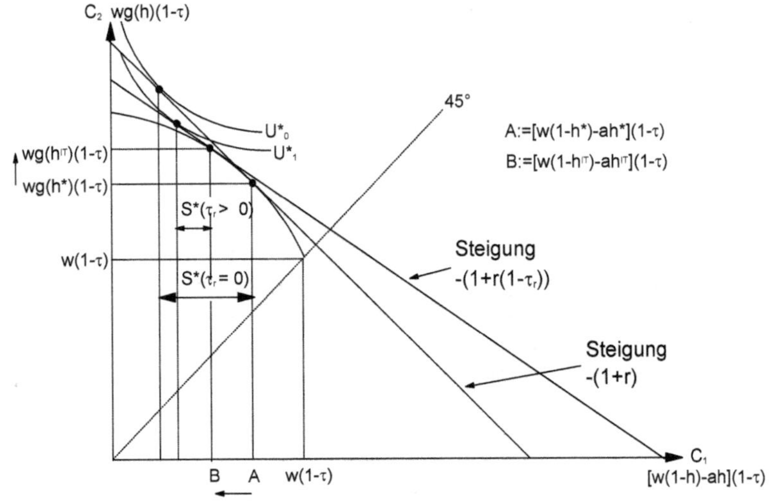

Abbildung 5.7: Diskriminierung der Ersparnisbildung im Rahmen der konventionellen SHS-Einkommensteuer
(Quelle: In Anlehnung an Davies und Whalley (1989))

gen, dass der repräsentative Konsument bei first-best optimaler Besteuerung von Arbeitseinkommen in der Ausbildungsphase spart $[S^*(\tau_r = 0)]$. Werden nun Zinsen besteuert, führt dies einerseits zu einer Ausweitung der Humankapitalbildung. Die dadurch induzierte neue Einkommensallokation ist durch ein geringeres Arbeitseinkommen (netto der Ausbildungskosten und der Steuerzahlung) in der Ausbildungsphase $[(w(1-h^{IT})-ah^{IT})(1-\tau)]$ gekennzeichnet, wodurch es zu einer Verminderung des potenziellen Sparkapitals kommt. Graphisch unterstellt, bewirkt die Zinsbesteuerung andererseits einen Anstieg des Gegenwartskonsums, so dass die Ersparnisbildung – wie weiter oben bereits bemerkt – „doppelt" diskriminiert wird.[56] In der Abbildung ist diese durch $S^*(\tau_r > 0)$ gekennzeichnet.

Die durch die Besteuerung von Zinsen hervorgerufene Zusatzlast als Merkmal einer SHS-Einkommensteuer ist in Abbildung 5.8 dargestellt. Sie entspricht dem durch Substitutionseffekte bedingten vermeidbaren Nutzenverlust, der

[56] In der Abbildung wird daher von Präferenzen ausgegangen, die zur Folge haben, dass der Substitutions- den Einkommenseffekt der Zinssteuer auf den Gegenwartskonsum überwiegt und die Marshall-Nachfrage C_1 zunimmt ($\frac{\partial C_1}{\partial \tau_r} > 0$).

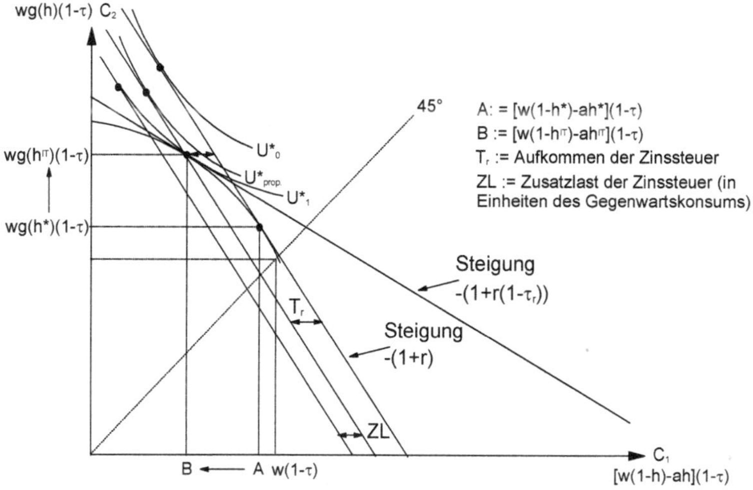

Abbildung 5.8: Die Zusatzlast der konventionellen SHS-Einkommensteuer

daraus resultiert, dass bei gegebenem (Zins-)Steueraufkommen T_r ein höheres individuelles Nutzenniveau (in der Graphik ist dies $U^*_{prop.}$) mittels einer first-best optimalen Lohnsteuer oder einer Pauschsteuer gleichen Steueraufkommens erreichbar gewesen wäre.[57] Formal kann man die Zusatzlast als Differenz der zum Preisvektor p^0 berechneten Ausgabenfunktionswerte einer aufkommensgleichen first-best optimalen Lohnsteuer bzw. Pauschsteuer und der konventionellen SHS-Einkommensteuer ermitteln:

$$ZL = E\Big(p^0, V\big(p^0, I^0 - \bar{T}\big)\Big) - E\Big(p^0, V\big(p^{IT}, I^{IT}\big)\Big) \tag{5.56}$$

$p^{IT} = (1, \frac{1}{1+r(1-\tau_r)})$ stellt den intertemporalen Preisvektor dar, I^{IT} bezeichnet den Gegenwartswert des Nach-Steuer-Einkommenstroms.

[57] In der Abbildung ist angenommen, dass neben Steueraufkommen aus der Zinsbesteuerung auch Steueraufkommen aus einer proportionalen Besteuerung von Arbeitseinkommen erzielt wird. Würde statt der Erhebung von Zinssteuern die Steuer auf Arbeitseinkommen aufkommensneutral erhöht, würde der Nutzen des betrachteten Individuums durch den Wegfall von Konsumsubstitutionseffekten ansteigen. Das Steueraufkommen aus der proportionalen Besteuerung von Arbeitseinkommen ist in der Graphik allerdings nicht integriert, da ansonsten die Wirkungen der Zinsbesteuerung auf die Humankapitalbildung und die Zusatzlast nicht deutlich sichtbar gemacht werden könnten.

Dieser beträgt allgemein:

$$I^{IT}(h^{IT}) = \frac{w\tilde{g}(h^{IT})(1-\tau^2)+(\tau^2-\tau^1)w}{1+r(1-\tau_r)} + w(1-h^{IT})(1-\tau^1) - ah^{IT}(1-\alpha\tau^1)$$

Welchen Einfluss die durch die Zinsbesteuerung induzierte Stimulierung der Humankapitalbildung, die sich als Verzerrung einer „Produktionsentscheidung" darstellt, auf die Höhe der Zusatzlast ausübt, wird im Folgenden verdeutlicht. Um die Zusatzlastwirkung der Humankapitalverzerrung isoliert aufzuzeigen, kann man folgende Vorgehensweise wählen: Man maximiert die indirekte Nutzenfunktion des repräsentativen Individuums bei gegebenem Zinssteuersatz τ_r und gegebenem Steueraufkommen $\bar{T}$ bezüglich der Grenzsteuersätze auf Arbeitseinkommen, τ^1 und τ^2.[58] Die indirekte Nutzenfunktion erhält man durch Substitution der Marshall-Nachfragen $C_1\big(\tau_r, I(\tau_r,\tau^1,\tau^2,\alpha)\big)$ und $C_2\big(\tau_r, I(\tau_r,\tau^1,\tau^2,\alpha)\big)$, die sich aus den Bedingungen erster Ordnung für ein Nutzenmaximum ergeben [Gleichungen (5.46)-(5.49) (S. 121)], in die direkte Nutzenfunktion. Die indirekte Nutzenfunktion ist folglich eine Funktion des Zinssteuersatzes, der Grenzsteuersätze bezüglich Arbeitseinkommen sowie des Abzugsfähigkeitsparameters:

$$V\big(\tau_r, I(\tau^1,\tau^2,\tau_r,\alpha)\big) \tag{5.57}$$

Um ein second-best Optimum bei Zinsbesteuerung mit vorgegebenem Steuersatz τ_r zu bestimmen, wird (5.57) unter der Nebenbedingung eines fixierten Steueraufkommens $\bar{T} = T^1 + \frac{T^2}{1+r} > 0$ mit

$$T^1 = \tau^1\big(w(1-h) - \alpha ah\big)$$

und

$$T^2 = \tau^2 w\tilde{g}(h) - \big(\tau^2-\tau^1\big)w + \tau_r rS$$

bezüglich τ^1 und τ^2 maximiert.[59] Die zu optimierende Lagrange-Funktion lautet in diesem Fall:

$$\begin{aligned} L(\tau_r,\tau^1,\tau^2,\alpha,\mu) &= V\big(\tau_r, I(\tau^1,\tau^2,\tau_r,\alpha)\big) + \mu\Big[\tau^1\big(w(1-h)-\alpha ah\big) \\ &\quad + \frac{\tau^2 w\tilde{g}(h) - \big(\tau^2-\tau^1\big)w + \tau_r rS}{1+r} - \bar{T}\Big] \end{aligned} \tag{5.58}$$

[58] Da die Zusatzlast bei gegebener Zinsbesteuerung nicht verschwindet, handelt es sich um einen second-best Ansatz. Zur Maximierung des Nutzens des repräsentativen Konsumenten bei gegebener Steueraufkommensrestriktion ist die Minimierung der Zusatzlast bei gegebenem Steueraufkommen äquivalent.

[59] Wird bezüglich τ^1, τ^2, τ_r und α optimiert, erhält man $\tau^1 = \tau^2, \tau_r = 0$ und $\alpha = 1$ und somit die Bedingungen der Pauschsteuer bzw. first-best optimalen Lohnsteuer aus Abschnitt 5.5.1. Der Grenznutzen des Einkommens λ stimmt in diesem Fall mit dem Schattenpreis des Steueraufkommens μ überein.

Die notwendigen und hinreichenden Bedingungen für ein second-best Optimum ergeben sich wie folgt:

$$\begin{aligned}\frac{\partial L}{\partial \tau^1} &= \frac{\partial V}{\partial I}\frac{\partial I}{\partial \tau^1} + \mu\Big[w(1-h) - \alpha a h + \frac{w}{1+r} \\ &\quad -\Big(\tau^1(w+\alpha a) - \tau^2\frac{w}{1+r}\frac{\partial \tilde{g}(h)}{\partial h}\Big)\frac{\partial h}{\partial \tau^1} + \frac{\tau_r r}{1+r}\frac{\partial S}{\partial \tau^1}\Big] = 0 \qquad (5.59)\end{aligned}$$

$$\begin{aligned}\frac{\partial L}{\partial \tau^2} &= \frac{\partial V}{\partial I}\frac{\partial I}{\partial \tau^2} + \mu\Big[\frac{w\tilde{g}(h) - w}{1+r} \\ &\quad -\Big(\tau^1(w+\alpha a) - \tau^2\frac{w}{1+r}\frac{\partial \tilde{g}(h)}{\partial h}\Big)\frac{\partial h}{\partial \tau^2} + \frac{\tau_r r}{1+r}\frac{\partial S}{\partial \tau^2}\Big] = 0 \qquad (5.60)\end{aligned}$$

$$\frac{\partial L}{\partial \mu} = \tau^1\big(w(1-h) - \alpha a h\big) + \frac{\tau^2 w\tilde{g}(h) - \big(\tau^2 - \tau^1\big)w + \tau_r r S}{1+r} - \bar{T} = 0 \qquad (5.61)$$

mit $I = w(1-h)(1-\tau^1) - ah(1-\alpha\tau^1) + \frac{w\tilde{g}(h)(1-\tau^2)+(\tau^2-\tau^1)w}{1+r(1-\tau_r)}$ und $\frac{\partial V}{\partial I} = \lambda$.

Unter Berücksichtigung des positiven Steuersatzes auf Zinseinkommen und vollständiger Abzugsfähigkeit der Ausbildungskosten ($\alpha = 1$) ergeben sich nach zahlreichen Umformungen folgende Gleichungen, die im second-best Optimum bei optimaler Wahl der Grenzsteuersätze auf Arbeitseinkommen erfüllt sind[60]:

$$\big(\tau^1 - \tau^2\big)(1+r) + \tau_r r(1-\tau^1) = 0 \qquad (5.62)$$

$$\tau^1\big(w(1-h) - ah\big) + \frac{\tau^2 w\tilde{g}(h) - \big(\tau^2 - \tau^1\big)w + \tau_r r S}{1+r} - \bar{T} = 0 \qquad (5.63)$$

Anhand (5.62) wird ersichtlich, dass für den Fall der Zinsbesteuerung ($\tau_r > 0$) der Steuertarif bezüglich Arbeitseinkommen im second-best Optimum progressiv verlaufen sollte, d.h. im Rahmen dieses Modells $\tau^2 > \tau^1$ zu wählen ist. Die Höhe der Grenzsteuersätze auf Arbeitseinkommen wird dabei bei fixiertem Steuersatz auf Zinseinkommen gemäß der Steueraufkommensrestriktion (5.63) festgelegt. Dieses optimalsteuertheoretische Ergebnis wurde in ähnlicher Weise von Nielsen und Sørensen (1997) sowie Alstadsæter (2001) im Rahmen eines OLG-Modells hergeleitet, um das Nordische System der Einkommensbesteuerung („Duale Einkommensteuer“ bzw. „Dual Income Tax“), welches durch einen konstanten Grenzsteuersatz auf Kapitaleinkommen und eine progessive

[60]Die diesen Ergebnissen zugrunde liegenden Berechnungen findet man in Abschnitt D.1 des Anhangs.

Besteuerung von Arbeitseinkommen charakterisiert ist, unter Effizienzgesichtspunkten zu rechtfertigen.[61] Klar ist jedoch auch, dass dieses – im Unterschied zur synthetischen SHS-Einkommensteuer – analytisch aufgebaute Nordische Steuersystem die Wohlfahrtsverluste der Zinsbesteuerung durch die Steuerprogression auf Arbeitseinkommen lediglich eindämmt und nicht komplett beseitigt. In dem hier zugrunde liegenden Modellrahmen ermöglicht diese Abwandlung der SHS-Einkommensteuer daher lediglich second-best Optimalität.[62]

Ausgehend von der konventionellen SHS-Einkommensteuer mit proportionaler Besteuerung von Arbeitseinkommen, führt – dem Ergebnis des Optimalsteueransatzes folgend – die Einführung eines zeitinvarianten progressiven Steuertarifs bezüglich Arbeitseinkommen zu einer Reduzierung der durch die Zinssteuer verursachten Zusatzlast bzw. zu einer Erhöhung des Nutzenniveaus des repräsentativen Konsumenten bei gegebenem Steueraufkommen. Bei fixiertem Steuersatz auf Zinseinkommen konterkariert die Steuertarifprogression die zinssteuerbedingte „Überinvestition" in Humankapital vollständig.[63] Dies erkennt man leicht, wenn die notwendige Bedingung für die minimierte Zusatzlast [Gleichung (5.62)] umgeformt wird zu[64]:

$$1 + r(1 - \tau_r) = (1 + r)\frac{1 - \tau^2}{1 - \tau^1} \tag{5.64}$$

Substituiert man die rechte Seite von Gleichung (5.64) in die Bedingung für die nutzen- bzw. einkommensmaximierende Wahl des Ausbildungsniveaus [Gleichung (5.48)], erhält man:

$$\frac{w(1 - \tau^2)}{(1 + r)\frac{1-\tau^2}{1-\tau^1}} \frac{\partial \tilde{g}(h)}{\partial h} = w(1 - \tau^1) + a(1 - \alpha\tau^1) \tag{5.65}$$

Bei angenommener vollständiger steuerlicher Abzugsfähigkeit der Ausbildungskosten ergibt sich bezüglich der Humankapitalbildung dann die Bedingung der

[61] Vgl. Nielsen und Sørensen (1997), S. 320; Alstadsæter (2001), S. 11.

[62] Søren B. Nielsen und Peter B. Sørensen weisen darauf hin, dass eine proportionale Lohnsteuer ohne Besteuerung von Kapitaleinkommen – wie im letzten Abschnitt aufgezeigt wurde – eine first-best optimale Besteuerung sicherstellt. Vgl. Nielsen und Sørensen (1997), S. 322. Unter Berücksichtigung der vollständigen steuerlichen Abzugsfähigkeit von Ausbildungskosten wurde dieses Ergebnis in Proposition (4) dieses Abschnitts (S. 123) festgehalten.

[63] Siehe hierzu auch Alstadsæter (2001), S. 12, die im Gegensatz zu Nielsen und Sørensen (1997) die optimalsteuertheoretischen Ergebnisse in einen direkten Zusammenhang zum „Produktionseffizienztheorem" von James A. Mirrlees und Peter A. Diamond stellt.

[64] $(\tau^1 - \tau^2)(1 + r) + \tau_r r(1 - \tau^1) = 0 = (1 - \tau^2)(1 + r) - (1 - \tau^1)(1 + r(1 - \tau_r))$. Aus dieser Umformung der Optimalitätsbedingung (5.62) folgt (5.64).

first-best optimalen Lohnsteuer bzw. Pauschsteuer:

$$\frac{w}{1+r}\frac{\partial \tilde{g}(h)}{\partial h} = w + a \tag{5.66}$$

Unter Berücksichtigung von (5.66) gilt im second-best Optimum schließlich:

$$r(1-\tau_r) = \frac{U_1}{U_2} - 1 = \gamma < \frac{w\frac{\partial \tilde{g}(h)}{\partial h}}{w+a} - 1 = r \tag{5.67}$$

Hieraus wird deutlich, dass bei gegebener Zinssteuer und der daraus hervorgehenden Konsumsubstitutionseffekte die Zusatzlast nur dann minimiert ist, wenn die Entscheidung zur Bildung beruflichen Humankapitals als „Produktionsentscheidung" steuerlich unverzerrt bleibt und die Nach-Steuer-Rendite der Humankapitalinvestition den Nettozinssatz als Nach-Steuer-Rendite der Ersparnisbildung übersteigt. Produktionseffizienz[65] ist daher notwendige Bedingung, um bei – durch die Besteuerung von Zinsen – verzerrten Konsumentscheidungen den Nutzen des repräsentativen Konsumenten unter Einhaltung der Steueraufkommensrestriktion zu maximieren.[66]

Die Implikation der im Rahmen dieses Optimalsteueransatzes hergeleiteten Ergebnisse besteht somit darin, dass die konventionelle SHS-Einkommensteuer – in diesem Modellrahmen mit endogener Bestimmung der Periodeneinkommen über die Bildung von Humankapital – aufgrund ihres zinssteuerbedingt ausbildungsfördernden Einflusses die Zusatzlasten der Besteuerung ansteigen lässt.

5.5.2.2 Ideale SHS-Einkommensteuer

Im Unterschied zur zuvor betrachteten konventionellen SHS-Einkommensteuer bilden nicht die in beiden Perioden kassenmäßig bezogenen Arbeitseinkommen die auf Humankapital bezogene Steuerbasis. Entsprechend der auf Humankapital ausgeweiteten Vermögensrechnung der idealen SHS-Einkommensteuer hat das repräsentative Individuum in der Ausbildungsphase den Reinvermögenszugang von Humankapital zu versteuern, welcher sich in zwei Komponenten aufteilen lässt: Die erste Komponente des Reinvermögenszugangs besteht aus dem

[65] Dass bei gegebener steuerlicher Verzerrung von Konsumentenpreisen (im Rahmen der konventionellen SHS-Einkommensteuer durch die Besteuerung von Zinsen hervorgerufen) die Produzentenpreise steuerlich unverzerrt bleiben sollten, geht auf das „Produktionseffizienztheorem" von Diamond und Mirrlees (1971) zurück.

[66] Eine leicht verständliche Darstellung des „Produktionseffizienztheorems" findet man bei Homburg (2000), S. 188-195. Eine knappe analytische Darstellung bietet Auerbach (1985), S. 100-101.

Gegenwartswert der nicht durch Ausbildung angepassten Arbeitseinkommen $w + \frac{w}{1+r}$. Die zweite Komponente erfasst die Vermögensänderung, die aus der Humankapitalinvestition resultiert. Diese wird berechnet aus der Differenz zwischen Ertragswert und Investitionskosten beruflicher Bildung $\frac{w\tilde{g}(h)-w}{1+r} - (w+a)h$. Ersparnisse werden aus versteuertem Arbeitseinkommen gebildet.[67]

Die Steuerbasis der Erwerbsphase setzt sich aus Finanz- und Humankapitaleinkommen zusammen. Einkommen aus Finanzkapital entspricht den Zinseinkommen rS.[68] Einkommen aus Humankapital ist als Summe aus Arbeitseinkommen $w\tilde{g}(h)$ und Ertragswertänderung des Humankapitals $-\frac{w\tilde{g}(h)}{1+r}$ zu ermitteln.[69] Ausgehend von der Abgrenzung der periodischen Steuerbasen wird im Folgenden die ideale SHS-Einkommensteuer in ihrer Wirkung auf die Humankapitalbildung sowie die Zusatzlast der Besteuerung untersucht. Zur Lösung des Nutzenmaximierungsproblems wird zunächst die intertemporale Budgetrestriktion hergeleitet.

Anknüpfend an die Besteuerung des Reinvermögenszugangs nach der idealen SHS-Einkommensteuer ergibt sich der Gegenwartskonsum als:

$$C_1 = w(1-h) - ah - S - T^1 \tag{5.68}$$

mit Steuerzahlung

$$\begin{aligned} T^1 &= \tau^2\Big[w - (w + \alpha a)h + \frac{w + (w\tilde{g}(h) - w)}{1+r}\Big] - (\tau^2 - \tau^1)w \\ &= \tau^2\Big[w(1-h) - \alpha a h + \frac{w\tilde{g}(h)}{1+r}\Big] - (\tau^2 - \tau^1)w \end{aligned} \tag{5.69}$$

Die Steuerzahlung der Ausbildungsphase wird durch Anwendung des Steuertarifs auf den Gegenwartswert der durch Ausbildung angepassten und für Konsumzwecke (in einer steuerlosen Welt) verfügbaren Einkommen beider Perioden

[67] Bezüglich der steuerlichen Behandlung der Ersparnisbildung entspricht die konventionelle der idealen SHS-Einkommensteuer, was insofern nicht verwundert, als Finanzkapital (und Sachkapital) in beiden Ausgestaltungen der SHS-Einkommensteuer die gleiche steuerliche Behandlung erfährt.

[68] Im Fall negativer Ersparnisse stellen geleistete Zinszahlungen einen Vermögensabgang dar. Wie bei positiver Ersparnisbildung wirkt sich auch die Kreditaufnahme nicht auf den Reinvermögenszugang der Ausbildungsphase aus, da dem Zufluss der Kreditmittel eine Verbindlichkeit in gleicher Höhe gegenübersteht.

[69] $\frac{w\tilde{g}(h)}{1+r}$ stellt den Wert des Humankapitals am Ende der Ausbildungsphase dar und bildet daher die Ertragswertabschreibung in der Erwerbsphase, die vom kassenmäßigen Arbeitseinkommen $w\tilde{g}(h)$ abzuziehen ist, um die auf Humankapital bezogene Steuerbasis zu bestimmen.

bestimmt. Da die Steuerbasis die Progressionsgrenze w übersteigt, beträgt deren Grenzbelastung τ^2. Aus (5.68) und (5.69) erhält man:

$$C_1 = w(1-h)(1-\tau^2) - ah(1-\alpha\tau^2) - \tau^2\frac{w\tilde{g}(h)}{1+r} + (\tau^2-\tau^1)w - S \quad (5.70)$$

Der Konsum der Erwerbsphase beträgt:

$$C_2 = w\tilde{g}(h) + S(1+r) - T^2 \quad (5.71)$$

mit Steuerzahlung[70]

$$T^2 = \tau^1 r\frac{w\tilde{g}(h)}{1+r} + \tau_r rS \quad (5.72)$$

Neben den Zinseinkommen unterliegt – im Gegensatz zur konventionellen SHS-Einkommensteuer – nicht das Arbeitseinkommen $w\tilde{g}(h)$, sondern die kapitaltheoretische Verzinsung des Vorperiodenertragswerts des Humankapitals (der ökonomische Gewinn des Humankapitals) $r\frac{w\tilde{g}(h)}{1+r}$ der Besteuerung.[71] Durch Einsetzen der Steuerzahlung T^2 in (5.71) erhält man:

$$C_2 = w\tilde{g}(h) - \tau^1 r\frac{w\tilde{g}(h)}{1+r} + S\big(1+r(1-\tau_r)\big) \quad (5.73)$$

Wird S aus (5.70) in (5.73) substituiert, ergibt sich zunächst:

$$\begin{aligned} C_2 &= w\tilde{g}(h) - \tau^1 r\frac{w\tilde{g}(h)}{1+r} + \Big[w(1-h)(1-\tau^2) - ah(1-\alpha\tau^2) \\ &- \tau^2\frac{w\tilde{g}(h)}{1+r} + (\tau^2-\tau^1)w - C_1\Big]\big(1+r(1-\tau_r)\big) \end{aligned} \quad (5.74)$$

und schließlich folgende konsolidierte Budgetbeschränkung:

$$\begin{aligned} &\frac{w\tilde{g}(h) - \tau^1 r\frac{w\tilde{g}(h)}{1+r}}{1+r(1-\tau_r)} + w(1-h)(1-\tau^2) - ah(1-\alpha\tau^2) - \tau^2\frac{w\tilde{g}(h)}{1+r} \\ &+(\tau^2-\tau^1)w = C_1 + \frac{C_2}{1+r(1-\tau_r)} \end{aligned} \quad (5.75)$$

[70] Zinsen aus der Finanzkapitalanlage werden wie im Rahmen der im vorherigen Abschnitt behandelten konventionellen SHS-Einkommensteuer zum Steuersatz τ_r versteuert, auch wenn dies einen Verstoß gegen das Syntheseprinzip der SHS-Einkommensteuer darstellt. Die auf Humankapital bezogene Steuerbasis unterliegt dem Steuersatz τ^1, sofern – wie angenommen – $\tilde{g}(h) \leq \frac{1+r}{r}$ gilt. Hiermit ist inhaltlich die Annahme verbunden, dass die optimale Humankapitalbildung zu einem Humankapitalstock $H_2 = \tilde{g}(h)$ in der Erwerbsphase führt, der das $\frac{1+r}{r}$-fache des Humankapitalstocks der Ausbildungsphase nicht übersteigt. Bei einem Marktzinssatz von z.B. $r = 10\,\%$ ist der gebildete Humankapitalstock H_2 kleiner als das 11-fache des ursprünglichen Humankapitalstocks $H_1 = 1$.

[71] Zinseinkommen rS stellen entsprechend die kapitaltheoretische Verzinsung des Vorperiodenertragswerts des Finanz- bzw. Sparkapitals ($\frac{S(1+r)}{1+r} = S$) dar.

Diese intertemporale Budgetbeschränkung lässt sich weiter umformen zu:

$$\frac{w\tilde{g}(h)(1+r) - \tau^1 rw\tilde{g}(h)}{\big(1+r(1-\tau_r)\big)(1+r)} + w(1-h)(1-\tau^2) - ah(1-\alpha\tau^2)$$
$$-\tau^2 \frac{w\tilde{g}(h)}{1+r} + (\tau^2 - \tau^1)w = C_1 + \frac{C_2}{1+r(1-\tau_r)} \tag{5.76}$$

Letztlich erhält man als Budgetbeschränkung:

$$\frac{w\tilde{g}(h)}{1+r}\Big(\frac{1+r(1-\tau^1)}{1+r(1-\tau_r)} - \tau^2\Big) + w(1-h)(1-\tau^2) - ah(1-\alpha\tau^2)$$
$$+(\tau^2 - \tau^1)w = C_1 + \frac{C_2}{1+r(1-\tau_r)} \tag{5.77}$$

Die zu maximierende Lagrange-Funktion lautet daher:

$$\begin{aligned} L(C_1, C_2, h, \lambda) &= U(C_1, C_2) + \lambda\Big[\frac{w\tilde{g}(h)}{1+r}\Big(\frac{1+r(1-\tau^1)}{1+r(1-\tau_r)} - \tau^2\Big) \\ &\quad + w(1-h)(1-\tau^2) - ah(1-\alpha\tau^2) + (\tau^2-\tau^1)w \\ &\quad - C_1 - \frac{C_2}{1+r(1-\tau_r)}\Big] \end{aligned} \tag{5.78}$$

Die notwendigen und hinreichenden Bedingungen für ein Nutzenmaximum ergeben sich als:

$$\frac{\partial L}{\partial C_1} = U_1 - \lambda = 0 \tag{5.79}$$

$$\frac{\partial L}{\partial C_2} = U_2 - \frac{\lambda}{1+r(1-\tau_r)} = 0 \tag{5.80}$$

$$\begin{aligned} \frac{\partial L}{\partial h} &= \lambda\Big[\frac{w}{1+r}\frac{\partial \tilde{g}(h)}{\partial h}\Big(\frac{1+r(1-\tau^1)}{1+r(1-\tau_r)} - \tau^2\Big) \\ &\quad - \big[w(1-\tau^2) + a(1-\alpha\tau^2)\big]\Big] = 0 \end{aligned} \tag{5.81}$$

$$\begin{aligned} \frac{\partial L}{\partial \lambda} = &\ \frac{w\tilde{g}(h)}{1+r}\Big(\frac{1+r(1-\tau^1)}{1+r(1-\tau_r)} - \tau^2\Big) + w(1-h)(1-\tau^2) - ah(1-\alpha\tau^2) \\ &+ (\tau^2-\tau^1)w - C_1 - \frac{C_2}{1+r(1-\tau_r)} = 0 \end{aligned} \tag{5.82}$$

Dividiert man (5.79) durch (5.80), erhält man:

$$\frac{U_1}{U_2} = 1 + r(1-\tau_r) \tag{5.83}$$

Führt man – analog der Vorgehensweise bei der konventionellen SHS-Einkommensteuer – nun (5.81) mit (5.83) zusammen, folgt:

$$\frac{U_1}{U_2} - 1 = r(1 - \tau_r) = \gamma < \frac{w\left(\frac{1+r(1-\tau^1)}{1+r(1-\tau_r)} - \tau^2\right)\frac{\partial \tilde{g}(h)}{\partial h}}{w(1-\tau^2) + a(1-\alpha\tau^2)} - 1 = r \tag{5.84}$$

Wie die konventionelle SHS-Einkommensteuer verzerrt auch die ideale SHS-Einkommensteuer gemäß (5.83) das intertemporale Preisverhältnis. Die Grenzrate der Substitution zwischen Gegenwarts- und Zukunftskonsum wird – bedingt durch die Besteuerung von Zinseinkommen – reduziert.

Die Nettorendite der Humankapitalinvestition wird durch die Zinsbesteuerung nicht abgesenkt. Sie entspricht dem Marktzinssatz r. Ob die ideale SHS-Einkommensteuer die Ausbildungsentscheidung beeinflusst, hängt von der steuerlichen Abzugsfähigkeit von Ausbildungskosten und dem Steuertarif bzw. den Steuersätzen bezüglich Humankapital- und Finanzkapitaleinkommen ab. Bei leitbildkonformer vollständiger steuermindernder Berücksichtigung der Ausbildungskosten ($\alpha = 1$) und gleichem Steuersatz auf Human- und Finanzkapitaleinkommen in der Erwerbsphase ($\tau^1 = \tau_r$) bleibt die Humankapitalbildung steuerlich unverzerrt. In diesem Fall gilt[72]:

$$r(1 - \tau_r) = \frac{U_1}{U_2} - 1 = \gamma < \frac{w\frac{\partial \tilde{g}(h)}{\partial h}}{w + a} - 1 = r \tag{5.85}$$

Die ideale SHS-Einkommensteuer mit proportionalem Steuertarif ($\tau^1 = \tau^2 = \tau_r$) und leitbildkonformer vollständiger steuerlicher Abzugsfähigkeit von Ausbildungskosten ($\alpha = 1$) nimmt daher – anders als die konventionelle SHS-Einkommensteuer – keinen Einfluss auf die Zusammensetzung des gesamten Konsumverzichts der Ausbildungsphase.[73] Dies ist darauf zurückzuführen, dass Einkommen aus Spar- bzw. Finanz- und Humankapital jeweils auf der Grundlage einer Vermögensrechnung bestimmt wird und daher von Seiten der Ermittlung der auf die jeweiligen Kapitaltypen bezogenen Steuerbasen keine verzerrenden Effekte ausgehen. Produktionseffizienz im Sinne steuerlich nicht beeinträchtigter Humankapitalbildung liegt deshalb vor. Eine steuerliche Beeinflussung der Bildung von Humankapital geht dagegen sowohl von der Beschränkung der steuerlichen Abzugsfähigkeit von Ausbildungskosten als auch

[72]Da sowohl die Einnahmen als auch die Ausgaben beruflicher Bildung dem Steuersatz τ^2 unterliegen, ist dieser bezüglich des Marginalkalküls zur Humankapitalbildung (gegeben $\tau^1 = \tau_r$ und $\alpha = 1$) unerheblich.

[73]Notwendig für steuerlich unverzerrte Humankapitalbildung ist – gegeben $\alpha = 1$ – lediglich $\tau^1 = \tau_r$, eine proportionale Besteuerung ist daher hinreichend.

von differenzierten Steuersätzen auf Einkommen aus Spar- und Humankapital in der Erwerbsphase aus. Die Beschränkung der steuerlichen Abzugsfähigkeit von Ausbildungskosten diskriminiert die Humankapitalbildung. Gleiches gilt, wenn in der Erwerbsphase Einkommen aus Humankapital höher steuerlich belastet wird als Einkommen aus Sparkapital ($\tau^1 > \tau_r$). Anders dagegen wird Ausbildung c.p. subventioniert, wenn $\tau^1 < \tau_r$ gegeben ist.[74]

Als Fazit ist festzuhalten, dass die ideale SHS-Einkommensteuer durch die Verzerrung des intertemporalen Preisverhältnisses Zusatzlasten der Besteuerung hervorruft. Im Gegensatz zur konventionellen SHS-Einkommensteuer beeinflusst die ideale SHS-Einkommensteuer ($\alpha = 1$ und $\tau^1 = \tau_r$ vorausgesetzt) die Ausbildungsentscheidung aufgrund der einheitlichen steuerlichen Behandlung von Ersparnisbildung und Humankapitalinvestitionen nicht [siehe Gleichung (5.85)]. Wie im vorherigen Abschnitt anhand der second-best Analyse gezeigt wurde, ist eine steuerlich unverzerrte Humankapitalbildung notwendig, um bei gegebener Besteuerung von Zinsen die Zusatzlast der SHS-Einkommensteuer zu minimieren. Die optimale „Duale Einkommensteuer" führt so – bei gegebenem Steuersatz auf Zinsen und fixiertem Steueraufkommen – zu einer minimalen Zusatzlast, da die Humankapitalbildung hemmende Steuertarifprogression bezüglich Arbeitseinkommen den Humankapitalbildung fördernden Effekt der Besteuerung von Zinsen vollständig kompensiert. Die Steuertarifprogression gleicht somit Steuerbasiseffekte aus, die auf unterschiedliche Ermittlungsmethoden von Einkommen zurückzuführen sind (Kassenrechnung bezüglich Humankapital, Vermögensrechnung bezüglich Sparkapital) und c.p. eine „Überinvestition" in Humankapital bedingen. Im Unterschied zur „Dualen Einkommensteuer" wird die Neutralität bezüglich der Humankapitalbildung und eine minimale Zusatzlast im Rahmen der idealen SHS-Einkommensteuer nicht durch Einführung einer optimalen Steuertarifprogression bewirkt. Stattdessen ist es die einheitliche Anwendung der Vermögensrechnung auf Finanz- bzw. Spar- und Humankapital, die bei gleichen Steuersätzen auf die jeweiligen Steuerbasen und vollständiger Abzugsfähigkeit von Ausbildungskosten Produktionseffizienz gewährleistet und dadurch zu einer minimalen Zusatzlast dieser SHS-Einkommensteuer führt. Dass die Zusatzlast der idealen SHS-Einkommensteuer für $\tau^1 = \tau_r$ und $\alpha = 1$ wie im Fall einer optimalen „Dualen Einkommensteuer" bei fixiertem Steueraufkommen minimal ist, lässt sich durch einen optimalsteuertheoretischen Ansatz zeigen. Wird die indirekte Nutzenfunktion aus (5.57) bezüglich τ^1 und τ^2 unter der Nebenbedingung eines

[74]Eine Beschränkung der steuerlichen Abzugsfähigkeit von Ausbildungskosten kann dem Subventionierungseffekt entgegenwirken und dadurch wiederum die Neutralität der idealen SHS-Einkommensteuer hinsichtlich der Humankapitalbildung herstellen.

vorgegeben Steueraufkommens $\bar{T}$ maximiert, ergeben sich folgende Bedingungen im second-best Optimum[75]:

$$\left(1+\frac{\tau^2}{1-\tau^2}\frac{rw\frac{\partial\tilde{g}(h)}{\partial h}}{(1+r)\big(1+r(1-\tau_r)\big)}\right)(\tau^1-\tau_r)=0 \tag{5.86}$$

und

$$\begin{aligned}&\tau^2\Big(w(1-h)-\alpha ah+\frac{w\tilde{g}(h)}{1+r}\Big)-(\tau^2-\tau^1)w\\&+\frac{\tau^1 r\frac{w\tilde{g}(h)}{1+r}+\tau_r rS}{1+r}-\bar{T}=0\end{aligned} \tag{5.87}$$

Auf dieses Ergebnis, welches die Produktionseffizienz als notwendige Bedingung für eine minimierte Zusatzlast bestätigt, kann auch aus der Übereinstimmung der Bedingung (5.85) mit Bedingung (5.67) geschlossen werden.

Ausgehend von der Ausgestaltung der jeweiligen Steuerbasen ist die ideale SHS-Einkommensteuer der Ausbildungsentscheidung verzerrenden konventionellen SHS-Einkommensteuer effizienztheoretisch vorzuziehen. Ihre steuerpraktische Umsetzung ist allerdings unmöglich, so dass sie auf der Ebene eines theoretischen Referenzmodells anzusiedeln ist.

[75] In Anhang D.2 werden diese Bedingungen ausführlich hergeleitet.

5.5.3 Proportionale und progressive lebenszeitorientierte Einkommensteuer

Bislang wurden die Lohnsteuer sowie die konventionelle und die ideale SHS-Einkommensteuer hinsichtlich ihrer steuerlichen Wirkungen auf die Humankapitalbildung und ihrer Zusatzlasten der Besteuerung untersucht. Im Folgenden ist die lebenszeitorientierte Einkommensteuer Gegenstand der Analyse.

Die lebenszeitorientierte Einkommensteuer ist im Unterschied zur SHS-Einkommensteuer durch die einmalige steuerliche Belastung von Einkommen in lebenszeitlicher Sicht gekennzeichnet. Gewährleistet wird dies durch die steuerliche Behandlung gesparter bzw. investierter Mittel nach der spar- oder der zinsbereinigten Methode der lebenszeitorientierten Einkommensteuer.[76] Konzeptionell kann jede Form des Sparens bzw. Investierens einheitlich sparbereinigt oder zinsbereinigt behandeln. Die Anwendung nur einer Methode zur Umsetzung der lebenszeitorientierten Einkommensteuer ist allerdings aus steuerpraktischen Gründen nicht möglich.[77] Unproblematisch ist dies aber insofern, als eine „Mischung“ der Methoden, d.h. die Anwendung der Spar- und der Zinsbereinigung jeweils auf einige Formen der Kapitalbildung, aufgrund deren steuerlicher Belastungsäquivalenz das Ziel der Einmalbelastung von Einkommen in lebenszeitlicher Sicht nicht gefährdet.

Da in diesem Modellrahmen zwei Formen der Kapitalbildung, Spar- und Humankapitalbildung, existieren, ergeben sich insgesamt vier konzeptionell mögliche Typen einer lebenszeitorientierten Einkommensbesteuerung:

1. die Anwendung der Sparbereinigung auf Spar- und Humankapital,
2. die Anwendung der Zinsbereinigung auf Spar- und Humankapital,
3. die Anwendung der Sparbereinigung auf Humankapital, der Zinsbereinigung auf Sparkapital und
4. die Anwendung der Zinsbereinigung auf Humankapital, der Sparbereinigung auf Sparkapital.

In diesem Abschnitt werden lediglich die ersten beiden Ausgestaltungen der lebenszeitorientierten Einkommensteuer bezüglich ihres Einflusses auf die Humankapitalbildung und ihre Zusatzlasten der Besteuerung untersucht. Beide stellen aufgrund der Anwendung einer einheitlichen Methode auf Ersparnis-

[76] Zur Spar- und zur Zinsbereinigung von Einkommen siehe Abschnitte 2.3.2.2, 2.3.2.3 und 3.4.

[77] Vgl. Boadway (1990), S. 47-50.

und Humankapitalbildung „extreme“ Formen zur Umsetzung des lebenszeitorientierten Einkommensteuerleitbilds dar. Die dritte Form der lebenszeitorientierten Einkommensteuer stimmt in diesem Modellrahmen mit der bereits in Abschnitt 5.5.1 behandelten Lohnsteuer überein und wird deshalb nicht nochmals behandelt. Hinsichtlich der Anwendung der sparbereinigten Methode auf Humankapitalinvestitionen und der zinsbereinigten Methode auf die Ersparnisbildung entspricht sie der in Kapitel 6 betrachteten „Einfachsteuer“ des Heidelberger Steuerkreises als konkreten lebenszeitorientierten Steuerreformvorschlag.[78] Auf den vierten Typ zur Umsetzung der steuerlichen Einmalbelastung von Einkommen wird nicht eingegangen.

5.5.3.1 Sparbereinigte steuerliche Behandlung von Spar- und Humankapital

Wird sowohl Spar- als auch Humankapital sparbereinigt steuerlich behandelt, liegt eine vollständig sparbereinigt ausgestaltete Einkommensteuer mit der Folge der Besteuerung des jeweiligen Periodenkonsums vor.[79]

Weil der Konsum einer Periode den Anknüpfungspunkt der sparbereinigten Einkommensteuer bildet, gilt bei einer Besteuerung des Nach-Steuer-Periodenkonsums mit proportionalen Steuertarif zum Grenzsteuersatz $\hat{\tau}$ in der Ausbildungsphase[80]:

$$C_1 = w(1-h) - ah - S - \hat{\tau}C_1 \tag{5.88}$$

Aus (5.88) wird:

$$(1+\hat{\tau})C_1 = w(1-h) - ah - S \tag{5.89}$$

[78] Anders als nach der in diesem Kapitel untersuchten Lohn- bzw. Arbeitseinkommensteuer sind im Rahmen der „Einfachsteuer“ Zinseinkommen lediglich in Höhe eines marktüblichen Niveaus steuerfrei. Konzeptionell werden gemäß der „Einfachsteuer“ somit Überrenditen von Spar- bzw. Investitionskapital besteuert. Da Überrenditen aus Ersparnisbildung im Rahmen dieses Modells nicht existieren (die Rendite der Ersparnisbildung stimmt mit dem Marktzinssatz r überein), fallen die Steuerbasen dieser Ausprägung der lebenszeitorientierten Einkommensteuer und der Lohnsteuer zusammen.

[79] In dieser Hinsicht stimmt die vollständig sparbereinigte lebenszeitorientierte Einkommensteuer mit der persönlichen Konsumausgabensteuer Kaldors überein. Siehe Abschnitt 2.3.1.

[80] Die Steuerbasis, auf die der Steuersatz $\hat{\tau}$ angewandt wird, beinhaltet keine Steuerzahlungen. Insofern wird in diesem Fall von einer steuerexklusiven Steuerbasis (in der angloamerikanischen Literatur „tax-exclusive basis“) gesprochen.

Für den Zukunftskonsum C_2 erhält man:

$$C_2 = w\tilde{g}(h) + S(1+r) - \hat{\tau}C_2 \tag{5.90}$$

bzw.

$$(1+\hat{\tau})C_2 \;=\; w\tilde{g}(h) + \big[w(1-h) - ah - (1+\hat{\tau})C_1\big](1+r) \tag{5.91}$$

Aus (5.91) ergibt sich die konsolidierte Budgetbeschränkung:

$$\frac{w\tilde{g}(h)}{1+r} + w(1-h) - ah = (1+\hat{\tau})\Big[C_1 + \frac{C_2}{1+r}\Big] \tag{5.92}$$

Die sparbereinigte Einkommensteuer lässt sich alternativ auch auf der Grundlage einer periodischen Steuerbasis, die die Steuerzahlungen enthält, darstellen.[81] Diese Darstellungsform bietet sich aufgrund der Vergleichbarkeit mit der in Abschnitt 5.5.1 behandelten Lohnsteuer an. Um die Steuerbasis der Ausbildungsphase, d.h. den Periodenkonsum (inklusive der Steuerzahlung) zu erhalten, müssen positive Ersparnisse vom Arbeitseinkommen abgezogen (negative Ersparnisse dem Arbeitseinkommen hinzugefügt) und die Ausbildungskosten ebenfalls steuermindernd angesetzt werden.[82] Für den Gegenwartskonsum gilt:

$$C_1 = [w(1-h) - ah - S](1-\tau) \tag{5.93}$$

τ kennzeichnet nun den Grenzsteuersatz bezüglich der die Steuerzahlung enthaltenden Steuerbasis. Der Zukunftskonsum ist gegeben durch:

$$C_2 = \big[w\tilde{g}(h) + S(1+r)\big](1-\tau) \tag{5.94}$$

Neben dem von der Humankapitalbildung abhängigen Arbeitseinkommen geht die Auflösung der Ersparnisse inklusive der Zinsen positiv in die Steuerbasis der Erwerbsphase ein. Dagegen führt die Tilgung eines Kredits nebst Kreditzinsen zu einer Reduzierung der Steuerbasis. Wird S aus (5.93) in (5.94) substituiert, erhält man nach Umformung die intertemporale Budgetrestriktion:

$$(1-\tau)\Big[\frac{w\tilde{g}(h)}{1+r} + w(1-h) - ah\Big] = C_1 + \frac{C_2}{1+r} \tag{5.95}$$

[81] In der anglo-amerikanischen Literatur wird in diesem Fall von einer „tax-inclusive basis" (steuerinklusiven Steuerbasis) gesprochen.

[82] Es wird wiederum davon ausgegangen, dass Ausbildungskosten keine Konsumausgaben darstellen und diese daher nicht im Periodenkonsum als Steuerbasis enthalten sind.

Gleichungen (5.92) und (5.95) sind für $\hat{\tau} = \frac{\tau}{1-\tau}$ bzw. $\tau = \frac{\hat{\tau}}{1+\hat{\tau}}$ äquivalent.[83] Aufgrund der kleineren Besteuerungsbasis ist $\hat{\tau}$ bei gegebenem Steueraufkommen größer als τ. Wie man an den Budgetrestriktionen (5.92) und (5.95) erkennt, führt die Anwendung eines proportionalen Tarifs auf die jeweilige periodische Steuerbasis unter Berücksichtigung der vollständigen steuerlichen Abzugsfähigkeit von Ausbildungskosten weder zu Verzerrungen des intertemporalen Preisverhältnisses noch zu einer steuerinduzierten Änderung der Ausbildungsentscheidung gegenüber der Pauschsteuer bzw. first-best optimalen Lohnsteuer.[84] Zusatzlasten der Besteuerung werden nicht erzeugt.

Im Folgenden wird analysiert, wie sich die Steuertarifprogression und die Beschränkung der Abzugsfähigkeit von Ausbildungskosten im Rahmen der sparbereinigten Einkommensteuer auf die Humankapitalbildung und die Zusatzlast der Besteuerung auswirkt. Spar- und Entsparvorgänge beeinflussen im Rahmen der sparbereinigten Einkommensteuer – wie an (5.93) und (5.94) ersichtlich ist – die Steuerbasis. Bei Steuertarifprogression führt dies dazu, dass abhängig von der Höhe der Ersparnisbildung bzw. der Kreditaufnahme in der Ausbildungsphase, Fallunterscheidungen bezüglich der Steuerzahlungen in beiden Perioden vorzunehmen sind.[85] Für den Gegenwartskonsum gilt:

$$C_1 = w(1-h) - ah - S - T^1 \tag{5.96}$$

mit Steuerzahlung

$$T^1 = \begin{cases} \tau^1\big[w(1-h) - S - \alpha ah\big] & \text{für} \quad S \geq -(hw + \alpha ah) \\ \tau^2\big[w(1-h) - S - \alpha ah\big] - \big(\tau^2 - \tau^1\big)w & \text{für} \quad S < -(hw + \alpha ah) \end{cases}$$

Der Zukunftskonsum ist allgemein gegeben durch:

$$C_2 = w\tilde{g}(h) + S(1+r) - T^2 \tag{5.97}$$

mit Steuerzahlung

$$T^2 = \begin{cases} \tau^2\big[w\tilde{g}(h) + S(1+r)\big] - \big(\tau^2 - \tau^1\big)w & \text{für} \quad S \geq -\big(\frac{w\tilde{g}(h)-w}{1+r}\big) \\ \tau^1\big[w\tilde{g}(h) + S(1+r)\big] & \text{für} \quad S < -\big(\frac{w\tilde{g}(h)-w}{1+r}\big) \end{cases}$$

[83] Dies ist ersichtlich, wenn zum einen in (5.92) $\hat{\tau}$ durch $\frac{\tau}{1-\tau}$ ersetzt wird und daraus nach Umformung (5.95) resultiert und zum anderen in (5.95) τ durch $\frac{\hat{\tau}}{1+\hat{\tau}}$ substituiert wird und hieraus (5.92) folgt.

[84] Aus der Maximierung der in (5.1) gegebenen Nutzenfunktion ergeben sich unter der Nebenbedingung der jeweiligen intertemporalen Budgetrestriktion [(5.92) bzw. (5.95)] die Nutzenmaximierungsbedingungen einer aufkommensgleichen Pauschsteuer: $\frac{U_1}{U_2} = 1 + r$ und $\frac{w}{1+r}\frac{\partial \tilde{g}(h)}{\partial h} = w + a$.

[85] Wird in der Ausbildungsphase z.B. ein die Steuerbasis erhöhender Kredit aufgenommen, kann dies zur Folge haben, dass die Steuerbasis die Progressionsgrenze w überschreitet und die Grenzbelastung τ^2 beträgt.

Unter Verwendung der Gleichungen (5.96) und (5.97) ergibt sich folgende, über drei Abschnitte definierte, Budgetbedingung, die das betrachtete Individuum bei der Maximierung seiner intertemporalen Nutzenfunktion berücksichtigen muss:

Abschnitt 1:

$$\begin{aligned}\frac{C_2}{1+r}+\frac{1-\tau^2}{1-\tau^1}C_1 &= \left[\frac{w\tilde{g}(h)}{1+r}+w(1-h)-ah\frac{1-\alpha\tau^1}{1-\tau^1}\right](1-\tau^2)\\ &+\frac{(\tau^2-\tau^1)w}{1+r} \end{aligned} \tag{5.98}$$

für $S \geq -(hw+\alpha ah)$[86].

Abschnitt 2:

$$\begin{aligned}\frac{C_2}{1+r}+C_1 &= \left[\frac{w\tilde{g}(h)}{1+r}+w(1-h)-ah\frac{1-\alpha\tau^2}{1-\tau^2}+\frac{(\tau^2-\tau^1)w}{1-\tau^2}\right](1-\tau^2)\\ &+\frac{(\tau^2-\tau^1)w}{1+r} \end{aligned} \tag{5.99}$$

für $-\left(\frac{w\tilde{g}(h)-w}{1+r}\right) \leq S < -(hw+\alpha ah)$.

Abschnitt 3:

$$\begin{aligned}\frac{C_2}{1+r}+C_1\frac{1-\tau^1}{1-\tau^2} &= \left[\frac{w\tilde{g}(h)}{1+r}+w(1-h)-ah\frac{1-\alpha\tau^2}{1-\tau^2}\right.\\ &\left.+\frac{(\tau^2-\tau^1)w}{1-\tau^2}\right](1-\tau^1) \end{aligned} \tag{5.100}$$

für $S < -\left(\frac{w\tilde{g}(h)-w}{1+r}\right)$.

[86] Damit ist sichergestellt, dass S ebenfalls größer ist als $-(\frac{w\tilde{g}(h)-w}{1+r})$ und die marginale Steuerbasis der 2. Periode der Grenzbelastung τ^2 unterliegt. $-(hw+\alpha ah) > -(\frac{w\tilde{g}(h)-w}{1+r})$ ist erfüllt, da sich der Vor-Steuer-Einkommenstrom aus dem nicht durch Ausbildung angepassten Einkommenstrom beider Perioden $w+\frac{w}{1+r}$ und dem (bei abnehmenden Grenzerträgen der Ausbildung und Geltung der Inada-Bedingungen) positiven Gegenwartswert der Humankapitalinvestition $\frac{w\tilde{g}(h)-w}{1+r}-(w+a)h$ zusammensetzt.

Anhand der Gleichungen (5.98) bis (5.100) erkennt man die unterschiedlichen intertemporalen Preisverhältnisse $\frac{p_1}{p_2}$, die im Nutzenmaximum – je nach Präferenz des repräsentativen Konsumenten für Gegenwarts- und Zukunftskonsum – vorliegen:

$$\frac{p_1}{p_2} = \begin{cases} (1+r)\frac{1-\tau^2}{1-\tau^1} < 1+r & \text{für} \quad S \geq -(hw + \alpha ah) \\ 1+r \quad \text{für} \quad -\left(\frac{w\tilde{g}(h)-w}{1+r}\right) \leq S < -(hw+\alpha ah) & \\ (1+r)\frac{1-\tau^1}{1-\tau^2} > 1+r & \text{für} \quad S < -\left(\frac{w\tilde{g}(h)-w}{1+r}\right) \end{cases} \tag{5.101}$$

Eine progressive vollständig sparbereinigte Einkommensteuer begründet somit eine abschnittsweise definierte Einkommensrestriktion, deren einzelne Abschnitte sich durch das jeweils geltende intertemporale Preisverhältnis voneinander unterscheiden. Je nachdem, in welchem Abschnitt das Individuum sein maximales Nutzenniveau erreicht und sich dementsprechend die optimale Ersparnis bzw. Entsparnis einstellt, ist ein spezifisches Preisverhältnis bindend. Besitzt das betrachtete Individuum eine Präferenz für Zukunftskonsum und spart daher in der Ausbildungsphase, ist das relative Preisverhältnis zwischen Gegenwarts- und Zukunftskonsum progressionsbedingt kleiner als $1 + r$ (Abschnitt 1). Die Ersparnisbildung senkt die Steuerbasis in der Ausbildungs- und erhöht sie in der Erwerbsphase, so dass Zukunftskonsum eine vergleichsweise höhere steuerliche Belastung als Gegenwartskonsum erfährt. Die durch die Besteuerung hervorgerufene relative Preisänderung löst Konsumsubstitutionseffekte aus, die eine Zusatzlast hervorrufen. Eine Verzerrung des intertemporalen Preisverhältnisses und somit eine Zusatzlast der Besteuerung liegt ebenfalls vor, wenn eine Kreditaufnahme dazu führt, dass der Gegenwartskonsum steuerlich höher belastet wird als der Zukunftskonsum und das relative Preisverhältnis größer als $1 + r$ ist (Abschnitt 3). Steuerpflichtiges Entsparen hat dann nämlich zur Folge, dass die marginale Steuerbasis der Ausbildungsphase dem Grenzsteuersatz τ^2 unterliegt, während die zukünftige Steuerbasis die Progressionsgrenze w unterschreitet und daher die niedrigere Grenzbelastung τ^1 zur Anwendung kommt. Keine Zusatzlast der Besteuerung wird hervorgerufen, wenn die Kreditaufnahme in der Ausbildungsphase in beiden Perioden jeweils Steuerbasen erzeugt, die die Progressionsgrenze w unterschreiten und das intertemporale Preisverhältnis steuerlich nicht beeinträchtigt wird (Abschnitt 2).

Die Steuertarifprogression verzerrt (grundsätzlich) das intertemporale Preisverhältnis, lässt aber die Ausbildungsentscheidung unberührt. Dies wird deutlich, wenn die einzelnen Abschnitte der Einkommensrestriktion [(5.98) bis (5.100)] bezüglich der Ausbildungsvariablen h maximiert werden.

Bei vollständiger Abzugsfähigkeit der Ausbildungskosten ($\alpha = 1$) erhält man in allen drei Fällen:

$$\frac{w}{1+r}\frac{\partial \tilde{g}(h)}{\partial h} - (w+a) = 0 \tag{5.102}$$

Dieses Ergebnis ist auf die einheitliche steuerliche Behandlung der Ersparnis- und Humankapitalbildung zurückzuführen. Die Humankapitalbildung ist daher im Rahmen der sparbereinigten Einkommensteuer neutral bezüglich der Steuertarifprogression. Beide Formen der Kapitalbildung gehen in gleicher Weise in die Steuerbasis der Ausbildungsphase ein. Positive Ersparnisse und Ausbildungskosten sind steuerlich abzugsfähig, so dass die aufgebrachten Mittel steuerbedingt jeweils um den gleichen Steuerfaktor $(1 - \tau^i)$ $(i = 1, 2)$ geringer ausfallen. In der Erwerbsphase zählen die Einnahmen beider Anlageformen – das ist zum einen der ausbildungsbedingte Anstieg des Arbeitseinkommens und zum anderen (bei positiver Ersparnisbildung) die Auflösung des gesparten Kapitals zuzüglich der Zinsen hierauf – zur Steuerbasis und werden durch die Besteuerung ebenfalls jeweils um den gleichen Steuerfaktor $(1-\tau^i)$ gekürzt. Da Grenzerträge und Grenzkosten der Ersparnis- und der Humankapitalbildung im Rahmen der vollständig sparbereinigten Einkommensteuer daher in gleicher Weise beeinflusst werden, hat dies eine steuerlich unverzerrte Aufteilung des gesamten Konsumverzichts der ersten Periode zur Folge. Zusatzlasten der Besteuerung existieren diesbezüglich insofern nicht.

Zusatzlasten entstehen allerdings dann, wenn der steuerliche Abzug der Ausbildungskosten beschränkt wird ($\alpha < 1$). In diesem Fall werden die Grenzkosten der Ausbildung um weniger als die der Ersparnisbildung reduziert und die Humankapitalbildung aufgrund ihrer vergleichsweise höheren steuerlichen Belastung gegenüber der Ersparnisbildung diskriminiert. Der dann auftretende Effekt der Substitution von Ausbildung durch die Bildung von Ersparnissen begründet – wie in Abschnitt 5.5.1 dargestellt wurde – neben den potenziell auftretenden Zusatzlasten aus der steuerlichen Beeinflussung des Preisverhältnisses von Gegenwarts- und Zukunftskonsum weitere Wohlfahrtsverluste, die auf die Verzerrung der „Humankapital-Produktionsentscheidung“ zurückzuführen sind.

Zusammenfassend lässt sich folgende Proposition bezüglich der Wirkungen einer vollständig sparbereinigt ausgestalteten lebenszeitorientierten Einkommensteuer auf die Humankapitalbildung und die Zusatzlasten der Besteuerung aufstellen:

Proposition 5 *Liegt ein Proportionaltarif vor ($\tau^1 = \tau^2 = \tau$) und sind Ausbildungskosten vollständig steuerlich abzugsfähig ($\alpha = 1$), ist die first-best Optimalität der vollständig sparbereinigten Einkommensteuer gewährleistet. Ist der*

Steuertarif dagegen progressiv ausgestaltet ($\tau^2 > \tau^1$), können Zusatzlasten begründende Verzerrungen des intertemporalen Preisverhältnisses auftreten. Die Neutralität der Besteuerung hinsichtlich der Humankapitalbildung ist bei Steuertarifprogression (gegeben $\alpha = 1$) allerdings sichergestellt. Die Beschränkung der steuerlichen Abzugsfähigkeit von Ausbildungskosten ($\alpha < 1$) führt zu einer Diskriminierung der Humankapitalbildung und begründet hierdurch Wohlfahrtsverluste der Besteuerung.

5.5.3.2 Zinsbereinigte steuerliche Behandlung von Spar- und Humankapital

Wird sowohl Spar- als auch Humankapital zinsbereinigt steuerlich behandelt, liegt eine vollständige zinsbereinigt ausgestaltete Einkommensteuer vor. Die zinsbereinigte Ermittlung der Steuerbasis lässt wegen der fehlenden vollständigen steuerlichen Abzugsfähigkeit gesparter bzw. investierter Beträge in der Periode der Kapitalbildung bereits Steuerbelastungen zukünftigen Konsums entstehen. Zukunftskonsum wird – im Gegensatz zur vollständig sparbereinigten Einkommensteuer – (zumindest partiell) vorgelagert besteuert.[87] Die zinsbereinigte Methode zur Umsetzung der lebenszeitorientierten Einkommensteuer wird – wie in Kapitel 2 (S. 30) erwähnt wurde – daher auch als „Steuervorauszahlungsansatz“ bzw. „Prepayment Tax Approach“ bezeichnet.

Im Rahmen dieses Modells bedeutet die Anwendung der zinsbereinigten Methode auf Spar- und Humankapital, dass neben der Ersparnisbildung auch die Kosten der Humankapitalinvestition in der Ausbildungsphase nicht bzw. nicht vollständig steuermindernd angesetzt werden können. Werden Ausbildungskosten ah und ausbildungsbedingt entgangene Einkommen hw (Zeit-/Opportunitätskosten der Humankapitalbildung) als steuerlich relevante Kosten einer Humankapitalinvestition angesehen und behandelt man diese wie die Anschaffungs-/Herstellungskosten einer unternehmerischen Sachkapitalinvestition zinsbereinigt, ergibt sich für den Konsum der Ausbildungsphase daher[88]:

[87] Bei der Bildung von Ersparnissen aus versteuertem Arbeitseinkommen wird zukünftiger Konsum vollständig vorgelagert besteuert. Anders dagegen wird Zukunftskonsum nur teilweise vorgelagert besteuert, wenn bei Vornahme unternehmerischer Sachkapitalinvestitionen bereits in der Anschaffungsperiode Abschreibungen steuermindernd angesetzt werden können.

[88] Werden steuerpflichtige Einnahmen kassenmäßig bestimmt, ist entgangenes Einkommen durch dessen Nichterfassung als Einnahmen in der Steuerbasis effektiv sofort steuerlich abzugsfähig. Diesem Ansatz wird hier allerdings nicht gefolgt, sondern stattdessen allgemeiner neben den Ausbildungs- auch die Zeit-/Opportunitätskosten als Investitionskosten zinsbereinigt steuerlich behandelt.

$$C_1 = w(1-h) - ah - S - T^1 \tag{5.103}$$

mit Steuerzahlung

$$T^1 = \tau^1\big[w - (hw + \alpha ah)\beta\big] \tag{5.104}$$

Hierbei stellt β $(0 \leq \beta < 1)$ den Anteil der in der Ausbildungsphase (effektiv) steuerlich abzugsfähigen Investitionskosten dar.[89] Grundsätzlich wird wiederum davon ausgegangen, dass Ausbildungskosten nur beschränkt steuerlich zum Abzug zugelassen sind $(0 \leq \alpha \leq 1)$. Substituiert man (5.104) in (5.103), erhält man für den Gegenwartskonsum:

$$C_1 = w(1-\tau^1) - hw(1-\beta\tau^1) - ah(1-\alpha\beta\tau^1) - S \tag{5.105}$$

Der Zukunftskonsum ist gegeben durch:

$$C_2 = w\tilde{g}(h) + S(1+r) - T^2 \tag{5.106}$$

Die Steuerbasis der Erwerbsphase umfasst neben dem Arbeitslohn w die Einnahmen aus der Humankapitalinvestition $w\tilde{g}(h) - w$ unter Abzug der mit dem Schutzzinssatz (=Marktzinssatz) r verzinsten und in der Ausbildungsphase noch nicht steuermindernd berücksichtigten Investitionskosten $(1-\beta)\big[hw + \alpha ah\big](1+r)$. Bei positivem Kapitalwert der Humankapitalinvestition[90] und gegebener Progressionsgrenze w unterliegt die marginale Steuerbasis dem Grenzsteuersatz τ^2. Die Steuerzahlung der Erwerbsphase beträgt:

$$T^2 = \tau^2\big[w + (w\tilde{g}(h) - w) - (1-\beta)\big(hw + \alpha ah\big)(1+r)\big] - (\tau^2 - \tau^1)w \tag{5.107}$$

Wird eine Humankapitalinvestition steuerlich wie Ersparnisbildung behandelt und gilt dementsprechend $\beta = 0$, ist in der Erwerbsphase bei leitbildkonformer (barwertmäßig) vollständiger Abzugsfähigkeit der Ausbildungskosten das Arbeitseinkommen w zuzüglich der Überrendite der Humankapitalinvestition $w\tilde{g}(h) - w - (hw + ah)(1+r)$ zu versteuern.[91]

[89] β kann zinsbereinigt nicht den Wert 1 annehmen, da in diesem Fall eine sparbereinigte steuerliche Behandlung von Humankapitalinvestitionen gegeben wäre. Für $\beta = 0$ wird die Humankapitalinvestition wie die Bildung von Ersparnissen vollständig aus versteuertem Arbeitseinkommen der Ausbildungsphase $w(1-\tau^1)$ getätigt.

[90] Der Kapitalwert der Humankapitalinvestition beträgt $\frac{w\tilde{g}(h)-w}{1+r} - (hw + ah)$. Bei unterstellten abnehmenden Grenzerträgen der Produktionsfunktion für Humankapital $\tilde{g}(h)$ und der Gültigkeit der in Fußnote 6 angegebenen Bedingungen ist dieser bei nutzenmaximierender Ausbildungsentscheidung positiv.

[91] $w\tilde{g}(h) - w$ stellt Rückfluss und Rendite der Humankapitalinvestition dar und stimmt mit $(hw + ah)(1 + \bar{r})$ überein, wenn $\bar{r}$ die effektive Investitionsrendite bezeichnet. Die Überrendite der Humankapitalinvestition kann daher auch als $(hw+ah)\big[(1+\bar{r})-(1+r)\big] = (\bar{r} - r)(hw + ah)$ berechnet werden.

Nach Substitution von S aus (5.105) und T^2 aus (5.107) in (5.106) erhält man:

$$\begin{aligned} C_2 &= w\tilde{g}(h)(1-\tau^2) + \tau^2(1-\beta)\big(hw + \alpha a h\big)(1+r) \\ &+ (\tau^2 - \tau^1)w + \Big[w(1-\tau^1) - hw(1-\beta\tau^1) \\ &- ah(1-\alpha\beta\tau^1) - C_1\Big](1+r) \end{aligned} \tag{5.108}$$

Durch Umformung von (5.108) wird folgende intertemporale Budgetrestriktion ermittelt:

$$\begin{aligned} &\frac{w\tilde{g}(h)(1-\tau^2) + (\tau^2-\tau^1)w}{1+r} + w(1-\tau^1) \\ &-hw\big(1 - (\beta\tau^1 + (1-\beta)\tau^2)\big) - ah\big(1 - \alpha(\beta\tau^1 + (1-\beta)\tau^2)\big) \\ &= C_1 + \frac{C_2}{1+r} \end{aligned} \tag{5.109}$$

Definiert man $\bar{\tau}$ als gewichteten Grenzsteuersatz $\beta\tau^1 + (1-\beta)\tau^2$, lautet die zu maximierende Lagrange-Funktion:

$$\begin{aligned} L(C_1, C_2, h, \lambda) &= U(C_1, C_2) + \lambda\Big[\frac{w\tilde{g}(h)(1-\tau^2) + (\tau^2-\tau^1)w}{1+r} + w(1-\tau^1) \\ &\quad -\Big(hw + ah\frac{1-\alpha\bar{\tau}}{1-\bar{\tau}}\Big)(1-\bar{\tau}) - C_1 - \frac{C_2}{1+r}\Big] \end{aligned} \tag{5.110}$$

Die notwendigen und hinreichenden Bedingungen für ein Nutzenmaximum ergeben sich als:

$$\frac{\partial L}{\partial C_1} = U_1 - \lambda = 0 \tag{5.111}$$

$$\frac{\partial L}{\partial C_2} = U_2 - \frac{\lambda}{1+r} = 0 \tag{5.112}$$

$$\frac{\partial L}{\partial h} = \lambda\Big[\frac{w(1-\tau^2)}{1+r}\frac{\partial \tilde{g}(h)}{\partial h} - \Big(w + a\frac{1-\alpha\bar{\tau}}{1-\bar{\tau}}\Big)(1-\bar{\tau})\Big] = 0 \tag{5.113}$$

$$\begin{aligned} \frac{\partial L}{\partial \lambda} &= \frac{w\tilde{g}(h)(1-\tau^2) + (\tau^2-\tau^1)w}{1+r} + w(1-\tau^1) \\ &\quad -\Big(hw + ah\frac{1-\alpha\bar{\tau}}{1-\bar{\tau}}\Big)(1-\bar{\tau}) - C_1 - \frac{C_2}{1+r} = 0 \end{aligned} \tag{5.114}$$

Die vollständig zinsbereinigte Einkommensteuer mit progressivem Steuertarif lässt – anders als die im vorherigen Abschnitt betrachtete progressiv ausgerichtete sparbereinigte Einkommensteuer – das intertemporale Preisverhältnis zwischen Gegenwarts- und Zukunftskonsum unbeeinflusst. Aus den Nutzenmaximierungsbedingungen (5.111) und (5.112) resultiert nämlich:

$$\frac{U_1}{U_2} = 1 + r \tag{5.115}$$

Führt man (5.115) mit (5.113) zusammen, folgt:

$$\frac{U_1}{U_2} - 1 = \gamma = r = \frac{w(1-\tau^2)\frac{\partial \tilde{g}(h)}{\partial h}}{w(1-\bar{\tau}) + a(1-\alpha\bar{\tau})} - 1 \tag{5.116}$$

Wie an (5.113) und (5.116) deutlich wird, führen die Steuertarifprogression (gegeben $\beta > 0$) und/oder die Begrenzung der steuerlichen Abzugsfähigkeit von Ausbildungskosten zu einer Diskriminierung der Humankapitalbildung. Es gilt daher $h^{ZB} < h^*$.[92] Im Vergleich zur in Abschnitt 5.5.1 behandelten progressiven Lohnsteuer ist der Progressionseffekt auf die Ausbildungsentscheidung allerdings weniger ausgeprägt, da ein positiver Anteil $1-\beta$ der gesamten Investitionskosten in Humankapital in der zweiten Periode Berücksichtigung findet und daher zu dem höheren Grenzsteuersatz τ^2 steuerlich entlastet wird. Sind die verzinsten Zeit- und Ausbildungskosten vollständig in der Erwerbsphase steuerlich abzugsfähig ($\beta = 0$), werden diese zum gleichen Grenzsteuersatz τ^2 subventioniert wie die Einnahmen der Humankapitalinvestition besteuert werden. Die Steuertarifprogression wirkt sich in diesem Fall (gegeben $\alpha = 1$) nicht auf die Ausbildungsentscheidung aus. Folglich gilt: Je kleiner der Anteil β der in der Ausbildungsphase steuerlich abzugsfähigen Investitionskosten ist, um so größer ist der gewichtete Grenzsteuersatz[93] $\bar{\tau}$ und um so geringer ist die steuerliche Diskriminierung der Humankapitalbildung.[94] Anders als die Steuertarifprogression führt die Beschränkung der steuerlichen Abzugsfähigkeit der Ausbildungskosten ausnahmslos zu einem suboptimalen Ausbildungsniveau. Wird die Bildung von Humankapital durch die Steuertarifprogression und/oder die Abzugsfähigkeitsbeschränkung im Vergleich zur Pauschsteuer bzw. first-best optimalen Lohnsteuer diskriminiert, resultiert ein Vor-Steuer-Einkommenstrom, der kleiner ist als der einer first-best optimalen Lohnsteuer:

$$\frac{w\tilde{g}(h^{ZB})}{1+r} + w(1-h^{ZB}) - ah^{ZB} < \frac{w\tilde{g}(h^*)}{1+r} + w(1-h^*) - ah^* \tag{5.117}$$

[92] „ZB“ steht für Zinsbereinigung.

[93] Dies folgt bei Steuertarifprogression ($\tau^2 > \tau^1$) aus $\frac{d\bar{\tau}}{d\beta} = \tau^1 - \tau^2 < 0$.

[94] Dies wird durch das Ergebnis der komparativ-statischen Analyse $\frac{dh}{d\bar{\tau}} = -\frac{(1+r)(w+\alpha a)}{w(1-\tau^2)\frac{\partial^2 \tilde{g}(h)}{\partial h^2}} > 0$ ($\tau^1 \leq \bar{\tau} \leq \tau^2$) bestätigt.

Durch die steuerliche Verzerrung der Ausbildungsentscheidung entsteht eine Zusatzlast. Sie beträgt:

$$ZL = E\left(p^0, V(p^0, I^0 - \bar{T})\right) - E\left(p^0, V(p^0, I^{ZB})\right) > 0 \tag{5.118}$$

mit

$$\begin{aligned} I^{ZB} &= \frac{w\tilde{g}(h^{ZB})(1-\tau^2) + (\tau^2 - \tau^1)w}{1+r} \\ &\quad + w(1-\tau^1) - \left(h^{ZB}w + ah^{ZB}\frac{1-\alpha\bar{\tau}}{1-\bar{\tau}}\right)(1-\bar{\tau}) \end{aligned}$$

und

$$\bar{T} = \frac{\tau^2 w\tilde{g}(h^{ZB}) - (\tau^2 - \tau^1)w}{1+r} + \tau^1 w - \bar{\tau}(h^{ZB}w + \alpha a h^{ZB})$$

Wegen $E(p, V(p, I)) \equiv I$ folgt hieraus:

$$ZL = I^0 - \bar{T} - I^{ZB} > 0 \tag{5.119}$$

Bezüglich der vollständig zinsbereinigt umgesetzten lebenszeitorientierten Einkommensteuer lässt sich somit festhalten:

Proposition 6 *Liegt ein Proportionaltarif vor ($\tau^1 = \tau^2 = \tau$) und sind Ausbildungskosten vollständig steuerlich abzugsfähig ($\alpha = 1$), ist die first-best Optimalität der vollständig zinsbereinigten Einkommensteuer gewährleistet. Ist der Steuertarif dagegen progressiv ausgestaltet ($\tau^2 > \tau^1$) und sind die Kosten der Humankapitalinvestition vollständig ($\alpha = 1$) über beide Perioden ($0 < \beta < 1$) steuerlich abzugsfähig, verursacht die aus der Steuertarifprogression resultierende Verzerrung der Humankapitalbildung Zusatzlasten der Besteuerung. Wegen des steuerlichen Ansatzes der Investitionskosten in der Ausbildungs- und der Erwerbsphase werden diese effektiv zum gewichteten Grenzsteuersatz $\bar{\tau}$ ($\tau^1 < \bar{\tau} \leq \tau^2$) steuerlich subventioniert. Die progressionsbedingte Verzerrung der Humankapitalbildung und die daraus resultierenden Zusatzlasten sind geringer als bei sparbereinigter Behandlung von Humankapitalinvestitionen (und zinsbereinigter Behandlung von Sparkapital). Wie im Fall der Lohnsteuer und der vollständig sparbereinigten Einkommensteuer führt die Beschränkung der steuerlichen Abzugsfähigkeit von Ausbildungskosten ($\alpha < 1$) zu einer Diskriminierung der Humankapitalbildung und begründet (zusätzliche) Wohlfahrtsverluste.*

5.6 Fazit

In diesem Kapitel wurde untersucht, welchen Einfluss die verschiedenen Ausgestaltungen der SHS-Einkommensteuer und der lebenszeitorientierten Einkommensteuer auf die Bildung von Humankapital ausüben und welche Zusatzlasten der Besteuerung sie verursachen. Es wurde gezeigt, dass Zusatzlasten der Besteuerung sowohl aus der Verzerrung des intertemporalen Preisverhältnisses zwischen Gegenwarts- und Zukunftskonsum als auch aus der steuerlichen Beeinflussung der Humankapitalbildung resultieren können. Diese auf Substitutionseffekte zurückzuführenden individuellen Wohlfahrtsverluste der Besteuerung können ihre Ursache in der leitbildspezifischen Ausgestaltung der Steuerbasis haben. Sie können daneben aber auch in der leitbildunspezifischen Wahl eines progressiven Steuertarifs sowie in der den Leitbildern widersprechenden Beschränkung der steuerlichen Abzugsfähigkeit von Ausbildungskosten begründet sein.

Betrachtet man zunächst die Effekte der Steuerbasis auf die Zusatzlast, sind die verschiedenen konzeptionellen Alternativen einer lebenszeitorientierten Einkommensbesteuerung aus effizienztheoretischer Perspektive besonders attraktiv. Einen proportionalen Steuertarif und die leitbildkonforme (barwertmäßig) vollständige steuerliche Abzugsfähigkeit der Kosten zur Bildung von Humankapital unterstellt, führt die Ausrichtung der jeweiligen periodischen Steuerbasen weder zu Verzerrungen des intertemporalen Preisverhältnisses noch zu einer steuerlichen Beeinflussung der Ausbildungsentscheidung. Eine vollständig sparbereinigte oder vollständig zinsbereinigte Einkommensteuer und eine Einkommensteuer mit sparbereinigter Behandlung von Humankapitalinvestitionen und zinsbereinigter Behandlung von Sparkapital lassen daher keine Zusatzlasten der Besteuerung entstehen.

Im Unterschied hierzu verursachen die konventionelle und die ideale SHS-Einkommensteuer durch die Besteuerung von Zinseinkommen eine Verzerrung des intertemporalen Preisverhältnisses mit der Folge Zusatzlasten induzierender Konsumsubstitutionseffekte. Bei proportionalem Steuertarif und (leitbildkonformer) vollständiger Abzugsfähigkeit von Ausbildungskosten führt die Besteuerung von Zinseinkommen im Rahmen der konventionellen SHS-Einkommensteuer zudem zu einer Verzerrung der Humankapitalbildung. Aus der kassenmäßigen Ermittlung von Humankapitaleinkommen einerseits und der vermögensmäßigen Ermittlung von Einkommen aus Sparkapital andererseits resultiert eine relativ höhere steuerliche Belastung von Sparkapital, die eine

„Überinvestition" in Humankapital verursacht.[95] Die Ergebnisse der second-best Analyse bestätigen, dass die zinssteuerbedingte Förderung von Humankapitalinvestitionen zu einem Anstieg der Zusatzlast der konventionellen SHS-Einkommensteuer führt. Die Steuerbasis der idealen SHS-Einkommensteuer dagegen stellt eine gleichmäßige steuerliche Belastung von Humankapital- und Ersparnisbildung sicher. Es kommt deshalb zu keiner steuerbasisbedingten Beeinflussung der Ausbildungsentscheidung. Bei gegebener Besteuerung von Zinseinkommen, proportionalem Steuertarif und vollständiger Abzugsfähigkeit von Ausbildungskosten ist die Zusatzlast der idealen SHS-Einkommensteuer minimal.[96] Aus effizienztheoretischer Sicht ist die ideale der konventionellen SHS-Einkommensteuer deshalb vorzuziehen, ihre steuerpraktische Umsetzung allerdings wegen der Erfordernis einer periodischen Bewertung von Humankapital unmöglich.

Die Analyse dieses Kapitels hat gezeigt, dass neben den leitbildspezifischen Steuerbasen der Einkommensteuerleitbilder auch die Wahl eines progressiven Steuertarifs sowie die Beschränkung der steuerlichen Abzugsfähigkeit von Ausbildungskosten Zusatzlasten der Besteuerung verursachen können.

Aus der Anwendung eines progressiven Steuertarifs auf die Steuerbasis der unterschiedlichen Ausgestaltungen der lebenszeitorientierten Einkommensteuer resultiert grundsätzlich eine Zusatzlasten verursachende Diskriminierung von Humankapitalinvestitionen. Eine Ausnahme diesbezüglich stellt die vollständig sparbereinigte Einkommensteuer dar. Die Steuertarifprogression führt in diesem Fall zu keiner Verzerrung der Humankapitalbildung, da Investitionen in Humankapital in gleicher Weise wie die Ersparnisbildung die Steuerbasis beeinflussen. Zusatzlasten der Besteuerung werden bei vollständig sparbereinigter Steuerbasis nicht – wie bei den übrigen Typen der lebenszeitorientierten Einkommensteuer – durch die Wirkung der Steuertarifprogression auf die Humankapitalbildung, sondern durch deren Wirkung auf das intertemporale Preisverhältnis erzeugt.[97]

---

[95] Diese steuerlich bedingte „Überinvestition" in Humankapital korrespondiert mit der fehlenden Investitionsneutralität der konventionellen SHS-Einkommensteuer. Siehe Abschnitt 3.3.5.

[96] Bei gegebenem Steuersatz auf Zinseinkommen und fixiertem Steueraufkommen ist der Wohlfahrtsverlust der Besteuerung auch bei einer bezüglich der Steuertarifprogression optimierten „Dualen Einkommensteuer" minimiert.

[97] Hinsichtlich der Verzerrung des intertemporalen Preisverhältnisses sind sich die vollständig sparbereinigte Einkommensteuer und die SHS-Einkommensteuern ähnlich. Im Unterschied zur vollständig sparbereinigten Einkommensteuer wird das intertemporale Preisverhältnis im Rahmen der SHS-Einkommensteuern aber durch die Besteuerung von Zinseinkommen verzerrt.

Im Unterschied zur lebenszeitorientierten Einkommensteuer kann ein auf die Steuerbasis der konventionellen SHS-Einkommensteuer angewendeter progressiver Steuertarif einen zusatzlastsenkenden Einfluss besitzen. Wie oben angemerkt wurde, bedingt die konventionelle SHS-Einkommensteuer eine „Überinvestition" in Humankapital. Die Einführung einer Steuertarifprogression reduziert die Humankapitalbildung und nimmt somit die zinssteuerbedingte „Produktionsverzerrung" zumindest teilweise und mit der Folge einer geringeren Zusatzlast bei gegebenem Steueraufkommen und fixiertem Zinssteuersatz zurück. Im Rahmen der idealen SHS-Einkommensteuer ist die Steuertarifprogression nicht zwangsläufig mit einer steuerlichen Beeinflussung der Humankapitalbildung verbunden. Unterliegen in der Erwerbsphase Zinsen aus Sparkapital dem gleichen Steuersatz wie Zinsen auf den Ertragswert von Humankapital der ersten Periode ($\tau^1 = \tau_r$), führt die Steuertarifprogression – wie die Analyse gezeigt hat – zu keiner verzerrenden Wirkung auf die Ausbildungsentscheidung und induziert daher keine weiteren Zusatzlasten der Besteuerung.[98]

Neben der Steuertarifprogression hat auch die Beschränkung der steuerlichen Abzugsfähigkeit von Ausbildungskosten einen Einfluss auf die Zusatzlast der Besteuerung. Anders als die Steuertarifprogression ist die Abzugsfähigkeitsbeschränkung von Ausbildungskosten mit den Einkommensteuerleitbildern allerdings konzeptionell nicht vereinbar. Sie besitzt sowohl im Rahmen der lebenszeitorientierten Einkommensteuer als auch im Rahmen der SHS-Einkommensteuer einen Humankapitalinvestitionen diskriminierenden Effekt. Im Fall der lebenszeitorientierten Einkommensteuer werden hierdurch Zusatzlasten begründet. Innerhalb der idealen SHS-Einkommensteuer werden die sich aus der Verzerrung des intertemporalen Preisverhältnisses ergebenden Zusatzlasten erhöht. Wie der Effekt der Steuertarifprogression kann die Abzugsfähigkeitsbeschränkung innerhalb der konventionellen SHS-Einkommensteuer durch die Reduzierung der zinssteuerbedingten „Überinvestition" in Humankapital dazu beitragen, die Zusatzlast bei gegebenem Steueraufkommen zu verringern.[99] Die beschriebenen Zusatzlasteffekte der Ausgestaltung der Steuerbasis, der Steuertarifprogression und der Beschränkung der steuerlichen Abzugsfähigkeit von Ausbildungskosten sind – gegliedert nach den Typen der

[98]Zusatzlasterhöhend wirkt sich die Steuertarifprogression allerdings aus, wenn $\tau^1 \neq \tau_r$ gilt. Die Verschärfung der Steuertarifprogression durch marginale Erhöhung von τ^2 verstärkt in diesem Fall den verzerrenden Effekt aus der unterschiedlichen Besteuerung der Zinsen aus Spar- und Humankapital und lässt die Zusatzlast (gegeben $\alpha = 1$) ansteigen.

[99]Dies wurde nicht explizit gezeigt, ergibt sich aber analog zu den Zusatzlast senkenden Wirkungen einer progressiven, die Humankapitalbildung hemmenden Besteuerung von Arbeitseinkommen.

SHS-Einkommensteuer und der lebenszeitorientierten Einkommensteuer – in Tabelle 5.6 zusammengefasst.

Als Ergebnis dieses Kapitels ist festzuhalten, dass die konventionelle SHS-Einkommensteuer neben den Zusatzlasten, die aus der Verzerrung des intertemporalen Preisverhältnisses resultieren, zusätzliche Wohlfahrtsverluste hervorruft, die sich aus der in Kapitel 3 aufgezeigten differenzierten steuerlichen Behandlung von Humankapital- und Finanzkapitalinvestitionen (hier der Ersparnisbildung) ergeben. Unter den gegebenen Modellannahmen (vor allem der Annahme der konstanten Arbeit-Freizeit-Wahl in der Ausbildungs- und Erwerbsphase) ergibt sich aus der konventionellen SHS-Einkommensteuer mit ihrer immanenten Verzerrung der „Humankapital-Produktionsentscheidung" somit ein Effizienzargument, welches die Umsetzung einer lebenszeitorientierten Einkommensbesteuerung attraktiv erscheinen lässt. Aus administrativen Gründen bietet sich eine lebenszeitorientierte Einkommensteuer mit sparbereinigter Behandlung von Humankapitalinvestitionen und zinsbereinigter Behandlung von Sparkapital an, da hierdurch insbesondere die notwendige und administrativ aufwändige Beobachtung privater Spar- und Entsparvorgänge der vollständig sparbereinigten Einkommensteuer entfällt und eine Abschreibung der Investitionsausgaben über mehrere Perioden und die hiermit verbundene „Buchführung" der vollständig zinsbereinigten Einkommensteuer nicht erforderlich wird. Um die Humankapitalbildung steuerlich nicht zu beeinflussen, ist ein proportionaler Steuertarif zu wählen und die uneingeschränkte steuerliche Abzugsfähigkeit von Ausbildungskosten sicherzustellen. Einer solchen lebenszeitorientierten Einkommensteuer entspricht der Steuerreformvorschlag „Einfachsteuer", der im folgenden Kapitel hinsichtlich der steuerlichen Behandlung von Humankapitalinvestitionen detailliert beschrieben wird.

Tabelle 5.1: Einkommensteuerleitbilder und Zusatzlasten der Besteuerung

	SHS-Einkommensteuer		Lebenszeitorientierte Einkommensteuer		
Zusatzlastwirkung	ideal	konventionell	vollständig sparbereinigt	vollständig zinsbereinigt	HK sparb., FK zinsb.
Steuerbasis	ja	ja	nein	nein	nein
Steuertarifprogression	nein[a]	ja[b]	ja[c]	ja[d]	ja
Abzugsfähigkeitsbeschränkung	ja[e]	ja[f]	ja	ja	ja

[a]Voraussetzung hierfür ist die Übereinstimmung der Steuersätze auf Zinsen aus Spar- und Humankapital ($\tau^1 = \tau_r$).

[b]Eine Begründung bzw. Verschärfung der Steuertarifprogression senkt die Zusatzlast der Besteuerung, sofern der positive Zinssteuereffekt auf die Humankapitalbildung bei gegebenem Steuertarif und gegebener steuerlicher Abzugsfähigkeit von Ausbildungskosten nicht vollständig kompensiert ist.

[c]Die Zusatzlast entsteht in diesem Fall nicht durch die Diskriminierung der Humankapitalbildung, sondern kann durch die steuerliche Verzerrung des intertemporalen Preisverhältnisses bewirkt werden.

[d]Nur dann, wenn die Investitionskosten vollständig in der Erwerbsphase steuermindernd angesetzt werden und dadurch zum gleichen Steuersatz subventioniert wie die Einnahmen der Humankapitalinvestition besteuert werden, bewirkt die Steuertarifprogression keine Zusatzlast der Besteuerung.

[e]Die Beschränkung der steuerlichen Abzugsfähigkeit von Ausbildungskosten besitzt für den Fall $\tau^1 \geq \tau_r$ einen Zusatzlasten erhöhenden Effekt, ansonsten einen Zusatzlasten senkenden Effekt, da die dann auftretende „Überinvestition" in Humankapital reduziert wird.

[f]Eine Beschränkung der steuerlichen Abzugsfähigkeit von Ausbildungskosten führt bei gegebener Besteuerung von Arbeits- und Zinseinkommen zu einer Verringerung der Zusatzlasten, sofern die Verzerrung der Humankapitalbildung aufgrund der Zinsbesteuerung durch den Steuertarif (noch) nicht vollständig korrigiert ist.

Kapitel 6

Die steuerliche Behandlung von Humankapitalinvestitionen im Rahmen der „Einfachsteuer“

6.1 Zielsetzung des Kapitels

Aus der theoretischen Analyse des vorherigen Kapitels dieser Arbeit geht hervor, dass die lebenszeitorientierte Einkommensteuer mit gleichmäßiger steuerlicher Belastung von Sach-, Finanz- und Humankapitalinvestitionen aus effizienztheoretischer Sicht Vorzüge gegenüber der konventionellen SHS-Einkommensteuer aufweist. Die in diesem Kapitel betrachtete „Einfachsteuer“ des Heidelberger Steuerkreises unter Leitung von Manfred Rose stellt einen konkreten Steuerreformvorschlag zur praktischen Umsetzung einer lebenszeitorientierten Einkommensbesteuerung für Deutschland dar.[1]

Zielsetzung dieses Kapitels ist es, detailliert darzustellen, wie Investitionen in Humankapital nach diesem lebenszeitorientierten Steuerreformvorschlag berücksichtigt werden. Es wird daher konkret dargelegt wie berufliche Bildungsausgaben steuerlich behandelt werden. Daneben wird die „Einfachsteuer“ mit dem deutschen Einkommensteuerrecht diesbezüglich verglichen.

Zur Einordnung von Humankapitalinvestitionen in das Steuersystemkonzept der „Einfachsteuer“ wird in Abschnitt 6.2 zunächst der Aufbau der Steuerbasis einer natürlichen Person skizziert. In Abschnitt 6.3 dieses Kapitels wird die rechtstechnische Umsetzung der steuerlichen Behandlung von Humankapitalinvestitionen in der „Einfachsteuer“ umfassend dargestellt.[2] Aufbauend hierauf erfolgt in Abschnitt 6.4 ein diesbezüglicher Vergleich zwischen der „Einfachsteuer“ und der deutschen Einkommensteuer.

[1] Zur „Einfachsteuer“ siehe Rose (2003b); Rose (2003e); Rose (2002a); Rose (2002b); Petersen und Rose (2003) sowie die Internetseite http://www.einfachsteuer.de.

[2] Auf einzelne Vorschriften des Einfachsteuergesetzes (EFStG) (Stand: Juli 2004) wird dabei jeweils Bezug genommen. Der aktuelle Einfachsteuergesetzentwurf kann über die Internetseite http://www.einfachsteuer.de/idee/download/Gesetz.pdf bezogen werden.

6.2 Der Steuerreformvorschlag „Einfachsteuer“

6.2.1 Grundelemente der „Einfachsteuer“

Im Rahmen der „Einfachsteuer“ werden ausschließlich *Markteinkommen* besteuert, die sich natürliche Personen durch Erwerbstätigkeiten verfügbar machen. Dementsprechend gehen Transfereinkommen wie Erbschaften und Schenkungen nicht in die Ermittlung der Steuerbasis der „Einfachsteuer“ ein. Normiert sind diese Grundelemente des Steuerreformvorschlags in den §§ 1 und 2 EFStG. Die Erhebung der Einkommensteuer erfolgt über eine ausschließlich natürliche Personen betreffende persönliche Einkommensteuer und eine sich insbesondere auf große Publikumsgesellschaften (börsennotierte Aktiengesellschaften u.Ä.) beziehende Gewinnsteuer, die hinsichtlich Steuersatz und Ermittlung der Steuerbasis mit der persönlichen Einkommensteuer abgestimmt ist (§§ 3 und 5 EFStG). Der Ermittlungszeitraum der Einkommensteuer ist gewöhnlich das Kalenderjahr als Steuerabschnitt.[3] Die Ermittlung der Steuerbasis der persönlichen Einkommensteuer, die in § 6 Abs. 1 des Gesetzes aufgeführt ist, folgt einem zweistufigen Aufbau.

6.2.2 Das Markteinkommen als Indikator wirtschaftlicher Leistungsfähigkeit

Auf der ersten Stufe wird das marktbestimmte Einkommen, welches auch als *Markteinkommen* bezeichnet wird, ermittelt. Es ist *Indikator der (objektiven) wirtschaftlichen Leistungsfähigkeit* einer natürlichen Person und stellt das von ihr aus unterschiedlichen Erwerbstätigkeiten als Einkunftsquellen erzielte aggregierte Nettoergebnis eines Ermittlungszeitraums dar.[4]

Einkünfte sind die einzelnen Objekte der Einkommensbesteuerung und bezeichnen den in Geldeinheiten gemessenen und auf einen Zeitraum bezogenen Nettozuwachs an Dispositionsmitteln aus einer erwerbswirtschaftlichen Marktbeteiligung natürlicher Personen, von Gesellschaften und anderen Organisationen, die in § 4 Abs. 30 Satz 2 EFStG genannt sind (§ 4 Abs. 7 EFStG). Nach § 16 Abs. 1 EFStG werden Einkünfte aus den Unterschiedsbeträgen der in jedem Ermittlungszeitraum anzusetzenden Erwerbseinnahmen und Erwerbs-

[3] Bei Geburt oder Tod des Steuerpflichtigen oder bei Wechsel von unbeschränkter zu beschränkter Steuerpflicht (oder umgekehrt) ist der Ermittlungszeitraum kürzer als das Kalenderjahr. An die Stelle des Kalenderjahrs tritt in diesen Fällen der Zeitraum der jeweiligen Steuerpflicht (§ 20 EFStG).

[4] Das Markteinkommen ist das Ergebnis der Ermittlung von Einkommen nach dem objektiven Nettoprinzip.

ausgaben ermittelt. *Erwerbseinnahmen* und *Erwerbsausgaben* sind in § 4 Abs. 12 Satz 1 und Abs. 13 Satz 1 EFStG definiert. Sie sind durch eine Erwerbstätigkeit veranlasst und daher von den durch die private Lebensführung veranlassten Einnahmen und Ausgaben abzugrenzen. Einnahmen sind nach § 4 Abs. 9 EFStG Zugänge von Wirtschaftsgütern sowie Abgänge von Schulden, die auf ein Vermögen bezogen sind. Ausgaben sind spiegelbildlich hierzu alle auf ein Vermögen bezogene Abgänge von Wirtschaftsgütern und Zugänge von Schulden (§ 4 Abs. 3 EFStG).

Zur Bestimmung von Einkünften ist es erforderlich vorzugeben, wie Erwerbseinnahmen und -ausgaben zu ermitteln sind. Diesbezüglich regelt § 19 Abs. 1 EFStG, dass diese nach den Grundsätzen einer *Kassenrechnung* anzusetzen sind. Nach § 4 Abs. 21 EFStG bedeutet Kassenrechnung, dass nur solche Erwerbseinnahmen und -ausgaben erfasst werden, die mit einer Veränderung von Kassenbeständen (Bargeldbestände, Bankguthaben u.Ä.) verbunden sind. Ausdrücklich wird in Satz 2 dieses Absatzes allerdings darauf verwiesen, dass Erwerbseinnahmen und -ausgaben in Sachform, die entsprechende kassenmäßige Erwerbseinnahmen und -ausgaben ersetzen, zusätzlich zu berücksichtigen sind.

Das die wirtschaftliche Leistungsfähigkeit einer natürlichen Person wiedergebende Markteinkommen setzt sich zunächst aus den *Einkünften aus nichtselbständiger Erwerbstätigkeit* (§ 9 EFStG), den *Einkünften aus selbständiger Erwerbstätigkeit* (§ 10 EFStG) und den *Vorsorgeeinkünften* (§ 11 EFStG) zusammen. Von der Summe dieser Einkünfte sind dann ein eventuell aus dem vorherigen Ermittlungszeitraum vorgetragener und mit dem Schutzzinssatz aufgezinster *Verlust* (§ 14 EFStG) sowie *Ausgaben für berufliche Bildung (Humankapital)* (§ 12 EFStG) abzuziehen.

6.2.2.1 Einkünfte aus nichtselbständiger Erwerbstätigkeit

Einkünfte aus nichtselbständiger Erwerbstätigkeit sind nach § 9 Abs. 1 Satz 1 EFStG Einkünfte aus wirtschaftlichen Tätigkeiten, die von einem Arbeitnehmer innerhalb eines weisungsgebundenen Dienstverhältnisses erbracht werden und nicht zu den Vorsorgeeinkünften (§ 11 EFStG) zählen. Die Erwerbseinnahmen sind umfassend definiert. Zu den durch die nichtselbständige Erwerbstätigkeit veranlassten Einnahmen zählen sämtliche Zuwendungen, die ein Arbeitnehmer im Rahmen eines weisungsgebundenen Dienstverhältnisses bezieht. Um Erwerbseinnahmen handelt es sich auch bei Zuwendungen aus einem vergangenen oder zukünftigen weisungsgebundenen Dienstverhältnis. Unerheblich für den Erwerbseinnahmencharakter von Zuwendungen ist ferner, von wem, unter welcher Bezeichnung und ob diese in Geldform (Geldbezüge) oder in Sachform (Sachbezüge) bezogen werden (§ 9 Abs. 1 Satz 4 EFStG). Liegt ein gegenwärtiges weisungsgebundenes Dienstverhältnis vor, ist für alle Erwerbseinnahmen aus nichtselbständiger Erwerbstätigkeit – zur administrativen Vereinfachung des Besteuerungsverfahrens – insgesamt eine Pauschale von 1.200 Euro für das Kalenderjahr als Erwerbsausgaben anzusetzen (§ 21 Abs. 2 Satz 1 EFStG). Bei Ermittlungszeiträumen, die weniger als ein Kalenderjahr betragen (verkürzte Ermittlungszeiträume), ist die Pauschale gemäß Satz 2 dieses Paragrafen allerdings zeitanteilig zu reduzieren.

6.2.2.2 Einkünfte aus selbständiger Erwerbstätigkeit

Zu den Einkünften aus selbständiger Erwerbstätigkeit gehören Einkünfte aus unternehmerischen Tätigkeiten, Einkünfte aus den Tätigkeiten als Abgeordneter und Einkünfte aus einer gelegentlichen, selbständigen erwerbswirtschaftlichen Marktbeteiligung (§ 10 Abs. 1 Nr. 1 bis 3 EFStG). Die größte Bedeutung innerhalb der Einkünfte aus selbständiger Erwerbstätigkeit kommt hierbei den Einkünften aus unternehmerischen Tätigkeiten zu. Einkünfte aus unternehmerischen Tätigkeiten ergeben sich als Gewinn des Einzelunternehmens einer natürlichen Person, die als Unternehmer (§ 4 Abs. 30 EFStG) ein Unternehmen eigenverantwortlich führt (§ 4 Abs. 11 EFStG). Ein Unternehmen stellt nach § 4 Abs. 29 Satz 1 EFStG eine Gesamtheit von mit Gewinnerzielungsabsicht geführten Betrieben unter einheitlicher Leitung dar. Der Betriebsbegriff der „Einfachsteuer" ist dabei weit gefasst. Jegliche selbständige, d.h. weisungsungebundene, nachhaltige und auf Einnahmeerzielung am Markt gerichtete Tätigkeit begründet einen Betrieb (§ 4 Abs. 4 Satz 1 EFStG). Nach § 4 Abs. 4 Satz 4 EFStG stellen daher z.B. gewerbliche, land- und forstwirtschaftliche, freiberufliche Tätigkeiten sowie auch die entgeltliche Überlassung von Sachen (Vermietung und Verpachtung von Immobilien) und Rechten (Patente und Urheberrechte), die Überlassung von Kapital zum Bezug von Zinsen, Renten und Anteilen an Unternehmensgewinnen als auch das Halten von Anteilen an Unternehmen, die mit Gewinnanteilsrechten verbunden sind, Betriebe dar. Sparen ist als „Überlassung von Kapital zum Bezug von Zinsen" ebenso wie die finanzielle Beteiligung an Unternehmen zum Bezug anteiliger Gewinne eine unternehmerische Tätigkeit. Der Gewinn des Einzelunternehmens einer natürlichen Person ist der Gewinn der von ihr selbständig geführten Gesamtheit von Betrieben. Auf Basis einer modifizierten Kassenrechnung[5] werden die zinsbereinigt ermittelten Gewinne aus gewerblicher, land- und forstwirtschaftlicher, freiberuflicher Tätigkeit sowie Gewinne aus Vermietung und Verpachtung bei der natürlichen Person als Unternehmer versteuert. Häufig ist es der Fall, dass sich Steuerpflich-

---

[5]Zur modifizierten Kassenrechnung siehe Rose (2003a); Nguyen-Thanh et al. (2003).

tige lediglich finanziell an Unternehmen beteiligen. Wie oben bereits dargelegt wurde, handelt es sich bei der „Überlassung von Kapital zum Bezug von Anteilen an Unternehmensgewinnen" ebenfalls um einen Betrieb. Da ökonomisch gesehen der Gewinn eines Unternehmens die Gesamtheit der Gewinne der am Unternehmen finanziell Beteiligten repräsentiert, sollten die anteiligen (über eine modifizierte Kassenrechnung auf der Unternehmensebene ermittelten) Gewinne nach dem Konzept der „Einfachsteuer" daher möglichst auch bei den natürlichen Personen als Anteilseigner versteuert werden. Diese Zurechnung von Gewinnen auf die Gewinnbeteiligten findet rechtsformunabhängig bei Unternehmen statt, die den Status einer Durchreichgesellschaft besitzen (§ 17 Abs. 4 EFStG). Durchreichgesellschaften sind nach § 4 Abs. 5 Nr. 1 bis 3 EFStG Unternehmen mit Sitz oder Geschäftsleitung im Inland, die ausschließlich natürliche Personen als Gewinnbeteiligte (§ 4 Abs. 16 EFStG) besitzen und deren Gewinnanteilsrechte nicht an Börsen oder ähnlichen Plätzen gehandelt werden. Personengesellschaften und andere rechtlich nicht selbständige Personenvereinigungen, die die Anforderungen nach § 4 Abs. 5 Nr. 1 bis 3 EFStG erfüllen, besitzen den Status einer Durchreichgesellschaft, sofern sie nicht zur Gewinnsteuer optieren. Rechtlich selbständige Gesellschaften (z.B. GmbHs und Aktiengesellschaften) und andere Personenvereinigungen werden dagegen erst durch Satzung oder einstimmigen Beschluss der Gesellschafter und Erfüllung der in § 4 Abs. 5 Nr. 1 bis 3 EFStG genannten Kriterien steuerlich als Durchreichgesellschaft anerkannt. Bei Unternehmen, die keine Durchreichgesellschaften sind, werden die Unternehmensgewinne durch die Gewinnsteuer abschließend auf der Unternehmensebene erfasst. Zur Vermeidung einer Doppelbesteuerung von Einkommen unterliegen die dem Gewinnbeteiligten zufließenden anteiligen Gewinne, z.B. ausgeschüttete Dividenden einer börsennotierten Aktiengesellschaft, dann allerdings keiner weiteren Besteuerung auf der persönlichen Ebene. Um die steuerliche Einmalbelastung von Einkommen zu garantieren, sind daneben auch aus versteuerten Ersparnissen bezogene marktübliche Zinsen steuerfrei.[6]

[6]Marktübliche Zinsen liegen vor, wenn der den Zinsen zugrunde liegende effektive Zinssatz einer Kapitalforderung den für den gleichen Zeitraum geltenden Schutzzinssatz (§ 4 Abs. 25 EFStG) nicht überschreitet (§ 4 Abs. 24 Satz 1 EFStG). Zur administrativen Vereinfachung der Besteuerung von Zinseinkünften gelten auch die den Schutzzinssatz übersteigenden Zinssätze auf Schuldverschreibungen der öffentlichen Hand und weitere Schuldverschreibungen, die zum Zeitpunkt der Emission einer breiten Öffentlichkeit zur Zeichnung angeboten wurden, als marktüblich (§ 4 Abs. 24 Satz 2 Nr. 1 und 2 EFStG).

6.2.2.3 Vorsorgeeinkünfte

Die Vorsorgeeinkünfte, die in §§ 11 und 23 EFStG geregelt sind, bezeichnen Einkünfte in Geld- oder Sachform, die der Einkommensabsicherung im Alter, bei Arbeitslosigkeit, im Falle einer krankheits- oder unfallbedingten Erwerbsbeeinträchtigung und der finanziellen Absicherung von Angehörigen im Todesfall dienen (§ 11 Abs. 1 EFStG). Zu den Erwerbseinnahmen (Vorsorgeeinnahmen) zählen Auszahlungen der gesetzlichen Rentenversicherung, Beamtenpensionen, Betriebsrenten und freiwillig auf qualifizierten Konten von Renteninstituten privater Unternehmen (Pensionsfonds, Versicherungen, Investmentfonds u.Ä.) angesparte Renten. Daneben werden auch Zahlungen der gesetzlichen Arbeitslosenversicherung als Erwerbseinnahmen erfasst. Als Erwerbsausgaben abzugsfähig sind alle Ausgaben, die zum Erwerb der Vorsorgeeinnahmen getätigt werden. Daher sind Einzahlungen in die gesetzliche Rentenversicherung und freiwillige Einzahlungen auf qualifizierte Konten von Renteninstituten privater Unternehmen wie auch Einzahlungen in die gesetzliche Arbeitslosenversicherung als Erwerbsausgaben (Ausgaben für die Einkommensvorsorge) abzugsfähig. Neben den eigenen Beiträgen zur gesetzlichen Renten- und Arbeitslosenversicherung sind auch die Beiträge anderer Personen (z.B. des Arbeitgebers) als (eigene) Erwerbsausgaben anzusetzen, wenn diese bei anderen Einkünften des Steuerpflichtigen steuerpflichtige Erwerbseinnahmen begründen.[7] Durch die steuerliche Abzugsfähigkeit der Ausgaben für die Einkommensvorsorge und die Besteuerung der Vorsorgeeinnahmen bei Auszahlung werden Vorsorgeeinkünfte steuerlich sparbereinigt bestimmt.

6.2.2.4 Ausgaben für berufliche Bildung (Humankapital)

Von der Summe oben aufgeführter Einkünfte sind Ausgaben für berufliche Bildung (Humankapital) abzugsfähig. Solche Ausgaben sind beruflich, d.h. durch eine gegenwärtige und/oder zukünftige Erwerbstätigkeit, veranlasst und daher bei der Einkünfteermittlung steuerlich zu berücksichtigen. Da zum Zeitpunkt beruflicher Bildungsaktivitäten häufig nicht bekannt ist, ob der betreffende Steuerpflichtige – aufgrund der beruflichen Bildungsmaßnahmen – zukünftig Erwerbseinnahmen aus nichtselbständiger oder selbständiger Erwerbstätigkeit bezieht, sind getätigte Berufsbildungsausgaben separat als Ausgaben für berufliche Bildung (Humankapital) nach § 12 EFStG in Abzug zu bringen. Eine

[7] Gemeint sind beispielsweise die Arbeitgeberbeiträge zur gesetzlichen Renten- und Arbeitslosenversicherung des Arbeitnehmers, die als „geldwerte Vorteile" Erwerbseinnahmen bei den Einkünften aus nichtselbständiger Erwerbstätigkeit darstellen und als Erwerbsausgaben bei den Vorsorgeeinkünften steuerlich abzuziehen sind.

ausführliche Darstellung der steuerlichen Behandlung beruflicher Bildungsausgaben wird in Abschnitt 6.3 vorgenommen.

6.2.2.5 Verlustvortrag und hierauf entfallende Schutzzinsen

Bei der Ermittlung des Markteinkommens sind steuerlich bislang unberücksichtigt gebliebene Verluste aus Erwerbstätigkeiten vergangener Ermittlungszeiträume als Verlustvorträge (§ 14 EFStG) abzugsfähig.[8] Zur Sicherstellung der Einmalbelastung von Einkommen in lebenszeitlicher Sicht sind zusätzlich Schutzzinsen auf den vorgetragenen Verlust abzugsfähig.[9]

Mit der Summe der Einkünfte – bestehend aus den Einkünften aus nichtselbständiger und selbständiger Erwerbstätigkeit sowie den Vorsorgeeinkünften – abzüglich der Ausgaben für berufliche Bildung und eines aufgezinsten Verlustvortrags ist das Markteinkommen als Indikator der (objektiven) wirtschaftlichen Leistungsfähigkeit eines Steuerpflichtigen auf der ersten Stufe der Ermittlung der Steuerbasis bestimmt.

6.2.3 Das zu versteuernde Einkommen als Indikator sozialer bzw. humaner Leistungsfähigkeit

Für eine sozial verträgliche und faire Einkommensbesteuerung ist das Markteinkommen als Nettoergebnis verschiedener Erwerbstätigkeiten als unmittelbarer Anknüpfungspunkt von Steuerlasten ungeeignet. Einkommensteuerzahlungen können nur aus einem Einkommen geleistet werden, welches den existenziellen Konsumbedarf des Steuerpflichtigen und der von ihm unterhaltenen Personen, das so genannte „Konsumexistenzminimum“, und einige weitere für die Steuerzahlung indisponible Ausgaben berücksichtigt. Ausgehend vom Markteinkommen sind deshalb Korrekturen bzw. Abzüge vorzunehmen, um das für die Steuerzahlung disponible, das ist das zu versteuernde Einkommen, zu bestimmen.[10]

Auf der zweiten Stufe der Ermittlung der Steuerbasis werden im Rahmen der „Einfachsteuer“ daher *persönliche Abzüge* (§ 24 EFStG) gewährt. Bei den

[8] Verluste eines Ermittlungszeitraums sind negative marktbestimmte Einkommen oder negative marktbestimmte Unternehmensgewinne (§ 14 Satz 1 EFStG sowie § 4 Abs. 31 EFStG). Diese sind in den nächsten Ermittlungszeitraum vorzutragen, falls im Ermittlungszeitraum der Verlustentstehung keine Vergütung der entstandenen Verluste, ein Verlustrücktrag nach § 33 Abs. 1 EFStG, erfolgte.

[9] Zur Berechnung der Schutzzinsen wird der Schutzzinssatz (§ 4 Abs. 25 EFStG) des Ermittlungszeitraums auf den insgesamt vorgetragenen Verlust angewendet.

[10] Das zu versteuernde Einkommen bezeichnet Einkommen nach dem subjektiven Nettoprinzip.

persönlichen Abzügen werden Ausgaben steuermindernd angesetzt, die nicht im Zusammenhang mit der Erzielung von Erwerbseinnahmen stehen. Sie sind *Ausgaben der privaten Lebensführung* und insofern steuersystematisch *Konsumausgaben*, die aus versteuertem Einkommen zu erfolgen haben. Aus sozialen und politischen Gründen werden sie allerdings zum Abzug zugelassen. Zu den persönlichen Abzügen gehören *Freibeträge zum Schutz des Konsumexistenzminimums* für den Steuerpflichtigen und für die von ihm unterhaltenen und nicht zum Bezug von Kindergeld berechtigten Personen.[11] *Freibeträge für körperliche und/oder geistige Behinderungen* des Steuerpflichtigen und für von ihm unterhaltene Personen werden zusätzlich berücksichtigt. Daneben gehören *Ausgaben für die Kranken- und Pflegevorsorge* des Steuerpflichtigen und der von ihm unterhaltenen Personen bis zur Höhe der gesetzlichen Beiträge von Arbeitnehmer und Arbeitgeber zur Kranken- und Pflegeversicherung, *Ausgaben für die berufliche Bildung der vom Steuerpflichtigen unterhaltenen Personen* und *Steuerberatungskosten* zu den persönlichen Abzügen. Durch Abzug der aufgeführten Beträge vom Markteinkommen erhält man die Steuerbasis der persönlichen Einkommensteuer, die als *Indikator der (subjektiven) sozialen bzw. humanen Leistungsfähigkeit* des Steuerpflichtigen interpretiert werden kann.

Der beschriebene Aufbau der Steuerbasis der persönlichen Einkommensteuer gemäß des Steuerreformvorschlags „Einfachsteuer“ ist in Abbildung 6.1 nochmals dargestellt.[12]

6.3 Ausgaben für berufliche Bildung (Humankapital)

Aus ökonomischer Sicht handelt es bei beruflichen Bildungsmaßnahmen um Investitionen in Humankapital. Wie Sach- und Finanzkapitalinvestitionen dienen sie dazu, Konsummöglichkeiten – durch Konsumverzicht – zeitlich zu verlagern. Um einerseits individuelle Investitionsentscheidungen steuerlich nicht zu beeinflussen und somit keine Zusatzlasten aus einer differenzierten steuerlichen Belastung verschiedener Formen gesparten bzw. investierten Kapitals entstehen zu lassen und andererseits die Einmalbelastung von Einkommen in lebenszeitlicher Sicht zu gewährleisten, können Humankapitalinvestitionen lebenszeitorientiert entweder nach der sparbereinigten oder der zinsbereinigten Methode

[11] Da der finanziellen Belastung von Steuerpflichtigen durch Kinder im Rahmen des „Einfachsteuer“-Entwurfs über die Zahlung von Kindergeld Rechnung getragen werden soll, entfällt ein Kinderfreibetrag.

[12] Zum Aufbau der Steuerbasis der persönlichen Einkommensteuer nach der „Einfachsteuer“ siehe auch § 6 Abs. 1 EFStG.

Einkünfte aus nichtselbständiger Erwerbstätigkeit gemäß § 9 EFStG

+ Einkünfte aus selbständiger Erwerbstätigkeit gemäß § 10 EFStG

+ Vorsorgeeinkünfte gemäß § 11 EFStG

- Ausgaben für berufliche Bildung (Humankapital) gemäß § 12 EFStG

- Verlustvortrag und hierauf entfallende Schutzzinsen gemäß § 14 EFStG

= marktbestimmtes Einkommen (Markteinkommen)

- Ausgaben der privaten Lebensführung (persönliche Abzüge) gemäß § 24 EFStG

= zu versteuerndes Einkommen

Abbildung 6.1: Die Steuerbasis der persönlichen Einkommensteuer des EFStG

steuerlich behandelt werden.[13] Aus administrativen Gründen erfolgt die steuerliche Behandlung von Humankapitalinvestitionen im Rahmen der „Einfachsteuer" sparbereinigt. Daher werden Ausgaben für berufliche Bildung bei der Einkünfteermittlung kassenmäßig steuermindernd angesetzt, Einnahmen beruflicher Bildung bei den Einkünften aus nichtselbständiger oder selbständiger Erwerbstätigkeit kassenmäßig erfasst.

Die konkrete steuerliche Berücksichtigung beruflicher Bildungsausgaben bzw. Berufsbildungsausgaben ist in § 12 EFStG geregelt. Diese Vorschrift wird in den folgenden Abschnitten (Abschnitte 6.3.1 bis 6.3.3) ausführlich dargestellt.

6.3.1 Beruflich versus privat veranlasste Bildungsausgaben

Nach § 12 Abs. 1 Satz 1 EFStG sind Ausgaben für berufliche Bildung „Ausgaben zum Erwerb beruflicher Fähigkeiten des ansässigen Steuerpflichtigen".[14] Als solche müssen sie durch eine gegenwärtige und/oder zukünftige nichtselbständige oder selbständige Erwerbstätigkeit veranlasst sein. Durch eine Erwerbstätigkeit bzw. beruflich veranlasst sind Ausgaben dann, wenn der Steu-

[13] Siehe hierzu ausführlich Kapitel 3, Abschnitt 3.4.

[14] Ansässige Personen sind gemäß § 4 Abs. 2 Satz 1 EFStG natürliche Personen mit Wohnsitz oder gewöhnlichem Aufenthalt im Inland.

erpflichtige sie zum einen subjektiv zur Erzielung von Einkünften unternimmt (subjektives Tatbestandsmerkmal) und diese zum anderen in einem objektiven wirtschaftlichen Zusammenhang mit einer Erwerbstätigkeit stehen (objektives Tatbestandsmerkmal).[15] Hinsichtlich der beruflichen Veranlassung entsprechen berufliche Bildungsausgaben den Erwerbsausgaben bei den Einkünften aus nichtselbständiger oder selbständiger Erwerbstätigkeit. Berufliche Bildungsausgaben sind daher der Erwerbssphäre des Steuerpflichtigen zugeordnet und werden deshalb bei der Einkünfteermittlung, also im Rahmen der Ermittlung des Markteinkommens, steuermindernd berücksichtigt.

Abzugrenzen sind Ausgaben für berufliche Bildung von privat, d.h. durch die private Lebensführung, veranlassten Bildungsausgaben, die der Privatsphäre des Steuerpflichtigen zugewiesen werden. Privat veranlasste Bildungsausgaben dienen unmittelbar der Befriedigung von Konsumbedürfnissen, stehen in keinem Zusammenhang zur Einkünfteerzielung und sind steuersystematisch Konsumausgaben. Die Zuordnung von Bildungsausgaben zur Erwerbs- oder Privatsphäre eines Steuerpflichtigen ist deshalb bedeutsam, da berufliche Bildungsausgaben als Erwerbsausgaben die wirtschaftliche Leistungsfähigkeit von Steuerpflichtigen reduzieren und daher steuermindernd berücksichtigt werden müssen, wohingegen privat veranlasste Bildungsausgaben als Konsumausgaben wirtschaftliche Leistungsfähigkeit ausdrücken und deshalb aus versteuertem Einkommen zu tätigen sind. In Abs. 1 Satz 1 des § 12 EFStG wird daher ausdrücklich darauf hingewiesen, dass abzugsfähige Ausgaben „nicht durch die private Lebensführung veranlasst sind".

In der Anwendung des Einkommensteuerrechts erweist sich die Aufteilung von Ausgaben in Erwerbs- und Konsumausgaben jedoch mitunter als schwierig, da die Finanzverwaltung nicht aus jeder Ausgabentätigung eines Steuerpflichtigen schließen kann, ob er entsprechende Ausgaben zur Erzielung von Einkünften oder als nutzenstiftende Konsumausgaben tätigt. Auch wenn sich in vielen Fällen die Frage nach beruflicher oder privater Veranlassung von Ausgaben aus dem wirtschaftlichen Kontext heraus klären lässt, tritt die angesprochene Abgrenzungsproblematik gerade bei der Frage nach der steuerlichen Behandlung von Bildungsausgaben häufig auf. Zur praktischen Umsetzung des § 12 EFStG ist es deshalb hilfreich, im Rahmen einer (noch zu entwickelnden) Durchführungsverordnung zum EFStG typisierend anzugeben, welche Bildungsausgaben regelmäßig als berufliche Bildungsausgaben anzusehen und welche dagegen gewöhnlich als Ausgaben der privaten Lebensführung zu betrachten sind.[16]

[15]Vgl. Tipke und Lang (2002), S. 277-281.

[16]Das Aufführen regelmäßig beruflich bzw. privat veranlasster Bildungsausgaben im Rahmen einer Durchführungsverordnung dient der Finanzverwaltung als Hilfestellung, die im Verfahren der Einkommensbesteuerung Bildungsausgaben von Steuerpflichtigen deren

Folgende Ausgaben könnten regelmäßig als durch eine Erwerbstätigkeit veranlasst gelten und im Allgemeinen daher berufliche Bildungsausgaben im Sinne des § 12 EFStG darstellen[17]:

- Gebühren für Lehrgänge, Kurse, Vorträge und Seminare, Schulungen, Fachkongresse und Tagungen,
- Reisekosten anlässlich der genannten Veranstaltungen und solche im Rahmen von Studienreisen, sofern sie gemäß einer Durchführungsverordnung als erwerbswirtschaftlich angemessen gelten und nach dem vorgesehenen Programm und der tatsächlichen Durchführung oben genannter Veranstaltungen oder Studienreisen eine Befriedigung privater Interessen nahezu ausgeschlossen ist,
- Studiengebühren privater Hochschulen des In- und Auslands,
- Ausgaben für Fachbücher und Fachzeitschriften,
- Vorbereitungs-, Zulassungs- und Abschlussprüfungskosten sowie Druckkosten schriftlicher Arbeiten zum Abschluss beruflicher Bildungsmaßnahmen und
- Zins- und Tilgungszahlungen bei Fremdfinanzierung beruflicher Bildungsmaßnahmen[18], wenn die beruflichen Bildungsausgaben steuerlich noch nicht abgezogen wurden.

Berufliche Bildungsausgaben sind nicht abschließend aufgeführt, so dass auch andere – hier nicht angegebene – Bildungsausgaben bei beruflicher Veranlassung zum Abzug zugelassen sind.

Neben beruflichen Bildungsausgaben könnte eine Durchführungsverordnung zum EFStG auch privat veranlasste Bildungsausgaben exemplarisch aufzählen. Privat veranlasst sind Ausgaben zum Erwerb von Allgemeinbildung und Ausgaben zur Bildung im Rahmen von Freizeittätigkeiten (Hobbies). Da nicht auf

---

Erwerbs- oder Privatsphäre zuzuweisen hat. Zudem wird Steuerpflichtigen dadurch ermöglicht, sich über die steuerliche Behandlung der von ihnen aufgebrachten Bildungsausgaben zu informieren.

[17] Die Aufzählung regelmäßig berufsbezogener Bildungsausgaben schließt eine Einzelfallbeurteilung, die aufgeführte Bildungsausgaben der Privatsphäre zuordnet, nicht aus. Dies folgt aus der steuersystematisch notwendigen Zuweisung von Ausgaben zu den Erwerbs- oder den Konsumausgaben über die Prüfung des konkreten Veranlassungszusammenhangs.

[18] Zu Zins- und Tilgungszahlungen als berufliche Bildungsausgaben im Rahmen der „Einfachsteuer“ siehe Abschnitt 6.3.2.

Einkunftserzielung gerichtet, handelt es sich bei solchen Ausgaben steuersystematisch gewöhnlich um Konsumausgaben. Ausgaben für folgende Bildungsmaßnahmen könnten daher grundsätzlich als privat veranlasst gelten und deshalb nicht abzugsfähig sein:

- Schreibmaschinen- und Computergrundkurse,
- allgemeine Sprachkurse,
- Bastel-, Töpfer-, Mal- und Floristikkurse sowie andere handwerkliche Kurse,
- Fotokurse,
- Kurse, die der Entwicklung der Persönlichkeit dienen,
- Kurse zur musikalischen Bildung,
- Kurse zum Erwerb von Kfz-, Flug- und Motorbootführerscheinen

  und ähnliche Kurse.

Werden die hier genannten oder ähnliche Bildungsaktivitäten allerdings gezielt im Hinblick auf eine Berufstätigkeit unternommen und kann der Steuerpflichtige dies glaubhaft nachweisen, sollten die entsprechenden Ausgaben aufgrund ihres beruflichen Veranlassungszusammenhangs als berufliche Bildungsausgaben im Sinne des § 12 EFStG zum Abzug zugelassen sein.

Im Zusammenhang mit beruflichen Bildungsmaßnahmen werden häufig auch Sachgegenstände (langlebige abnutzbare Wirtschaftsgüter und Gegenstände des Bürobedarfs) angeschafft. Da diese Sachgegenstände in vielen Fällen auch der privaten Lebensführung des Steuerpflichtigen dienen und eine Aufteilung der Ausgaben in solche der Erwerbs- und Privatsphäre administrativ aufwändig oder gar unmöglich ist, sollten Ausgaben zum Erwerb folgender Gegenstände regelmäßig als privat veranlasst gelten:

- Schreibutensilien (Stifte, Papier, Ordner usw.),
- Taschenrechner,
- Gegenstände der Unterhaltungselektronik (Videorekorder, Fernsehgerät, usw.),
- Computer und Computerzubehör,
- Lexika sowie Zeitschriften und Zeitungen allgemein bildenden Inhalts,
- Einrichtungsgegenstände (Stühle, Schränke, Schreibtische, Bilder usw.) und
- Reiseausrüstungsgegenstände für die Teilnahme an oben genannten Veranstaltungen beruflicher Bildung oder an Studienreisen.

Kann der Steuerpflichtige glaubhaft die ausschließliche Nutzung obiger Sachgegenstände für Zwecke beruflicher Bildung nachweisen, können die hierfür getätigten Ausgaben als berufliche Bildungsausgaben steuermindernd berücksichtigt werden.

Abschließend ist nochmals festzuhalten, dass die in diesem Abschnitt vorgenommene Klassifikation von Bildungsausgaben in der „Einfachsteuer" noch nicht geregelt ist. Vielmehr stellt die hier erfolgte Zuordnung von Bildungsausgaben zur Erwerbs- oder der Privatsphäre von Steuerpflichtigen lediglich einen Vorschlag ihrer steuerlichen Behandlung dar. Dieser orientiert sich an den entsprechenden Vorschriften der allgemeinen Durchführungsverordnung (DV1) zum neuen Einkommensteuergesetz (EStG) des Distrikts Brčko von Bosnien und Herzegowina, welches federführend von Manfred Rose im Auftrag der Gesellschaft für Technische Zusammenarbeit (GTZ) entwickelt wurde.[19]

Im folgenden Abschnitt 6.3.2 wird detailliert auf die Kassenrechnung als Ermittlungsmethode von Ausgaben für berufliche Bildung eingegangen.

[19]Die einkommensteuerlichen Vorschriften zur steuerlichen Behandlung beruflicher Bildungsausgaben im Distrikt Brčko von Bosnien und Herzegowina befinden sich in Anhang E dieser Arbeit.

6.3.2 Reine Kassenrechnung als Ermittlungsmethode

Werden Bildungsausgaben als Ausgaben für berufliche Bildung im Sinne des § 12 EFStG klassifiziert, stellt sich die Frage, wie sie bei der Ermittlung der Steuerbasis anzusetzen sind. Diesbezüglich bestimmt § 19 Abs. 1 Satz 1 EFStG, dass Ausgaben für berufliche Bildung wie Erwerbseinnahmen, Erwerbsausgaben und berücksichtigungsfähige Ausgaben der privaten Lebensführung nach den Grundsätzen der Kassenrechnung Berücksichtigung finden. Berufliche Bildungsausgaben sind deshalb grundsätzlich in voller Höhe im Ermittlungszeitraum ihres Kassenabflusses abzugsfähig. Durch die Besteuerung gegenwärtiger und/oder zukünftiger kassenmäßiger Erwerbseinnahmen als Rückfluss und Rendite beruflicher Bildung bei den Einkünften aus nichtselbständiger oder selbständiger Erwerbstätigkeit werden Humankapitalinvestitionen daher effektiv sparbereinigt steuerlich behandelt.

Eine Ausnahme von der Anwendung der sparbereinigten Methode begründet der ausschließlich durch berufliche Bildung veranlasste Erwerb langlebiger abnutzbarer Wirtschaftsgüter, deren Anschaffungs-/Herstellungskosten den Betrag von 1.000 Euro übersteigen.[20] Anschaffungs-/Herstellungskosten solcher Wirtschaftsgüter sind steuerlich nicht sofort abzugsfähig, sondern werden zinsbereinigt durch den Ansatz von Abschreibungen und Schutzzinsen auf den noch nicht als Ausgaben für berufliche Bildung berücksichtigten Ausgabenbetrag steuerlich erfasst. Barwertmäßig entsprechen Abschreibungen und Schutzzinsen gerade den Ausgaben zum Erwerb der Wirtschaftsgüter.[21]

Dass bezüglich Humankapitalinvestitionen die Kassenrechnung nicht – wie bei der Ermittlung von Unternehmensgewinnen – modifiziert[22], sondern (mit

[20]Die Festlegung der „1.000 Euro“-Grenze geht auf die Vorschrift des § 27 Abs. 1 und Abs. 2 Nr. 1 EFStG zurück, nach der betrieblich erworbene Anlagegüter zu ihren Anschaffungs-/Herstellungskosten (Eingangswert) in das Verzeichnis der Anlagegüter aufzunehmen sind, sofern diese den Betrag von 1.000 Euro übersteigen.

[21]Werden langlebige abnutzbare Wirtschaftsgüter im Rahmen beruflicher Bildung erworben, müssten Entnahmen und Veräußerungserlöse dieser Güter Erwerbseinnahmen begründen und unter Abzug der „Restbuchwerte“ als Erwerbsausgaben der Einkommensteuer unterliegen. Auch die sparbereinigte Behandlung ist mit diesem Problem behaftet. Steuerpraktisch lässt sich diese steuersystematisch korrekte Erfassung von Einnahmen allerdings kaum durchführen.

[22]Die modifizierte Kassenrechnung als Methode zur Ermittlung von Unternehmensgewinnen im Rahmen der „Einfachsteuer“ ist neben der steuerlichen Berücksichtigung von Anschaffungs-/Herstellungskosten langlebiger abnutzbarer Wirtschaftsgüter über Abschreibungen und Schutzzinsen u.a. dadurch gekennzeichnet, dass Ausgaben zum Erwerb von Kapitalforderungen (Vergabe eines Darlehens, Kauf von Wertpapieren) und geleistete Kredittilgungen steuerlich nicht als Erwerbsausgaben anzusetzen sind und entsprechend der Erwerb einer Kapitalverbindlichkeit (Kreditaufnahme, Emission von Wertpapieren)

Ausnahme oben genannter zinsbereinigt behandelter Wirtschaftsgüter) in reiner Form Anwendung findet, ergibt sich aus § 12 Abs. 1 Satz 2 EFStG. Dort heißt es: „Ausgaben für die berufliche Bildung sind auch Ausgaben für die Tilgung von Darlehen und ihre Verzinsung, wenn der Steuerpflichtige hiermit in früheren Zeiten Ausgaben für den Erwerb beruflicher Fähigkeiten finanziert hat, die bislang nicht als Abzug geltend gemacht werden konnten.“ Nach dieser „reinen“ Kassenrechnung reduzieren Kreditzins- und -tilgungszahlungen als Kassenabflüsse die Steuerbasis, so dass – spiegelbildlich hierzu – aufgenommene Darlehensmittel als Kassenzuflüsse die Steuerbasis erhöhen.[23] Werden berufliche Bildungsausgaben vollständig fremdfinanziert, hat dies zur Folge, dass im Ermittlungszeitraum der Vornahme beruflicher Bildungsaktivitäten die getätigten abzugsfähigen Ausgaben mit den Darlehensmitteln verrechnet werden und daher im Ergebnis die Steuerbasis unbeeinflusst bleibt. Zu einer effektiven vollständigen steuermindernden Berücksichtigung der beruflichen Bildungsausgaben kommt es in späteren Ermittlungszeiträumen allerdings durch den steuermindernden Ansatz geleisteter Kreditzins- und -tilgungszahlungen. Diese Form einer Kassenrechnung liegt der so genannten „R+F-Cash Flow“-Steuer zugrunde, nach der Unternehmensgewinne als Saldo der Kassenzu- und -abgänge aus realen und finanziellen Transaktionen ermittelt werden.[24] Auf der persönlichen Ebene stimmt die „R+F-Cash Flow“-Steuer mit einer konzeptionell korrekt verwirklichten sparbereinigten Einkommensteuer überein, nach der spiegelbildlich zum Abzug einer positiven Ersparnis (Kreditvergabe) ein Hinzurechnen einer negativen Ersparnis (Kreditaufnahme) erforderlich wird. Abschließend sei darauf hingewiesen, dass die sparbereinigte und somit lebenszeitorientierte steuerliche Behandlung fremdfinanzierter beruflicher Bildungsausgaben als Option zu verstehen ist und berufliche Bildungsausgaben daher auch im Ermittlungszeitraum ihres Abflusses steuerlich angesetzt werden können.[25] In diesem Fall sind geleistete Kreditzins- und Tilgungszahlungen dann

und erhaltene Kredittilgungen keine Erwerbseinnahmen darstellen. Zur modifizierten Kassenrechnung der „Einfachsteuer“ siehe Nguyen-Thanh et al. (2003); Rose (2003a), S. 127-134.

[23]Aufgenommene Darlehensmittel stellen daher steuerlich relevante Einnahmen beruflicher Bildung dar.

[24]Zur „R+F-Cash Flow“-Steuer siehe Meade (1978), S. 233; Kay und King (1986), S. 173; Aaron und Galper (1985), S. 79-84; Kaiser (1992), S. 56-60; Wagner und Schwinger (1991), S. 500-503; Bach (1999), S. 94; McLure und Zodrow (1990), S. 123-124.

[25]Dies wird im EFStG dadurch klargestellt, dass Kreditzins- und -tilungszahlungen nur dann als Ausgaben für berufliche Bildung anzusehen sind, wenn die zu finanzierenden beruflichen Bildungsausgaben „bislang nicht als Abzug geltend gemacht werden konnten“ (§ 12 Abs. 1 Satz 2 EFStG).

jedoch nicht zum Abzug zugelassen, weil es ansonsten zu einem doppelten Abzug beruflicher Bildungsausgaben käme.

6.3.3 Berufliche Bildungsausgaben und Verlustverrechnung

Ausgaben für berufliche Bildung sind bei der Ermittlung des Markteinkommens steuerlich abzugsfähig. Sie werden mit Einkünften aus nichtselbständiger und selbständiger Erwerbstätigkeit sowie den Vorsorgeeinkünften unter Abzug eines verzinsten Verlustvortrags verrechnet. Ergibt sich in einem Ermittlungszeitraum insgesamt ein negatives Markteinkommen bzw. ein Verlust, wird dieser entweder durch einen Verlustrücktrag (bei positivem Steuerguthaben gemäß § 33 Abs. 1 Satz 3 EFStG) oder durch einen im nächsten Ermittlungszeitraum anzusetzenden aufgezinsten Verlustvortrag steuerlich erfasst. Berufliche Bildungsausgaben werden durch beide Formen der Verlustverrechnung (barwertmäßig) in voller Höhe steuermindernd berücksichtigt. Durch die Besteuerung von Humankapitaleinnahmen im Rahmen der Einkünfte aus nichtselbständiger und selbständiger Erwerbstätigkeit wird daher gewährleistet, dass berufliche Bildung als Humankapitalinvestition auch bei Auftreten von Verlusten im Rahmen der „Einfachsteuer“ lebenszeitorientiert steuerlich behandelt wird und die steuerliche Einmalbelastung von Einkommen in lebenszeitlicher Sicht sichergestellt ist.

6.3.4 Einschränkungen der steuerlichen Abzugsfähigkeit beruflicher Bildungsausgaben

Nicht alle von einem ansässigen Steuerpflichtigen getätigten und beruflich veranlassten Bildungsausgaben sind steuerlich abzugsfähig. Dies ist darin begründet, dass lediglich solche berufliche Bildungsausgaben, die die (objektive) wirtschaftliche Leistungsfähigkeit eines Steuerpflichtigen mindern, anzusetzen sind.

Es besteht die Vermutung, dass beruflich veranlasste Bildungsausgaben, die betragsmäßig „unüblich“ sind, auch Kosten der privaten Lebensführung des Steuerpflichtigen abdecken und insofern teilweise Konsumausgaben darstellen, die wirtschaftliche Leistungsfähigkeit widerspiegeln. In diesem Fall handelt es sich um dem Grunde nach beruflich veranlasste Bildungsausgaben, die allerdings der Höhe nach als privat „mitveranlasst“ gelten. Solche Berufsbildungsausgaben sind nach § 12 Abs. 1 Satz 3 EFStG nur in einer Höhe steuerlich abzugsfähig, die als „erwerbswirtschaftlich angemessen“ gilt. In welcher Höhe Ausgaben in diesem Zusammenhang „erwerbswirtschaftlich angemessen“ sind, ist durch eine Durchführungsverordnung zum EFStG zu konkretisieren. Letztlich soll durch diese Vorschrift verhindert werden, dass Steuerpflichtige die berufliche Veranlassung von Bildungsausgaben dazu verwenden, Ausgaben der privaten Lebensführung bzw. Konsumausgaben in Abzug zu bringen.[26]

Auch dem Grunde und der Höhe nach beruflich veranlasste Bildungsausgaben sind nicht in jedem Fall steuermindernd anzusetzen, da im Einklang mit dem objektiven Nettoprinzip beruflich veranlasste Bildungsausgaben – wie oben angemerkt – zu einer Verminderung der (objektiven) wirtschaftlichen Leistungsfähigkeit des Steuerpflichtigen führen müssen. Diese Abzugsvoraussetzung ist z.B. dann nicht erfüllt, wenn der Steuerpflichtige von öffentlichen oder gemeinnützigen privaten Organisationen finanzielle Mittel zur Abdeckung beruflicher Bildungsausgaben erhält. Deshalb bestimmt § 12 Abs. 2 EFStG, dass Unterstützungszahlungen öffentlicher und gemeinnütziger privater Organisationen zur Finanzierung der beruflichen Bildung des Steuerpflichtigen, den Abzug der nach Abs. 1 als Berufsbildungsausgaben klassifizierten Ausgaben reduzieren.[27]

6.3.5 Berufliche Bildungsausgaben unterhaltener Personen

In vielen Fällen werden berufliche Bildungsmaßnahmen von Steuerpflichtigen unternommen, die selbst kein eigenes oder nur ein geringes Markteinkommen beziehen. Sie werden finanziell unterhalten und in der „Einfachsteuer" daher als unterhaltene Personen bezeichnet. Ihre beruflichen Bildungsaktivitäten werden von unterhaltenden Personen, das sind z.B. Eltern, die für die beruflichen Bildungsausgaben (wie beispielsweise Studiengebühren an einer privaten Universität) ihrer nicht erwerbstätigen Kinder aufkommen, finanziert. Fraglich ist, wie diese Bildungsausgaben steuerlich zu berücksichtigen sind. Berufliche Bildungsausgaben sind durch eine zukünftige Erwerbstätigkeit der unterhaltenen Person veranlasst und wären insofern – entsprechend der Zurechnungsregel

[26] Zur Klarstellung sei nochmals erwähnt, dass solche der Höhe nach „unübliche" berufliche Bildungsausgaben dem Grunde nach ausschließlich beruflich veranlasst sind, der Höhe nach aber als privat „mitveranlasst" gelten. Als Ausgaben für berufliche Bildung abzugsfähig ist nur der „erwerbswirtschaftlich angemessene" Teil dieser Ausgaben. Anders dagegen werden Bildungsausgaben, die in keinem Zusammenhang zu einer Erwerbstätigkeit stehen und somit dem Grunde nach privat veranlasst sind, überhaupt nicht zum Abzug zugelassen. Das EFStG verlangt daher die in Grenzfällen schwierige Zuordnung von Bildungsausgaben zur steuerlich relevanten Erwerbs- oder zur steuerlich irrelevanten Privatsphäre des Steuerpflichtigen. Vgl. hierzu Abschnitt 6.3.1.

[27] Unterstützungszahlungen öffentlicher oder gemeinnütziger privater Organisationen zur Förderung beruflicher Bildung könnten bei der Ermittlung der sozialen bzw. humanen Leistungsfähigkeit eines Steuerpflichtigen als persönliche Bezüge aufgefasst werden, die mit den beruflich veranlassten Bildungsausgaben zu verrechnen sind. Ökonomisch führt dies dann zum gleichen Ergebnis wie die in § 12 Abs. 2 EFStG normierte Anrechnung der Unterstützungszahlungen auf den Abzug beruflicher Bildungsausgaben.

des § 17 Abs. 2 EFStG – bei ihr als Ausgaben für berufliche Bildung abzugsfähig. Da die unterhaltene Person zur Zeit der beruflichen Bildungsaktivitäten keine bzw. geringe Markteinkommen erzielt, müssten die beruflichen Bildungsausgaben im Rahmen eines Verlustvortrags[28] berücksichtigt und in späteren Ermittlungszeiträumen inklusive der Schutzzinsen mit positiven Markteinkommen verrechnet werden.

Ausgehend davon, dass sich einerseits die soziale Leistungsfähigkeit des unterhaltenden Steuerpflichtigen durch die Bestreitung beruflicher Bildungsausgaben der unterhaltenen Person vermindert und andererseits eine steuermindernde Berücksichtigung der Ausgaben für berufliche Bildung unterhaltener Personen bei diesen aufwändig wäre[29], berücksichtigt die „Einfachsteuer“ solche beruflichen Bildungsausgaben ausschließlich bei den persönlichen Abzügen der unterhaltenden Person gemäß § 24 Abs. 1 Nr. 5 EFStG.[30] Zur Vermeidung eines doppelten Abzugs beruflicher Bildungsausgaben wird in diesem Paragrafen ausdrücklich darauf hingewiesen, dass eine Zurechnung nach § 17 Abs. 2 EFStG dieser Ausgaben als Erwerbsausgaben bei der in späteren Ermittlungszeiträumen Erwerbseinnahmen beziehenden unterhaltenen Person entfällt.[31]

[28] Typischerweise ist bei unterhaltenen Personen kein Verlustrücktrag nach § 33 Abs. 1 EFStG möglich, da ein hierfür erforderliches Steuerguthaben aus vergangenen Ermittlungszeiträumen fehlt.

[29] Studierende z.B. hätten kalenderjährlich Steuererklärungen anzufertigen und ihre beruflichen Bildungsausgaben nachzuweisen, die dann im Rahmen von Verlustvorträgen steuermindernd zu berücksichtigen wären.

[30] Ein Ansatz der Bildungsausgaben als abzugsfähige Ausgaben für berufliche Bildung beim Unterhaltenden ist steuersystematisch ausgeschlossen, da die Ausgaben nicht durch eine gegenwärtige und/oder zukünftige Erwerbstätigkeit des Unterhaltenden veranlasst sind.

[31] Diese Lösung der „Einfachsteuer“ zur steuerlichen Behandlung beruflicher Bildungsausgaben unterhaltener Personen wird auch sichergestellt, wenn man – ausgehend von einem Erwerbsausgabencharakter der Bildungsausgaben – die von der unterhaltenden Person übertragenen Mittel als steuerpflichtige persönliche Bezüge beim Unterhaltenen auffasst, die den beruflichen Bildungsausgaben gegenzurechnen sind. Nimmt man eine betragsmäßige Übereinstimmung zwischen erhaltenen Mitteln und beruflichen Bildungsausgaben an, werden im Ergebnis die getätigten Bildungsausgaben ausschließlich bei der unterhaltenden Person als persönliche Abzüge steuermindernd erfasst.

6.4 „Einfachsteuer“ versus deutsche Einkommensteuer und Humankapitalinvestitionen

Die „Einfachsteuer“ und die deutsche Einkommensteuer unterscheiden sich im zugrunde liegenden Einkommensteuerleitbild, welches die steuerliche Behandlung von Investitionen in Humankapital bestimmt. Während die „Einfachsteuer“ bei der steuerlichen Behandlung beruflicher Bildung das lebenszeitorientierte Einkommensteuerleitbild umsetzt, folgt die deutsche Einkommensteuer diesbezüglich dem Leitbild der SHS-Einkommensteuer in konventioneller Form.[32] Weil der Erwerb beruflicher Bildung bzw. der Erwerb von Humankapital nach der konventionellen SHS-Einkommensteuer keinen Vermögenszugang begründet, werden beruflich veranlasste Bildungsausgaben bei der Bestimmung der wirtschaftlichen Leistungsfähigkeit eines Steuerpflichtigen als Vermögensabgang kassenmäßig steuermindernd berücksichtigt. Diese konkrete steuerliche Berücksichtigung erfahren Bildungsausgaben im deutschen Einkommensteuerrecht, wenn sie als beruflich veranlasst eingestuft werden.[33]

Nach dem lebenszeitorientierten Einkommensteuerleitbild können berufliche Bildungsausgaben konzeptionell entweder sparbereinigt, d.h. kassenmäßig, oder zinsbereinigt über Abschreibungen und Schutzzinsen steuerlich angesetzt werden.[34] Die „Einfachsteuer“ behandelt Ausgaben für berufliche Bildung – wie in diesem Kapitel aufgezeigt wurde – sparbereinigt. Durch gegenwärtige und/oder zukünftige Erwerbstätigkeiten veranlasste Bildungsausgaben sind ausschließlich bei der Ermittlung des Markteinkommens als Ausdruck wirtschaftlicher Leistungsfähigkeit kassenmäßig steuerlich abzugsfähig. Als veranlasst in diesem Sinne gelten nach der „Einfachsteuer“ sämtliche Bildungsausgaben, die Steuerpflichtige zur Einkünfteerzielung tätigen und insofern – den beruflichen Veranlassungszusammenhang erfüllend – berufliche Bildungsausgaben darstellen.

---

[32] Siehe hierzu Kapitel 4, Abschnitt 4.7. Insbesondere hinsichtlich der Ermittlung von Sachkapitaleinkommen wird die konventionelle SHS-Einkommensteuer im deutschen Einkommensteuerrecht allerdings nur approximativ verwirklicht. So sind Abschreibungen von Sachkapital nach der deutschen Einkommensteuer von Restbuchwerten und nicht von Ertragswerten vorzunehmen.

[33] Dieser Punkt wird weiter unten präzisiert.

[34] Entscheidend ist lediglich, dass dem Prinzip der steuerlichen Einmalbelastung von Einkommen in lebenszeitlicher Sicht entsprochen wird und damit die steuerliche Nichtbeeinflussung individueller Investitionsentscheidungen gewährleistet ist. Sowohl die Zins- als auch die Sparbereinigung erfüllen diese Anforderungen.

Im deutschen Einkommensteuerrecht wurden bislang dagegen nicht alle Bildungsausgaben[35], die der Erzielung zukünftiger Einkünfte dienen und daher aus ökonomischer Sicht berufliche Bildungsausgaben darstellen, im Rahmen der Ermittlung von Einkommen nach dem objektiven Nettoprinzip berücksichtigt. Zurückgehend auf die von der Rechtsprechung gebildete Typisierung[36] wurden Ausgaben für als Ausbildung klassifizierte berufliche Bildungsmaßnahmen ohne Prüfung ihrer beruflichen Veranlassung den Kosten der privaten Lebensführung zugewiesen.[37] Seither waren Ausbildungskosten regelmäßig als Sonderausgaben nach dem subjektiven Nettoprinzip betragsmäßig nur beschränkt abzugsfähig. Dies war steuersystematisch zu kritisieren und zugleich ökonomisch unverständlich, da Ausbildungskosten (wie auch Fortbildungskosten) häufig im direkten Zusammenhang mit einer gegenwärtigen und/oder zukünftigen Erwerbstätigkeit stehen und dann den Charakter von Erwerbsausgaben besitzen. Ihre Nichtberücksichtigung im Rahmen der Einkünfteermittlung widersprach dem objektiven Nettoprinzip. Wenn auch nach der Rechtsprechungsänderung des BFH vom Dezember 2002 berufliche Bildung weiterhin in Aus- und Weiterbildung einerseits und Fortbildung anderseits unterteilt wird, sind mit der begrifflichen Unterscheidung von Ausbildung und Fortbildung allerdings keine grundsätzlich differenzierten einkommensteuerrechtlichen Folgen mehr verbunden: Fortbildungskosten werden nach wie vor ausschließlich bei der Einkünfteermittlung als Werbungskosten/Betriebsausgaben erfasst. Ausbildungskosten werden nun nicht mehr typisierend der Privatsphäre zugewiesen, sondern auf ihre berufliche Veranlassung hin überprüft. Erfüllen Ausbildungskosten den beruflichen Veranlassungszusammenhang, sind sie wie Fortbildungskosten als Werbungskosten/Betriebsausgaben abzugsfähig. Weiterbildungskosten werden dagegen nach wie vor als Kosten der privaten Lebensführung des Steuerpflichtigen angesehen. Durch den Sonderausgabenabzug begünstigt sind sie in beschränkter Höhe steuerlich abzugsfähig.[38] Bezüglich der steuerlichen Behandlung beruflich veranlasster Bildungsausgaben ist an der deutschen Einkommensteuer – infolge der BFH-Rechtsprechungsänderung – aus steuersyste-

[35] In Anlehnung an die Terminologie des deutschen Einkommensteuerrechts wurde in Kapitel 4 anstatt des Begriffs der Bildungsausgaben der der Bildungsaufwendungen verwendet.

[36] Diese geht letztlich – wie in Kapitel 4, Abschnitt 4.2.2 dargelegt wurde – auf die „Lebenskampfthese“ des RFH aus dem Jahr 1937 zurück.

[37] Siehe ausführlich hierzu Abschnitt 4.2.1.

[38] Steuersystematisch ist die Nichtberücksichtigung von Weiterbildungskosten im Rahmen der Einkünfteermittlung zutreffend, da Weiterbildung eine zukünftige Erwerbstätigkeit nicht voraussetzt. Siehe Abschnitt 4.5.

matischer Sicht nichts (mehr) auszusetzen; dem objektiven Nettoprinzip wird nach derzeitiger Rechtslage entsprochen.[39]

Ausgehend von der kassenmäßigen[40] steuermindernden Berücksichtigung beruflicher Bildungsausgaben sowohl nach der lebenszeitorientierten als auch nach der konventionellen SHS-Einkommensteuer und der jeweils kassenmäßigen Besteuerung der Einnahmen aus beruflicher Bildung (z.B. Arbeitslöhne), könnte man den Eindruck gewinnen, dass sich die beiden Einkommenskonzeptionen hinsichtlich der steuerlichen Behandlung von Investitionen in Humankapital nicht unterscheiden. Dieser Eindruck bestätigt sich bei näherer Betrachtung allerdings nicht. Unabhängig von der Finanzierungsart beruflicher Bildungsausgaben werden Humankapitalinvestitionen im Rahmen der konventionellen SHS-Einkommensteuer im Vergleich zur lebenszeitorientierten Einkommensteuer steuerlich begünstigt. Konzeptionell gilt dies deshalb auch für die deutsche Einkommensteuer im direkten Vergleich zur „Einfachsteuer“.

Werden berufliche Bildungsmaßnahmen fremdfinanziert, sind im Rahmen der deutschen Einkommensteuer neben den beruflichen Bildungsausgaben entsprechend der konventionellen SHS-Einkommensteuer auch geleistete Kreditzinsen (als Vermögensabgang) steuerlich abzugsfähig.[41] Barwertmäßig wird dadurch insgesamt ein die beruflichen Bildungsausgaben übersteigender Betrag steuermindernd angesetzt. Für die „Einfachsteuer“ gilt dies dagegen nicht. Nach der „Einfachsteuer“ sind – gemäß der in diesem Kapitel beschriebenen reinen Kassenrechnung als Ermittlungsmethode bezüglich Einkommen aus Hu-

[39] Zu kritisieren ist an der deutschen Einkommensteuer allerdings, dass die steuermindernde Berücksichtigung beruflicher Bildungsausgaben im deutschen EStG wenig transparent geregelt ist. Fortbildungskosten und beruflich veranlasste Ausbildungskosten zählen – ohne im Gesetz explizit genannt zu werden – entweder zu den Werbungskosten (§ 9 Abs. 1 Satz 1 EStG) oder zu den Betriebsausgaben (§ 4 Abs. 4 EStG). Anders dagegen und vorbildlich hinsichtlich der Transparenz werden berufliche Bildungsausgaben nach § 12 EFStG gesondert im Rahmen der Einkunftsart „Ausgaben für berufliche Bildung (Humankapital)“ angesetzt.

[40] Ausgenommen hiervon sind jeweils Ausgaben zur Anschaffung abnutzbarer Wirtschaftsgüter, die im Rahmen beruflicher Bildungsaktivitäten erworben werden.

[41] Als Werbungskosten sind geleistete Kreditzinsen abzugsfähig, wenn sie nach § 9 Abs. 1 Satz 3 Nr. 1 EStG mit einer Überschusseinkunftsart in wirtschaftlichem Zusammenhang stehen. Ein solcher wirtschaftlicher Zusammenhang ist bei der Finanzierung von Fortbildungs- und beruflich veranlassten Ausbildungskosten, die jeweils als Werbungskosten bei den Einkünften aus nichtselbständiger Arbeit abzugsfähig sind, gegeben. Kreditzinsen zur Finanzierung von Fortbildung oder beruflich veranlasster Ausbildung stellen im Rahmen der Gewinneinkünfte (insbesondere bei Einkünften aus selbständiger Arbeit) betrieblich veranlasste Aufwendungen dar und sind daher nach § 4 Abs. 4 EStG Betriebsausgaben. Als Sonderausgaben sind Kreditzinsen von Ausbildungsdarlehen abzugsfähig. Vgl. Heinicke (2002), S. 888-889; Zenthöfer und Schulze zur Wiesche (2003), S. 214.

mankapitalinvestitionen – neben geleisteten Kreditzinszahlungen auch Kredittilgungszahlungen steuerlich abzugsfähig, wenn die Kredite zur Finanzierung beruflicher Bildungsausgaben aufgenommen wurden.[42] Als Barwert berechnet werden dadurch insgesamt die beruflichen Bildungsausgaben steuerlich berücksichtigt.[43] Bei Finanzierung beruflicher Bildung aus eigenen Mitteln führt die deutsche Einkommensteuer gegenüber der „Einfachsteuer" konzeptionell ebenfalls zu einer relativen steuerlichen Begünstigung von Humankapitalinvestitionen. Ursächlich hierfür ist die SHS-leitbildgerechte Besteuerung von Zinseinkommen, die die Opportunitätskosten der Investition in Humankapital absenkt und auf diese Weise berufliche Bildung (indirekt) stimuliert. Im Rahmen der „Einfachsteuer" tritt dieser Effekt nicht auf, da marktübliche Zinsen nicht der Besteuerung unterliegen.

Letztlich ist die aufgezeigte finanzierungsunabhängige steuerliche Begünstigung von Humankapitalinvestitionen der konventionellen SHS-Einkommensteuer gegenüber der lebenszeitorientierten Einkommensteuer nur Ausdruck der unterschiedlichen Einkommensermittlungsmethoden der SHS-Einkommenskonzeption. Danach werden Humankapitalinvestitionen steuerlich niedriger als Sach- und Finanzkapitalinvestitionen belastet und folglich steuerlich begünstigt.[44] Dies bedingt – wie in der Modellanalyse von Kapitel 5 herausgearbeitet wurde – eine „Überinvestition" in Humankapital, aus der Zusatzlasten der Besteuerung resultieren.

Kommt es nach der deutschen Einkommensteuer zu einer solchen „Überinvestition" in Humankapital – in diese Richtung wirkt die nach der geänderten BFH-Rechtsprechung verstärkte Abzugsfähigkeit von Bildungsausgaben als Werbungskosten/Betriebsausgaben –, können die Zusatzlasten durch den Übergang von der konventionellen SHS-Einkommensteuer zur lebenszeitorientierten Einkommensteuer, also durch den Wechsel des Einkommensteuerleitbilds, reduziert werden. In diesem Fall ist entsprechend der Modellanalyse die „Einfachsteuer" der deutschen Einkommensteuer aus effizienztheoretischer Sicht überlegen. Ausgehend vom derzeitigen Einkommensteuerrecht wäre zur Umsetzung der „Einfachsteuer" die auf Humankapitalinvestitionen bezogene Steuerbasis nur geringfügig zu verändern: Konkret wäre im Fall der Fremdfinanzierung beruflicher Bildungsausgaben entweder der steuerliche Abzug von Kreditzinsen abzuschaffen oder eine sparbereinigte steuerliche Behandlung von Humanka-

[42] Siehe Abschnitt 6.3.2 dieses Kapitels.

[43] Alternativ kann der steuerliche Abzug geleisteter Kreditzinsen entfallen, wenn Kreditaufnahme und -tilgung die Steuerbasis nicht berühren. In diesem Fall werden die beruflichen Bildungsausgaben in dem Ermittlungszeitraum steuermindernd angesetzt, in dem sie kassenmäßig abfließen.

[44] Siehe Kapitel 3, Abschnitt 3.3.5.

pitalinvestition – wie sie in § 12 Abs. 1 Satz 2 EFStG vorgesehen ist – einzuführen. Zur Herstellung der Einflusslosigkeit der Einkommensbesteuerung auf die berufliche Bildungsentscheidung bei Finanzierung aus eigenen Mitteln ist allerdings eine grundlegende Neuregelung der Kapitaleinkommensbesteuerung notwendig, innerhalb derer Sach- und Finanzkapitaleinkommen zins- oder sparbereinigt zu bestimmen wäre.

Kapitel 7

Schlussbemerkungen

Die vorliegende Arbeit verfolgte die übergeordnete Zielsetzung, einen Beitrag zur Wahl eines Einkommensteuerleitbilds als Bezugspunkt einer Reform der Einkommensbesteuerung zu leisten. Ausgehend von der Notwendigkeit eines Systembezugs der Einkommensbesteuerung wurde untersucht, wie Humankapitalinvestitionen im Rahmen der SHS-Einkommensteuer und der lebenszeitorientierten Einkommensteuer als Einkommensteuerleitbilder zu behandeln sind und welche Folgen sich hieraus für die Administrierbarkeit und die Besteuerungseffizienz der jeweiligen Einkommenskonzeption ergeben. Daneben wurde aufgezeigt, wie Investitionen in Humankapital im deutschen Einkommensteuerrecht konkret Berücksichtigung finden und wie man ihre steuerliche Behandlung im Rahmen eines ökonomisch begründeten Steuerreformvorschlags systematisch, effizient und transparent gesetzlich regeln könnte.

Aufbauend auf der Definition der Begriffe „Humankapital" und „Humankapitalinvestition" (Kapitel 1) und der Darstellung der wesentlichen Prinzipien, nach denen Einkommen als Ausdruck wirtschaftlicher Leistungsfähigkeit im Rahmen der beiden Einkommenskonzeptionen ermittelt wird (Kapitel 2), wurde in Kapitel 3 verdeutlicht, dass eine Besteuerung von Humankapitaleinkommen gemäß der *konzeptionellen* bzw. *idealen SHS-Einkommensteuer* in der Steuerpraxis gar nicht umsetzbar ist. In Übereinstimmung mit dem Vermögensprinzip der SHS-Einkommensteuer wäre neben Einkommen aus Sach- und Finanzkapital nämlich auch Humankapitaleinkommen über eine *Vermögensrechnung* zu ermitteln. Gerade dieser Aspekt einer konzeptionellen SHS-Einkommensteuer wurde in der Literatur bislang kaum beleuchtet.

Die ideale SHS-Einkommensteuer würde es leitbildgerecht erfordern, den Wert einer Humankapitalinvestition bzw. einer beruflichen Bildungsmaßnahme, der sich z.B. über in der Zukunft liegende bildungsbedingt erhöhte Arbeitseinkommen bestimmt, bereits im Investitionszeitpunkt als Vermögenszugang steuerlich zu erfassen.[1] Einerseits wird zwar niemand bestreiten, dass der Erwerb beruflicher Bildung einen Wert besitzt, andererseits wird aber auch niemand à priori bewerten können, wieviel zusätzliches zukünftiges Einkommen die Erweiterung des individuellen Humankapitalbestands über eine berufliche Bildungsmaßnahme ermöglicht. Das Bewertungsproblem der idealen SHS-Einkommensteuer äußert sich allerdings nicht nur im Investitionszeitpunkt. Über die „Nutzungsdauer“ des durch eine berufliche Bildungsmaßnahme erworbenen Humankapitals müssten dessen kalenderjährliche Wertänderungen steuerlich exakt ermittelt werden.[2]

Die Implikation der Anwendung einer Vermögensrechnung zur Ermittlung von Humankapitaleinkommen reicht aber noch weiter. Sie betrifft nicht nur die steuerliche Behandlung investitionsbedingter Erweiterungen eines individuellen Humankapitalbestands. Wertänderungen von Humankapital ergeben sich auch über die Zeit. Mit steigendem Lebensalter werden immer weniger zukünftige Arbeitseinkommen erwartet. Daneben rücken in der Zukunft zu beziehende Arbeitseinkommen mit voranschreitender Zeit immer näher, so dass Humankapitaleinkommen eines Kalenderjahrs über zwei gegenläufige Vermögenseffekte bestimmt wird. Gemäß der konzeptionellen SHS-Einkommensteuer hätten Steuerpflichtige ihre Arbeitseinkommen unter Berücksichtigung der kalenderjährlichen Wertänderung ihres individuellen Humankapitalstocks zu versteuern.[3] Eine ausschließliche Besteuerung von Arbeitseinkommen ist mit dem Vermögensprinzip der konzeptionellen SHS-Einkommensteuer daher nicht vereinbar. In der Literatur zur SHS-Einkommensteuer wird hierauf nur selten hingewiesen.

Aufgrund der steuerpraktischen Unmöglichkeit, Humankapitaleinkommen vermögensmäßig zu bestimmen, ist die *konventionelle SHS-Einkommensteuer* durch die reduzierte Anwendung der Vermögensrechnung auf Sach- und Finanzkapitaleinkommen gekennzeichnet. Humankapitaleinkommen wird auf der Grundlage einer *Kassenrechnung* ermittelt. Wertänderungen des individuellen Humankapitalstocks – anlässlich einer beruflichen Bildungsmaßnahme oder über die Zeit – bleiben steuerlich vollständig unberücksichtigt. Die konven-

[1] Berufliche Bildungsausgaben als Vermögensabgang wären mit einem solchen Vermögenszugang zu verrechnen. Bilanztechnisch formuliert, wäre eine berufliche Bildungsmaßnahme zu ihrem Ertragswert zu „aktivieren“. Siehe ausführlich hierzu Abschnitt 3.3.2.

[2] Diese Wertänderungen ergeben sich als Änderungen des Ertragswerts einer beruflichen Bildungsmaßnahme und wären als so genannte „Ertragswertabschreibungen“ steuerlich zu berücksichtigen. Siehe hierzu Abschnitt 3.3.5.

[3] Konzeptionell verlangt die Anwendung des Vermögensprinzips der idealen SHS-Einkommensteuer sogar, dass Individuen zum Zeitpunkt ihrer Geburt den Barwert ihrer zukünftigen Arbeitseinkommen als Humankapitaleinkommen zu versteuern haben. Im Einzelnen siehe Abschnitt 3.3.4.

tionelle SHS-Einkommensteuer besteuert daher Arbeitseinkommen. Berufliche Bildungsausgaben werden kassenmäßig steuermindernd angesetzt, wodurch Investitionen in Humankapital eine vollständige steuerliche Sofortabschreibung erfahren. Rückflüsse und Renditen von Humankapitalinvestitionen werden im Rahmen der Arbeitseinkommensbesteuerung miterfasst.

Ausgehend von den grundlegenden Prinzipien der beiden Einkommensteuerleitbilder weist die steuerliche Behandlung von Humankapital im Rahmen der konventionellen SHS-Einkommensteuer *lebenszeitorientierte* Züge auf, denn die Kassenrechnung als Einkommensermittlungsmethode ist Kennzeichen der lebenszeitorientierten Einkommensteuer. Dieses Charakteristikum der konventionellen SHS-Einkommensteuer wurde in der Literatur zur Einkommensbesteuerung bislang kaum thematisiert.[4]

In Kapitel 3 wurde deutlich, dass bei Eigenfinanzierung beruflicher Bildungsausgaben die steuerliche Behandlung von Humankapitalinvestitionen nach der konventionellen SHS-Einkommensteuer mit einer *sparbereinigt* ausgestalteten lebenszeitorientierten Einkommensbesteuerung übereinstimmt. Entsprechend der Sparbereinigung von Einkommen werden sämtliche Kassenzugänge eines Kalenderjahrs – insbesondere gehören Arbeitseinkommen hierzu – um nichtkonsumtive Ausgaben, die ökonomisch Ersparnisbildung darstellen, „bereinigt". Zukünftige Kassenzugänge, die aus der Ersparnisbildung resultieren, unterliegen erst bei konsumtiver Verwendung der Besteuerung. Die Vornahme beruflicher Bildungsmaßnahmen kann – aus ökonomischer Perspektive – als Spar- bzw. Investitionsprozess betrachtet werden: Man verzichtet auf Konsum, um über bessere berufliche Qualifikation zukünftig ein höheres Einkommen zu erzielen. Gemäß dieser Zuordnung sind berufliche Bildungsausgaben als erwerbsbedingte und folglich nichtkonsumtive Ausgaben steuerlich abzugsfähig. Humankapitalinvestitionen werden dadurch vollständig sofort abgeschrieben. Einnahmen beruflicher Bildungsmaßnahmen werden als Arbeitseinkommen versteuert.

Aufgrund der kassenmäßigen Ermittlung von Humankapitaleinkommen einerseits und der vermögensmäßigen Ermittlung von Sach- und Finanzkapitaleinkommen andererseits ist die Einkommensermittlung der konventionellen SHS-Einkommensteuer durch einen *Methodendualismus* geprägt und in dieser Hinsicht nicht systematisch. Als wichtige Erkenntnis wurde in Kapitel 3 herausgearbeitet, dass diese uneinheitlichen Einkommensermittlungsmethoden eine ungleichmäßige steuerliche Belastung von Sach- und Finanz- gegenüber Humankapitalinvestitionen bedingen und zu einer relativen steuerlichen *Subven-*

[4] Lediglich Franz W. Wagner, Ekkehard Wenger und Leonhard Knoll als Vertreter der betrieblichen Steuerlehre haben auf den „Fremdkörper" der Arbeitseinkommensbesteuerung innerhalb der SHS-Einkommensteuer hingewiesen.

tionierung von Investitionen in Humankapital führen. Eine solche ungleichmäßige steuerliche Belastung verschiedener Investitionstypen existiert nach dem Leitbild der lebenszeitorientierten Einkommensteuer hingegen nicht, da Sach-, Finanz- und Humankapitalinvestitionen entweder sparbereinigt oder zinsbereinigt steuerlich behandelt werden können und beide Methoden belastungsäquivalent sind. Sowohl die sparbereinigte als auch die zinsbereinigte Methode der steuerlichen Behandlung gesparten bzw. investierten Kapitals gewährleistet die steuerliche Einmalbelastung von Einkommen in lebenszeitlicher Sicht. Dies ist das Kernprinzip der lebenszeitorientierten Einkommensteuer.

In Kapitel 4 folgte eine detaillierte Darstellung der steuerlichen Behandlung beruflicher Bildungsaufwendungen im deutschen Einkommensteuerrecht, die in dieser Hinsicht eine Leitbildzuordnung ermöglichte. Eine solche „Standortbestimmung“ ist essentiell, wenn im Zuge einer Reform der Einkommensbesteuerung beurteilt werden soll, ob und wie die steuerliche Berücksichtigung beruflicher Bildungsaufwendungen zu ändern ist.

Hierbei wurde zunächst aufgezeigt, dass berufliche Bildungsaufwendungen im deutschen Einkommensteuerrecht entweder als Konsum- oder als Investitionsausgaben behandelt werden. Zu den Konsumausgaben zählten bislang neben Weiterbildungskosten grundsätzlich auch Ausbildungskosten, während Fortbildungskosten den Erwerbsausgaben und damit ökonomisch den Investitionsausgaben zugewiesen wurden. Ausbildungskosten fanden – als Kosten der privaten Lebensführung – steuerlich begünstigt als Sonderausgaben in beschränkter Höhe Berücksichtigung. Fortbildungskosten dagegen konnten als Werbungskosten oder Betriebsausgaben unbeschränkt steuermindernd angesetzt werden. Im steuerjuristischen Schrifttum wurde die an den Begriffen Ausbildung und Fortbildung orientierte typisierende Einteilung beruflicher Bildungsaufwendungen wegen fehlender Steuersystematik massiv kritisiert. Zutreffend wurde betont, dass auch Ausbildungskosten auf die Erzielung von Einkünften gerichtet und daher Erwerbsausgaben sein könnten. Eine grundsätzliche Zuordnung zu den Kosten der privaten Lebensführung sei daher verfehlt. Diese Kritik aufgreifend hat der Bundesfinanzhof (BFH) die Rechtsprechung in diesem Bereich geändert. Ausgehend von zwei BFH-Grundsatzurteilen Ende des Jahres 2002 können seither auch Ausbildungskosten als Werbungskosten oder Betriebsausgaben abzugsfähig sein. Diese steuerliche Behandlung von Humankapitalinvestitionen entspricht ihrem ökonomischen Charakter. Obwohl die Begriffsabgrenzung zwischen Ausbildungs- und Fortbildungskosten im deutschen Einkommensteuerrecht zwar noch immer existiert, kommt ihr grundsätzlich keine steuerrechtliche Bedeutung mehr zu.

Auf konzeptioneller Ebene ist die deutsche Einkommensteuer der konventionellen SHS-Einkommensteuer zuzuordnen. Berufliche Bildungsaufwendungen werden kassenmäßig steuermindernd angesetzt, so dass unter Berücksichtigung der Arbeitseinkommensbesteuerung Humankapitaleinkommen auf der Grundlage der Kassenrechnung ermittelt wird. Einkommen aus Sach- und Finanzkapital wird dagegen grundsätzlich vermögensmäßig bestimmt. Die gleichmäßige steuerliche Belastung von Sach- und Finanz- gegenüber Humankapitalinvestitionen ist in der deutschen Einkommensteuer daher nicht gewährleistet.

Eine gleichmäßige Belastung verschiedener Spar- und Investitionsformen ist allerdings aus zweierlei Gründen bedeutsam: Erstens ist sie Ausdruck einer gerechten Besteuerung, wenn man von einer lebenszeitlichen (oder zumindest einer überperiodischen) Leistungsfähigkeitskonzeption ausgeht und hiernach Individuen in ökonomisch gleichen Sachverhalten in gleicher Weise steuerlich zu belasten sind. Zweitens lässt sich die Forderung nach einer gleichmäßigen steuerlichen Belastung gesparten bzw. investierten Einkommens auch *effizienztheoretisch* begründen.

In diesem Zusammenhang wurde in Kapitel 5 die SHS-Einkommensteuer in idealer und konventioneller Ausgestaltung sowie die lebenszeitorientierte Einkommensteuer hinsichtlich des Kriteriums der Besteuerungseffizienz untersucht. Ausgangspunkt der Modellbetrachtung war ein nutzenmaximierendes Individuum, welches über die intertemporale Aufteilung seines Einkommens auf Konsum zweier Perioden (der Ausbildungs- und der Erwerbsphase des Lebens) entscheidet und die periodischen Einkommenströme endogen durch die Bildung von Humankapital bestimmt. Es wurde analysiert, wie die Humankapitalbildung durch die jeweiligen Steuerbasen der Einkommensteuerleitbilder, durch die Ausgestaltung des Steuertarifs und die mit den Leitbildern nicht zu vereinbarende Beschränkung der steuerlichen Abzugsfähigkeit beruflicher Bildungsausgaben beeinträchtigt wird.[5] Gezeigt wurde insbesondere, dass der Methodendualismus der Einkommensermittlung nach der konventionellen SHS-Einkommensteuer bei zeitinvariantem proportionalem Steuertarif und vollständiger Abzugsfähigkeit beruflicher Bildungsausgaben zu einer steuerlichen Förderung der Humankapitalbildung führt, während die Bildung von Humankapital im Rahmen der idealen SHS- und der lebenszeitorientierten Einkommensteuer unter den genannten Bedingungen steuerlich unbeeinflusst bleibt. Nachgewiesen wurde ferner, dass sowohl die Anwendung eines zeitinvarianten progressiven Steuertarifs als auch die Beschränkung der steuerlichen Abzugsfähigkeit beruflicher Bildungsausgaben Humankapitalinvestitionen gegenüber Investitionen in Finanzkapital diskriminiert. Ökonomisch ist dies darin begründet,

[5] Eine solche Beschränkung der steuerlichen Abzugsfähigkeit beruflicher Bildungsausgaben lag im deutschen Einkommensteuerrecht dann vor, wenn berufliche Bildungsaufwendungen als Ausbildungskosten klassifiziert wurden und aufgrund der Höchstbetragsregelung bei den Sonderausgaben nicht vollständig steuermindernd berücksichtigt werden konnten.

dass in beiden Fällen die Grenzerträge einer beruflichen Bildungsmaßnahme durch die Besteuerung stärker als deren Grenzkosten reduziert werden.

Während die im Rahmen einer positiven Analyse modelltheoretisch abgeleiteten Wirkungen der direkten Besteuerung auf die Bildung von Humankapital in der finanzwissenschaftlichen Literatur grundsätzlich bekannt sind, wurde deren Einfluss auf die Zusatzlasten der beiden Einkommensteuerleitbilder bisher kaum untersucht. In dieser Arbeit wurde aufgezeigt, dass die konventionelle SHS-Einkommensteuer aufgrund der steuerlichen Begünstigung von Humankapitalinvestitionen Zusatzlasten erzeugt, die weder im Rahmen der idealen SHS-Einkommensteuer noch im Rahmen der lebenszeitorientierten Einkommensteuer mit jeweils einheitlicher Einkommensermittlungsmethode auftreten. Effizienztheoretisch ist die konventionelle SHS-Einkommensteuer daher sowohl der idealen SHS-Einkommensteuer als auch der lebenszeitorientierten Einkommensteuer unterlegen. Da die konzeptionelle SHS-Einkommensteuer allerdings administrativ nicht umgesetzt werden kann, sollte vor dem Hintergrund der modelltheoretischen Analyse das Leitbild der lebenszeitorientierten Einkommensteuer Bezugspunkt einer grundlegenden Reform der Einkommensbesteuerung sein.

In Kapitel 6 wurde ein detailliert ausgearbeiteter Steuerreformvorschlag, der das Leitbild der lebenszeitorientierten Einkommensteuer über konkrete einkommensteuerrechtliche Vorschriften kodifiziert, dargestellt. Nach der von Manfred Rose entwickelten „*Einfachsteuer*“, die seit diesem Jahr in modifizierter Form in einem Teilgebiet Bosniens und Herzegowinas vollständig implementiert ist, wird Einkommen aus Sach- und Finanzkapital grundsätzlich zinsbereinigt, Humankapitaleinkommen hingegen – aus administrativen Gründen – sparbereinigt steuerlich behandelt.[6] Aufgrund der Belastungsäquivalenz von Zins- und Sparbereinigung wird die effizienztheoretisch begründete gleichmäßige steuerliche Belastung jeglicher Form gesparten bzw. investierten Einkommens durch diesen lebenszeitorientierten Steuerreformvorschlag sichergestellt.

Wird ausgehend vom Status Quo der deutschen Einkommensteuer die Umsetzung der „Einfachsteuer“ als systemhafte, administrativ durchführbare und eine gleichmäßige Belastung von Einkommen gewährende Besteuerungskonzeption angestrebt, ist die Besteuerung von Sach- und Finanzkapitaleinkommen zinsbereinigt auszurichten. Dies hat zur Folge, dass bei der Ermittlung unternehmerischer Einkommen neben Fremdkapital- zusätzlich Eigenkapitalzinsen („Schutzzinsen“) steuermindernd zu berücksichtigen sind. Korrespondierend da-

[6] Eine zinsbereinigte steuerliche Behandlung von Humankapitalinvestitionen ist insofern aufwändig und daher steuerpraktisch nicht empfehlenswert, als man jährlich Abschreibungen von „Restbuchwerten“ einer Humankapitalinvestition vorzunehmen hätte und diese zu dokumentieren wären. Siehe hierzu Abschnitt 3.5.

zu sind private Zinseinkommen nur in Höhe der Differenz zwischen tatsächlich realisierten Zinsen und „Schutzzinsen" zu versteuern. Aus administrativen Gründen sollten private Zinseinkommen – entsprechend der Regelung der „Einfachsteuer" – in großem Umfang steuerfrei gestellt werden.

Konzeptionell kaum Änderungsbedarf hingegen besteht bei der Besteuerung von Humankapitaleinkommen im deutschen Einkommensteuerrecht, da diese ja schon weitestgehend lebenszeitorientiert ausgestaltet ist.[7] Im Zuge einer lebenszeitorientierten Reform der Einkommensteuer wäre allerdings die steuerrechtliche Berücksichtigung beruflicher Bildungsaufwendungen auch gesetzlich neu zu regeln. Denn obwohl die geänderte Rechtsprechung des BFH steuersystematisch positiv zu bewerten ist, fehlt es bislang an einer transparenten gesetzlichen Regelung.[8] Die „Einfachsteuer" stellt diesbezüglich einen Vorschlag bereit: Ausgaben für berufliche Bildung werden *ausschließlich* als Erwerbsausgaben im Rahmen der Einkünfteermittlung erfasst.[9] Hierdurch wird dem Charakter beruflicher Bildungsausgaben, ökonomisch Investitionsausgaben zu sein, Rechnung getragen. Eine Abzugsfähigkeit als steuerlich begünstigte Konsumausgaben im Rahmen der Sonderausgaben entfällt damit.

Abschließend ist Folgendes festzustellen: Das deutsche Einkommensteuerrecht hat durch die Besteuerung von Arbeitseinkommen und die kassenmäßige steuerliche Berücksichtigung beruflicher Bildungsausgaben das Leitbild der lebenszeitorientierten Einkommensteuer in großem Umfang verwirklicht. Die Tatsache, dass über 80 % des Steueraufkommens der Einkommensteuer – das ist der Anteil des Lohnsteueraufkommens hieran – auf über eine Kassenrechnung ermitteltes Einkommen zurückzuführen ist, belegt dies eindrucksvoll.[10] Die Besteuerung von Humankapitaleinkommen stellte schon immer einen „Fremdkörper" innerhalb einer auf dem Vermögensprinzip beruhenden SHS-Einkommensteuer dar, der allerdings in der Literatur nur selten auch als solcher identifiziert wurde. Berücksichtigt man, dass das deutsche Einkommensteuerrecht das Vermögensprinzip auch bei der Besteuerung

[7] Um die steuerliche Einmalbelastung von Einkommen in lebenszeitlicher Sicht zu gewähren, wäre bei Fremdfinanzierung von Humankapitalinvestitionen sicherzustellen, dass barwertmäßig gerade die beruflichen Bildungsausgaben steuerlich in Abzug gebracht werden können. Vgl. Abschnitt 4.7.

[8] Fortbildungskosten sind im Einkommensteuergesetz nicht erwähnt. Ausbildungskosten sind nach wie vor bei den Sonderausgaben geregelt, auch wenn sie infolge der BFH-Rechtsprechung immer häufiger als Erwerbsausgaben (Werbungskosten oder Betriebsausgaben) berücksichtigt werden.

[9] Berufliche Bildungsausgaben werden in der Einkunftsart „Ausgaben für berufliche Bildung (Humankapital)" steuermindernd angesetzt.

[10] Vgl. Institut der deutschen Wirtschaft (2004).

von Sach- und Finanzkapitaleinkommen durch Anwendung der Einnahmen-Überschussrechnung als Gewinnermittlungsmethode bei der Bestimmung der Einkünfte aus selbständiger Tätigkeit durchbricht und der Betriebsvermögensvergleich zur Ermittlung der Einkünfte aus Gewerbebetrieb die Vermögensrechnung der SHS-Einkommensteuer nur schlecht approximiert, Zinseinkünfte lediglich oberhalb des Sparerfreibetrags zu versteuern sind und nun auch Alterseinkünfte nach dem kürzlich beschlossenen Alterseinkünftegesetz generell nachgelagert, d.h. sparbereinigt besteuert werden, ist die deutsche Einkommensteuer von der SHS-Einkommensteuer *weit* entfernt.[11] Da das SHS-Einkommensteuerleitbild zunehmend weniger umgesetzt wird, effizienztheoretische Nachteile aufweist und hinsichtlich der Besteuerung von Humankapitaleinkommen erhebungstechnisch ohnehin niemals angewendet werden konnte, stellt sich die Frage, ob dieses Leitbild nicht zugunsten einer lebenszeitorientierten Einkommenskonzeption aufgegeben werden sollte.

[11] Zu den zahlreichen Durchbrechungen der SHS-Einkommensteuer im deutschen Einkommensteuerrecht vgl. Wagner (2003).

Anhang A

Investitionsneutralität der Einkommensteuerleitbilder

A.1 Der Begriff der Investitionsneutralität

Eine investitionsneutrale Einkommensteuer zeichnet sich durch die Einflusslosigkeit der Besteuerung auf Investitionsentscheidungen aus.[1] Die marktbestimmte Vorteilhaftigkeitsrangfolge verschiedener Investitionsprojekte, die sich über deren Kapitalwerte ermitteln lässt, wird durch die Einkommensteuer nicht verändert. Der Kapitalwert eines Investitionsprojekts KW, das durch eine Anschaffungs- bzw. Investitionsausgabe I_0 in Periode 0 und (sichere) Nettoeinzahlungsüberschüsse z_j in Perioden $j = 1, 2, ..., n$ gekennzeichnet ist, beträgt für den Fall ohne Besteuerung[2]:

$$KW = -I_0 + \sum_{j=1}^{n} \frac{z_j}{(1+r)^j} \tag{A.1}$$

r stellt die Verzinsung einer Kapitalmarktanlage dar. Muss sich der Investor aus einer Reihe von Investitionsprojekten für ein Investitionsprojekt entscheiden, wählt er dasjenige, welches den höchsten positiven Kapitalwert aufweist.

Geht man von zwei beliebigen profitablen Investitionsprojekten A und B mit

$$KW^A > KW^B \tag{A.2}$$

aus, fordert Investitionsneutralität, dass bezüglich der Kapitalwerte nach Steuern KW_τ^l $(l = A, B)$ der beiden Projekte

$$KW_\tau^A > KW_\tau^B \tag{A.3}$$

gilt. Diese Bedingung wird als *Rangfolgebedingung* bezeichnet. Daneben verlangt die so genannte *Realisierungsbedingung*, dass ein Investitionsprojekt mit

[1] Zur Investitionsneutralität von Steuersystemen (bei Sicherheit) siehe König (1997b), S. 132-161; Schwinger (1992), S. 21-52; Kruschwitz et al. (2003a); Wagner und Wissel (1995).

[2] Einzahlungen und Auszahlungen erfolgen jeweils am Periodenende.

Kapitalwert von Null vor Steuern auch nach Steuern einen Kapitalwert von Null aufweist. Im Einklang mit beiden Bedingungen ist eine Einkommensteuer investitionsneutral, wenn sie folgende Beziehung zwischen Vor- und Nach-Steuer-Kapitalwerten von Investitionsprojekten gewährleistet:

$$KW_{\tau} = (1 - q)KW \tag{A.4}$$

q stellt dabei einen konstanten Proportionalitätsfaktor ($0 \leq q < 1$) dar.

A.2 Ideale SHS-Einkommensteuer

Im Folgenden wird gezeigt, dass die ideale SHS-Einkommensteuer Investitionsneutralität sichert.[3] Ausgehend von Investitionszahlungsreihen einer Sach-, Finanz- und Humankapitalinvestition werden deren Kapitalwerte KW^l ($l = HK, FK, SK$)[4] gemäß Gleichung (A.1) ermittelt. Wird in der Investitionsperiode (Periode 0) entsprechend der Besteuerung des Reinvermögenszugangs der Kapitalwert KW^l und in den Folgeperioden (Perioden $1, 2, ..., n$) der jeweilige ökonomische Gewinn der Sach-, Finanz- und Humankapitalinvestition besteuert, ergibt sich der jeweilige Kapitalwert nach Steuern KW^l_{τ} als:

$$KW^l_{\tau} = -I^l_0 - \tau KW^l + \sum_{j=1}^{n} \frac{z^l_j - \tau\big(z^l_j - D^l_j\big)}{\big(1 + r(1-\tau)\big)^j} \tag{A.5}$$

$r(1-\tau)$ stellt die Nettoverzinsung einer Kapitalmarktanlage[5] dar, D^l_j bezeichnet die Ertragswertabschreibung, die den Wertverlust einer Sach-, Finanz- und Humankapitalinvestition in Periode j wiedergibt. Dieser Wertverlust wird ermittelt als Differenz der Barwerte der Nettoeinzahlungsüberschüsse der Perioden j und $j-1$:

$$D^l_j = V^l_{j-1} - V^l_j \tag{A.6}$$

mit

$$V^l_j = \sum_{k=j+1}^{n} \frac{z^l_k}{(1+r)^{k-j}}$$

[3] Dies gilt für den Fall sicherer Nettoeinzahlungsüberschüsse, wenn der Steuersatz auf Zinsen der Kapitalmarktanlage mit dem Steuersatz auf die Steuerbasis der Investition übereinstimmt. Vgl. Kruschwitz et al. (2003b), S. 396.

[4] HK, SK und FK steht für Human-, Sach- und Finanzkapital.

[5] Diese Kapitalmarktanlage entspricht einer Finanzkapitalinvestition mit einem Kapitalwert von Null. Vgl. Knoll und Posch (1999), S. 303-304.

und

$$V_{j-1}^l = \sum_{k=j}^{n} \frac{z_k^l}{(1+r)^{k-(j-1)}}$$

Zwischen den Barwerten der Nettoeinzahlungsüberschüsse V_j^l und V_{j-1}^l besteht folgender Zusammenhang:

$$V_j^l \;=\; (1+r)V_{j-1}^l - z_j^l \tag{A.7}$$

Für z_j^l folgt:

$$z_j^l \;=\; (1+r)V_{j-1}^l - V_j^l \tag{A.8}$$

Durch Berücksichtigung von z_j^l aus (A.8) in (A.5) ergibt sich nach Zusammenfassen von Termen:

$$KW_\tau^l = -I_0^l - \tau KW^l + \sum_{j=1}^{n} \frac{\big(1+r(1-\tau)\big)V_{j-1}^l - V_j^l}{\big(1+r(1-\tau)\big)^j} \tag{A.9}$$

Gleichung (A.9) lässt sich umformen zu:

$$\begin{aligned} KW_\tau^l &= -I_0^l - \tau KW^l + \sum_{j=0}^{n-1} \frac{V_j^l}{\big(1+r(1-\tau)\big)^j} - \sum_{j=1}^{n} \frac{V_j^l}{\big(1+r(1-\tau)\big)^j} \\ &= -I_0^l - \tau KW^l + \frac{V_0^l}{\big(1+r(1-\tau)\big)^0} - \frac{V_n^l}{\big(1+r(1-\tau)\big)^n} \end{aligned} \tag{A.10}$$

Da der Barwert zukünftiger Zahlungsüberschüsse in (der letzten) Periode n den Wert Null annimmt ($V_n^l = 0$) und

$$V_0^l = \sum_{j=1}^{n} \frac{z_j^l}{(1+r)^j} \tag{A.11}$$

gilt, folgt in Verbindung mit (A.1) schließlich:

$$KW_\tau^l = (1-\tau)(-I_0^l + V_0^l) = (1-\tau)KW^l \tag{A.12}$$

Die Besteuerung der periodischen Reinvermögenszugänge einer idealen SHS-Einkommensteuer sichert Investitionsneutralität, da die Vor-Steuer-Kapitalwerte von Sach-, Finanz- und Humankapitalinvestitionen einheitlich um den Steuerfaktor $1-\tau$ gekürzt werden. Der Proportionalitätsfaktor q aus (A.4) stimmt mit dem Steuersatz τ überein.[6]

[6]Zur Investitionsneutralität der Besteuerung des ökonomischen Gewinns bei zusätzlicher steuerlicher Erfassung des Reingewinns bzw. -verlusts in der Investitionsperiode siehe Homburg (2000), S. 335-336; Kruschwitz et al. (2003b), S. 396.

A.3 Konventionelle SHS-Einkommensteuer

Die konventionelle SHS-Einkommensteuer gewährleistet keine Investitionsneutralität. Da die periodischen Humankapitaleinkommen den Zahlungsströmen entsprechen, beträgt der Kapitalwert einer Humankapitalinvestition nach Steuern:

$$\begin{aligned} KW_{\tau}^{HK} &= (1-\tau)\Big(-I_0^{HK} + \sum_{j=1}^{n} \frac{z_j^{HK}}{\left(1+r(1-\tau)\right)^j}\Big) \\ &> (1-\tau)KW^{HK} \end{aligned} \tag{A.13}$$

Der Kapitalwert einer Humankapitalinvestition wird steuerbedingt – anders als der einer Sach- oder Finanzkapitalinvestition – nicht um den Steuerfaktor $1-\tau$ vermindert. Zwar werden sowohl die Investitionsausgaben als auch die Nettoeinzahlungsüberschüsse einer Humankapitalinvestition durch die Besteuerung proportional gekürzt. Dadurch allerdings, dass die Verzinsung einer Kapitalmarktanlage (als ökonomischer Gewinn) besteuert wird, steigt der Kapitalwert einer Humankapitalinvestition durch sinkende Diskontfaktoren an. Der Nach-Steuer-Kapitalwert kann daher größer oder kleiner als der Vor-Steuer-Kapitalwert sein. Humankapitalinvestitionen mit negativem Vor-Steuer-Kapitalwert können nach Steuern einen positiven Kapitalwert besitzen und anstelle von (vor und nach Steuern) rentablen Sach- oder Finanzkapitalinvestitionen getätigt werden.[7]

A.4 Lebenszeitorientierte Einkommensteuer – Sparbereinigung

Die sparbereinigte Methode der lebenszeitorientierten Einkommensteuer erfüllt das Kriterium der Investitionsneutralität, da die Kapitalwerte von Sach-, Finanz- und Humankapitalinvestitionen durch den steuermindernden Sofortansatz der Investitionsausgaben in Periode 0 und die Besteuerung der Nettoeinzahlungsüberschüsse in Perioden j um den Steuerfaktor $1-\tau$ reduziert werden.[8]

[7] Vgl. Knoll (2001), S. 337.

[8] Die Investitionsneutralität geht allerdings verloren, wenn der Steuersatz τ zeitlich nicht konstant ist. Zu den Bedingungen für Investitionsneutralität der Cash-Flow-Steuer, die der sparbereinigten Methode der lebenszeitorientierten Einkommensteuer entspricht, siehe z.B. Homburg (2000), S. 337; Kruschwitz et al. (2003b), S. 397.

Ausgehend von den Vor-Steuer-Kapitalwerten

$$KW^l = -I_0^l + \sum_{j=1}^{n} \frac{z_j^l}{(1+r)^j} \tag{A.14}$$

mit $l = HK, FK, SK$, erhält man für die Nach-Steuer-Kapitalwerte daher:

$$KW_\tau^l = (1-\tau)\Big(-I_0^l + \sum_{j=1}^{n} \frac{z_j^l}{(1+r)^j}\Big) \tag{A.15}$$

Die marktbestimmte Vorteilhaftigkeitsrangfolge von Investitionsprojekten wird steuerlich nicht beeinträchtigt.

A.5 Lebenszeitorientierte Einkommensteuer – Zinsbereinigung

Auch die zinsbereinigte Methode der lebenszeitorientierten Einkommensteuer gewährleistet Investitionsneutralität.[9] Der Vor-Steuer-Kapitalwert von Sach-, Finanz- und Humankapitalinvestitionen

$$KW^l = -I_0^l + \sum_{j=1}^{n} \frac{z_j^l}{(1+r)^j} \tag{A.16}$$

wird wie im Fall der Anwendung der sparbereinigten Methode einheitlich um den Steuerfaktor $1-\tau$ abgesenkt. Werden in Perioden 0 bis n Abschreibungen und in den Perioden 1 bis n zusätzlich Schutzzinsen auf den noch nicht durch Abschreibungen berücksichtigten Teil der Investitionsausgaben (auf die Restbuchwerte) zum Abzug zugelassen, ergibt sich für den Kapitalwert nach Steuern:

$$KW_\tau^l = -I_0^l + \tau D_0^l + \sum_{j=1}^{n} \frac{z_j - \tau\big(z_j - D_j^l - rB_{j-1}^l\big)}{(1+r)^j} \tag{A.17}$$

wobei D_0^l eine teilweise Sofortabschreibung von den Anschaffungsausgaben in der Investitionsperiode, D_j^l Abschreibungen von Restbuchwerten in den Perioden j $(j = 1, 2, ..., n)$ und B_{j-1}^l den Restbuchwert der Investition am Ende der Periode $j-1$ bezeichnet. Die Abschreibung D_j^l wird als Differenz der Restbuchwerte der Perioden $j-1$ und j ermittelt:

$$D_j^l = B_{j-1}^l - B_j^l \tag{A.18}$$

[9] Im Gegensatz zur sparbereinigten Methode wird die Investitionsneutralität auch bei zeitlich variablen Steuersätzen nicht zwangsläufig verletzt. Vgl. Löffler und Schneider (2000).

Verwendet man diesen Zusammenhang in Gleichung (A.17), folgt zunächst

$$KW_\tau^l = -I_0^l + \tau D_0^l + \sum_{j=1}^{n} \frac{z_j - \tau\big(z_j - (B_{j-1}^l - B_j^l) - rB_{j-1}^l\big)}{(1+r)^j} \tag{A.19}$$

und nach Zusammenfassen schließlich:

$$KW_\tau^l = -I_0^l + \tau D_0^l + \sum_{j=1}^{n} \frac{z_j - \tau\big(z_j - (1+r)B_{j-1}^l + B_j^l\big)}{(1+r)^j} \tag{A.20}$$

Durch Umformung von Gleichung (A.20) ergibt sich:

$$\begin{aligned} KW_\tau^l &= -I_0^l + \tau D_0^l + (1-\tau)\sum_{j=1}^{n} \frac{z_j}{(1+r)^j} \\ &+ \tau\Big(\sum_{j=0}^{n-1} \frac{B_j^l}{(1+r)^j} - \sum_{j=1}^{n} \frac{B_j^l}{(1+r)^j}\Big) \end{aligned} \tag{A.21}$$

Da der Restbuchwert der Investition am Ende der Periode n Null beträgt ($B_n^l = 0$) und für den Buchwert am Ende der Investitionsperiode $B_0^l = I_0^l - D_0^l$ gilt, erhält man nach Verrechnung der Summenterme von (A.21):

$$\begin{aligned} KW_\tau^l &= -I_0^l + \tau(I_0^l - B_0^l) + (1-\tau)\sum_{j=1}^{n} \frac{z_j}{(1+r)^j} + \tau\Big(\frac{B_0^l}{(1+r)^0} - \frac{B_n^l}{(1+r)^j}\Big) \\ &= -I_0^l + \tau I_0^l + (1-\tau)\sum_{j=1}^{n} \frac{z_j}{(1+r)^j} \\ &= (1-\tau)\Big(-I_0^l + \sum_{j=1}^{n} \frac{z_j^l}{(1+r)^j}\Big) \end{aligned} \tag{A.22}$$

Dass der Barwert der Abschreibungen zuzüglich der periodischen Schutzzinsen auf die jeweiligen Restbuchwerte den Investitionsausgaben entspricht, ist auf das in der deutschen Literatur bekannte *Lücke-Theorem*[10] zurückzuführen, nach dem das Ergebnis einer Kapitalwertberechnung unverändert bleibt, wenn anstatt von Zahlungsströmen buchhalterische Gewinne abzüglich einer kalkulatorischen Verzinsung der Restbuchwerte die periodische Steuerbasis bestimmen.

[10] Vgl. Lücke (1955).

Anhang B

Ideale SHS-Einkommensteuer und progressive Besteuerung von Arbeitseinkommen

Ausgangspunkt der Betrachtung ist die in Tabelle 3.1 angegebene Situation, nach der ein Individuum in Periode 0 geboren wird und in den Perioden 1 bis 5 Arbeitslöhne in Höhe von je 10 Geldeinheiten bezieht.

Die intertemporale Steuerbelastung von Humankapitaleinkommen im Rahmen der idealen SHS-Einkommensteuer ergibt sich als Summe diskontierter Steuerzahlungen, die sich jeweils aus der Anwendung eines als periodisch konstant angenommenen Steuersatzes $\tau = 0.5$ auf die Steuerbasis, den Reinvermögenszugang, ermittelt lässt. Bei einem Diskontierungszinssatz $r = 0.1$ beträgt sie bezogen auf das Zahlenbeispiel:

$$T = 0.5\big(37.91 + \frac{3.79}{1.1} + \frac{3.17}{(1.1)^2} + \frac{2.49}{(1.1)^3} + \frac{1.74}{(1.1)^4} + \frac{0.91}{(1.1)^5}\big) = 23.8 \qquad \text{(B.1)}$$

Die gleiche intertemporale Steuerlast ergibt sich dadurch, dass die in den Perioden j ($j = 1, 2, 3, 4, 5$) bezogenen Arbeitslöhne folgenden angepassten Steuersätzen $\tilde{\tau}(j)$ unterliegen:

$$\tilde{\tau}(1) = \tau(1 + \frac{r}{1+r}) = 0.5\big(1 + \frac{0.1}{1.1}\big) = 0.545$$
$$\tilde{\tau}(2) = \tau(1 + \frac{2r}{1+r}) = 0.5\big(1 + \frac{0.2}{1.1}\big) = 0.591$$
$$\tilde{\tau}(3) = \tau(1 + \frac{3r}{1+r}) = 0.5\big(1 + \frac{0.3}{1.1}\big) = 0.636$$
$$\tilde{\tau}(4) = \tau(1 + \frac{4r}{1+r}) = 0.5\big(1 + \frac{0.4}{1.1}\big) = 0.682$$
$$\tilde{\tau}(5) = \tau(1 + \frac{5r}{1+r}) = 0.5\big(1 + \frac{0.5}{1.1}\big) = 0.727$$

Für den Barwert der Steuerzahlungen erhält man:

$$\begin{aligned} T &= 0.545\frac{10}{1.1} + 0.591\frac{10}{(1.1)^2} + 0.636\frac{10}{(1.1)^3} \\ &+ 0.682\frac{10}{(1.1)^4} + 0.727\frac{10}{(1.1)^5} = 23.8 \end{aligned} \tag{B.2}$$

Zur Umsetzung einer solchen Besteuerung von Arbeitseinkommen müsste der Steuersatz τ so gewählt werden, dass die angepassten Steuersätze $\tilde{\tau}(j)$ auch bei älteren Erwerbstätigen nicht zu einer Konfiskation von Arbeitseinkommen führen – einen Steuersatz von einhundert Prozent dürfte es nicht geben.

Anhang C

Zinsbesteuerung und Ersparnisbildung

Die Reaktion der finanziellen Ersparnisbildung S auf die Zinsbesteuerung wird insbesondere durch die Veränderung des Gegenwartskonsums infolge einer Änderung des Zinssteuersatzes bestimmt [siehe Gleichung (5.55)]. Um $\frac{\partial C_1}{\partial \tau_r}$ zu ermitteln, werden die Nutzenmaximierungsbedingungen der konventionellen SHS-Einkommensteuer [Gleichungen (5.46)-(5.49)] nach τ_r differenziert. Hieraus erhält man folgendes Gleichungssystem:

$$\begin{pmatrix} A_{11} & A_{12} & A_{13} \\ A_{21} & A_{22} & A_{23} \\ A_{31} & A_{32} & A_{33} \end{pmatrix} \begin{pmatrix} \frac{\partial C_1}{\partial \tau_r} \\ \frac{\partial C_2}{\partial \tau_r} \\ \frac{\partial h}{\partial \tau_r} \end{pmatrix} = \begin{pmatrix} rU_2 \\ -\frac{rw(1-\tau^2)}{(1+r(1-\tau_r))^2} \frac{\partial \tilde{g}(h)}{\partial h} \\ \frac{r\left[C_2 - \left(w\tilde{g}(h)(1-\tau^2) + (\tau^2 - \tau^1)w\right)\right]}{\left(1+r(1-\tau_r)\right)^2} \end{pmatrix}$$

mit

$$\begin{aligned}
A_{11} &= U_{21}\big(1 + r(1 - \tau_r)\big) - U_{11} \\
A_{12} &= U_{22}\big(1 + r(1 - \tau_r)\big) - U_{12} \\
A_{13} &= 0 \\
A_{21} &= 0 \\
A_{22} &= 0 \\
A_{23} &= w\frac{\partial^2 \tilde{g}(h)}{\partial h^2} \frac{1 - \tau^2}{1 + r(1 - \tau_r)} \\
A_{31} &= -1 \\
A_{32} &= -\frac{1}{1 + r(1 - \tau_r)} \\
A_{33} &= 0
\end{aligned} \tag{C.1}$$

Ersetzt man den ersten Spaltenvektor der Matrix A durch deren Ergebnisvektor, erhält man eine Matrix B mit folgenden Matrixelementen:

$$
\begin{aligned}
B_{11} &= rU_2 \\
B_{12} &= U_{22}\big(1+r(1-\tau_r)\big) - U_{12} \\
B_{13} &= 0 \\
B_{21} &= -\frac{rw(1-\tau^2)}{\big(1+r(1-\tau_r)\big)^2}\frac{\partial \tilde{g}(h)}{\partial h} \\
B_{22} &= 0 \\
B_{23} &= w\frac{\partial^2 \tilde{g}(h)}{\partial h^2}\frac{1-\tau^2}{1+r(1-\tau_r)} \\
B_{31} &= \frac{r\Big[C_2 - \big(w\tilde{g}(h)(1-\tau^2) + (\tau^2-\tau^1)w\big)\Big]}{\big(1+r(1-\tau_r)\big)^2} \\
B_{32} &= -\frac{1}{1+r(1-\tau_r)} \\
B_{33} &= 0
\end{aligned}
\tag{C.2}
$$

Durch Anwendung der Cramer-Regel wird $\frac{\partial C_1}{\partial \tau_r}$ ermittelt:

$$
\begin{aligned}
\frac{\partial C_1}{\partial \tau_r} &= \frac{|B|}{|A|} \\
&= \frac{B_{12}B_{23}B_{31} - B_{32}B_{23}B_{11}}{A_{12}A_{23}A_{31} - A_{32}A_{23}A_{11}} \\
&= \Big(U_{11} - 2U_{12}\big(1+r(1-\tau_r)\big) + \big(1+r(1-\tau_r)\big)^2 U_{22}\Big)^{-1} \\
&\quad \cdot\Bigg(-rU_2 + \frac{r}{1+r(1-\tau_r)}\Big[C_2 - \Big(w\tilde{g}(h)(1-\tau^2) + (\tau^2-\tau^1)w\Big)\Big] \\
&\qquad \cdot\Big[U_{12} - U_{22}\big(1+r(1-\tau_r)\big)\Big]\Bigg)
\end{aligned}
\tag{C.3}
$$

Berücksichtigt man, dass

$$
S = \frac{C_2 - \Big[w\tilde{g}(h)(1-\tau^2) + (\tau^2-\tau^1)w\Big]}{1+r(1-\tau_r)}
$$

gilt, resultiert Gleichung (5.54).

Anhang D

Second-best Optimalität der SHS-Einkommensteuer

D.1 Bedingungen für die second-best Optimalität der konventionellen SHS-Einkommensteuer

Ausgehend von den notwendigen Bedingungen für ein second-best Optimum (siehe Gleichungen (5.59) bis (5.61)) ergibt sich durch Gleichsetzen von (5.59) mit (5.60):

$$\begin{aligned}\frac{\lambda}{\mu} &= \frac{\frac{w\tilde{g}(h)-w}{1+r} - \left(\tau^1(w+\alpha a) - \tau^2\frac{w}{1+r}\frac{\partial\tilde{g}(h)}{\partial h}\right)\frac{\partial h}{\partial\tau^2} + \frac{\tau_r r}{1+r}\frac{\partial S}{\partial\tau^2}}{\frac{w\tilde{g}(h)-w}{1+r(1-\tau_r)}} \\ &= \frac{w(1-h) - \alpha a h + \frac{w}{1+r} - \left(\tau^1(w+\alpha a) - \tau^2\frac{w}{1+r}\frac{\partial\tilde{g}(h)}{\partial h}\right)\frac{\partial h}{\partial\tau^1} + \frac{\tau_r r}{1+r}\frac{\partial S}{\partial\tau^1}}{w(1-h) - \alpha a h + \frac{w}{1+r(1-\tau_r)}}\end{aligned} \tag{D.1}$$

Hieraus folgt:

$$\begin{aligned}&\left[w(1-h) - \alpha a h + \frac{w}{1+r(1-\tau_r)}\right]\left[\frac{w\tilde{g}(h)-w}{1+r} - \left(\tau^1(w+\alpha a)\right.\right. \\ &\left.\left. -\tau^2\frac{w}{1+r}\frac{\partial\tilde{g}(h)}{\partial h}\right)\frac{\partial h}{\partial\tau^2} + \frac{\tau_r r}{1+r}\frac{\partial S}{\partial\tau^2}\right] - \left[\frac{w\tilde{g}(h)-w}{1+r(1-\tau_r)}\right]\left[w(1-h) - \alpha a h\right. \\ &\left. +\frac{w}{1+r} - \left(\tau^1(w+\alpha a) - \tau^2\frac{w}{1+r}\frac{\partial\tilde{g}(h)}{\partial h}\right)\frac{\partial h}{\partial\tau^1} + \frac{\tau_r r}{1+r}\frac{\partial S}{\partial\tau^1}\right] = 0\end{aligned} \tag{D.2}$$

Dieser Ausdruck lässt sich vereinfachen zu:

$$\Big[w(1-h)-\alpha ah\Big]\Big[\frac{w\tilde{g}(h)-w}{1+r}\Big]-\Big[\frac{w\tilde{g}(h)-w}{1+r(1-\tau_r)}\Big]\Big[w(1-h)-\alpha ah\Big]$$
$$-\Big[w(1-h)-\alpha ah+\frac{w}{1+r(1-\tau_r)}\Big]\Big[\Big(\tau^1(w+\alpha a)-\tau^2\frac{w}{1+r}\frac{\partial\tilde{g}(h)}{\partial h}\Big)\frac{\partial h}{\partial\tau^2}$$
$$-\frac{\tau_r r}{1+r}\frac{\partial S}{\partial\tau^2}\Big]+\Big[\frac{w\tilde{g}(h)-w}{1+r(1-\tau_r)}\Big]\Big[\Big(\tau^1(w+\alpha a)-\tau^2\frac{w}{1+r}\frac{\partial\tilde{g}(h)}{\partial h}\Big)\frac{\partial h}{\partial\tau^1}$$
$$-\frac{\tau_r r}{1+r}\frac{\partial S}{\partial\tau^1}\Big]=0 \tag{D.3}$$

bzw.

$$\Big[\tau^1(w+\alpha a)-\tau^2\frac{w}{1+r}\frac{\partial\tilde{g}(h)}{\partial h}\Big]\Big[\Big(\frac{w\tilde{g}(h)-w}{1+r(1-\tau_r)}\Big)\frac{\partial h}{\partial\tau^1}$$
$$-\Big(w(1-h)-\alpha ah+\frac{w}{1+r(1-\tau_r)}\Big)\frac{\partial h}{\partial\tau^2}\Big]$$
$$-\frac{\tau_r r\Big(w(1-h)-\alpha ah\Big)\Big(w\tilde{g}(h)-w\Big)}{(1+r)\big(1+r(1-\tau_r)\big)}$$
$$+\frac{\tau_r r}{1+r}\Big[\Big(w(1-h)-\alpha ah+\frac{w}{1+r(1-\tau_r)}\Big)\frac{\partial S}{\partial\tau^2}$$
$$-\Big(\frac{w\tilde{g}(h)-w}{1+r(1-\tau_r)}\Big)\frac{\partial S}{\partial\tau^1}\Big]=0 \tag{D.4}$$

Bezüglich der Reaktion der Ersparnisbildung S auf marginale Änderungen der Grenzsteuersätze τ^1 und τ^2 erhält man:

$$\frac{\partial S}{\partial\tau^1}=-\Big(w(1-h)-\alpha ah\Big)-\Big[w(1-\tau^1)+a(1-\alpha\tau^1)\Big]\frac{\partial h}{\partial\tau^1}-\frac{\partial C_1}{\partial\tau^1} \tag{D.5}$$

sowie

$$\frac{\partial S}{\partial\tau^2}=-\Big(w(1-\tau^1)+a(1-\alpha\tau^1)\Big)\frac{\partial h}{\partial\tau^2}-\frac{\partial C_1}{\partial\tau^2} \tag{D.6}$$

Ausgehend von $\frac{\partial C_1}{\partial\tau^1}$ und $\frac{\partial C_1}{\partial\tau^2}$ im Nutzenmaximum

$$\frac{\partial C_1}{\partial\tau^1}=\Big[w(1-h)-\alpha ah+\frac{w}{1+r(1-\tau_r)}\Big]\frac{A}{B} \tag{D.7}$$

und

$$\frac{\partial C_1}{\partial\tau^2}=\Big[\frac{w\tilde{g}(h)-w}{1+r(1-\tau_r)}\Big]\frac{A}{B} \tag{D.8}$$

mit

$$A = \Big[U_{12} - U_{22}\big(1 + r(1-\tau_r)\big)\Big]\Big[w\frac{\partial^2 \tilde{g}(h)}{\partial h^2}\frac{(1-\tau^2)}{1 + r(1-\tau_r)}\Big]$$

und

$$B = \Big[\frac{U_{11}}{1 + r(1-\tau_r)} - 2U_{12} + U_{22}\big(1 + r(1-\tau_r)\big)\Big]\Big[w\frac{\partial^2 \tilde{g}(h)}{\partial h^2}\frac{(1-\tau^2)}{1 + r(1-\tau_r)}\Big]$$

ergibt sich durch Substitution von (D.5) und (D.6) in (D.4) und weiteren Umformungen folgender Ausdruck:

$$\begin{aligned}&\Big[\tau^1(w + \alpha a) - \tau^2\frac{w}{1+r}\frac{\partial \tilde{g}(h)}{\partial h} + \frac{\tau_r r}{1+r}\Big(w(1-\tau^1) + a(1-\alpha\tau^1)\Big)\Big]\\&\Big[\Big(\frac{w\tilde{g}(h) - w}{1 + r(1-\tau_r)}\Big)\frac{\partial h}{\partial \tau^1} - \Big(w(1-h) - \alpha a h + \frac{w}{1 + r(1-\tau_r)}\Big)\frac{\partial h}{\partial \tau^2}\Big]\\&= 0 \qquad \text{(D.9)}\end{aligned}$$

Bei vollständiger Abzugsfähigkeit der Ausbildungskosten ($\alpha = 1$) lässt sich (D.9) unter Berücksichtigung der notwendigen Bedingung bezüglich der optimalen Wahl des Ausbildungsniveaus [siehe Gleichung (5.48)] reduzieren auf:

$$\begin{aligned}&\Big[(\tau^1 - \tau^2)(1+r) + \tau_r r(1-\tau^1)\Big]\Big[\Big(\frac{w\tilde{g}(h) - w}{1 + r(1-\tau_r)}\Big)\frac{\partial h}{\partial \tau^1}\\&-\Big(w(1-h) - \alpha a h + \frac{w}{1 + r(1-\tau_r)}\Big)\frac{\partial h}{\partial \tau^2}\Big] = 0 \qquad \text{(D.10)}\end{aligned}$$

Da der zweite Ausdruck dieses Produkts wegen $\frac{\partial h}{\partial \tau^1} > 0$ und $\frac{\partial h}{\partial \tau^2} < 0$ einen positiven Wert annimmt, muss der erste Ausdruck Null betragen. Dies aber erfordert bei positivem Zinssteuersatz τ_r eine progressive Besteuerung von Arbeitseinkommen $\tau^2 > \tau^1$ im second-best Optimum.

D.2 Bedingungen für die second-best Optimalität der idealen SHS-Einkommensteuer

Um aufzuzeigen, dass die Zusatzlast der idealen SHS-Einkommensteuer bei gegebener Besteuerung von Zinseinkommen und unverzerrter Humankapitalbildung minimiert und dies durch $\tau^1 = \tau_r$ und $\alpha = 1$ sichergestellt ist, wird die in (5.57) gegebene indirekte Nutzenfunktion

$$V\big(\tau_r, I(\tau^1, \tau^2, \tau_r, \alpha)\big) \tag{D.11}$$

unter der Nebenbedingung eines fixierten Steueraufkommens $\bar{T} = T^1 + \frac{T^2}{1+r} > 0$ mit

$$T^1 = \tau^2\Big(w(1-h) - \alpha a h + \frac{w\tilde{g}(h)}{1+r}\Big) - (\tau^2 - \tau^1)w$$

und

$$T^2 = \tau^1 r \frac{w\tilde{g}(h)}{1+r} + \tau_r r S$$

bezüglich τ^1 und τ^2 maximiert. Die zu optimierende Lagrange-Funktion lautet daher:

$$\begin{aligned} L(\tau_r, \tau^1, \tau^2, \alpha, \mu) &= V\big(\tau_r, I(\tau^1, \tau^2, \tau_r, \alpha)\big) + \mu\Big[\tau^2\Big(w(1-h) - \alpha a h + \frac{w\tilde{g}(h)}{1+r}\Big) \\ &\quad -(\tau^2 - \tau^1)w + \frac{\tau^1 r \frac{w\tilde{g}(h)}{1+r} + \tau_r r S}{1+r} - \bar{T}\Big] \end{aligned} \tag{D.12}$$

Als notwendige und hinreichende Bedingungen für ein second-best Optimum erhält man:

$$\begin{aligned} \frac{\partial L}{\partial \tau^1} &= \frac{\partial V}{\partial I}\frac{\partial I}{\partial \tau^1} + \mu\Big[w + \frac{r w\tilde{g}(h)}{(1+r)^2} + \tau^2\Big(\frac{w}{1+r}\frac{\partial \tilde{g}(h)}{\partial h} - (w + \alpha a)\Big)\frac{\partial h}{\partial \tau^1} \\ &\quad + \tau^1 r \frac{w}{(1+r)^2}\frac{\partial \tilde{g}(h)}{\partial h}\frac{\partial h}{\partial \tau^1} + \frac{\tau_r r}{1+r}\frac{\partial S}{\partial \tau^1}\Big] = 0 \end{aligned} \tag{D.13}$$

$$\begin{aligned} \frac{\partial L}{\partial \tau^2} &= \frac{\partial V}{\partial I}\frac{\partial I}{\partial \tau^2} + \mu\Big[\frac{w\tilde{g}(h)}{1+r} - (hw + \alpha a h) + \tau^2\Big(\frac{w\tilde{g}(h)}{1+r} - (w + \alpha a)\Big)\frac{\partial h}{\partial \tau^2} \\ &\quad + \tau^1 r \frac{w}{(1+r)^2}\frac{\partial \tilde{g}(h)}{\partial h}\frac{\partial h}{\partial \tau^2} + \frac{\tau_r r}{1+r}\frac{\partial S}{\partial \tau^2}\Big] = 0 \end{aligned} \tag{D.14}$$

$$\begin{aligned} \frac{\partial L}{\partial \mu} &= \Big[\tau^2\Big(w(1-h) - \alpha a h + \frac{w\tilde{g}(h)}{1+r}\Big) - (\tau^2 - \tau^1)w + \frac{\tau^1 r \frac{w\tilde{g}(h)}{1+r}}{} \\ &\quad + \frac{\tau_r r S}{1+r} - \bar{T}\Big] = 0 \end{aligned} \tag{D.15}$$

mit $I = w(1-h)(1-\tau^2) - ah(1-\alpha\tau^2) + (\tau^2 - \tau^1)w + \frac{w\tilde{g}(h)}{1+r}\left(\frac{1+r(1-\tau^1)}{1+r(1-\tau_r)} - \tau^2\right)$ und $\frac{\partial V}{\partial I} = \lambda$. Durch Gleichsetzen der Optimalbedingungen (D.13) und (D.14) erhält man zunächst:

$$
\begin{aligned}
\frac{\lambda}{\mu} &= \frac{w + \frac{rw\tilde{g}(h)}{(1+r)^2} + \tau^2\left(\frac{w}{1+r}\frac{\partial\tilde{g}(h)}{\partial h} - (w+\alpha a)\right)\frac{\partial h}{\partial\tau^1} + \tau^1 r\frac{w}{(1+r)^2}\frac{\partial\tilde{g}(h)}{\partial h}\frac{\partial h}{\partial\tau^1} + \frac{\tau_r r}{1+r}\frac{\partial S}{\partial\tau^1}}{\frac{rw\tilde{g}(h)}{(1+r)(1+r(1-\tau_r))} + w} \\
&= \frac{\frac{w\tilde{g}(h)}{1+r} - (hw + \alpha ah) + \tau^2\left(\frac{w}{1+r}\frac{\partial\tilde{g}(h)}{\partial h} - (w+\alpha a)\right)\frac{\partial h}{\partial\tau^2} + \tau^1 r\frac{w}{(1+r)^2}\frac{\partial\tilde{g}(h)}{\partial h}\frac{\partial h}{\partial\tau^2}}{\frac{w\tilde{g}(h)}{1+r} - (hw + \alpha ah)} \\
&\quad + \frac{\frac{\tau_r r}{1+r}\frac{\partial S}{\partial\tau^2}}{\frac{w\tilde{g}(h)}{1+r} - (hw + \alpha ah)}
\end{aligned}
\tag{D.16}
$$

Aus (D.16) resultiert folgende Bedingung:

$$
\begin{aligned}
&\left[\tau^2\left(\frac{w}{1+r}\frac{\partial\tilde{g}(h)}{\partial h} - (w+\alpha a)\right) + \tau^1 r\frac{w}{(1+r)^2}\frac{\partial\tilde{g}(h)}{\partial h}\right] \\
&\left[\left(\frac{w\tilde{g}(h)}{1+r} - (hw+\alpha ah)\right)\frac{\partial h}{\partial\tau^1} - \left(\frac{rw\tilde{g}(h)}{(1+r)\big(1+r(1-\tau_r)\big)} + w\right)\frac{\partial h}{\partial\tau^2}\right] \\
&- \frac{\tau_r r^2 w\tilde{g}(h)}{(1+r)^2\big(1+r(1-\tau_r)\big)}\left(\frac{w\tilde{g}(h)}{1+r} - (hw+\alpha ah)\right) \\
&+ \frac{\tau_r r}{1+r}\left(\frac{w\tilde{g}(h)}{1+r} - (hw+\alpha ah)\right)\frac{\partial S}{\partial\tau^1} \\
&- \frac{\tau_r r}{1+r}\left(\frac{rw\tilde{g}(h)}{(1+r)\big(1+r(1-\tau_r)\big)} + w\right)\frac{\partial S}{\partial\tau^2} = 0
\end{aligned}
\tag{D.17}
$$

Bezüglich der Reaktion der Ersparnisbildung S auf marginale Änderungen der Grenzsteuersätze τ^1 und τ^2 gilt:

$$
\frac{\partial S}{\partial\tau^1} = -w - \left[w(1-\tau^2) + a(1-\alpha\tau^2) + \tau^2\frac{w}{1+r}\frac{\partial\tilde{g}(h)}{\partial h}\right]\frac{\partial h}{\partial\tau^1} - \frac{\partial C_1}{\partial\tau^1} \tag{D.18}
$$

sowie

$$
\begin{aligned}
\frac{\partial S}{\partial\tau^2} &= -\left(\frac{w\tilde{g}(h)}{1+r} - (hw+\alpha ah)\right) \\
&- \left[w(1-\tau^2) + a(1-\alpha\tau^2) + \tau^2\frac{w}{1+r}\frac{\partial\tilde{g}(h)}{\partial h}\right]\frac{\partial h}{\partial\tau^2} - \frac{\partial C_1}{\partial\tau^2}
\end{aligned}
\tag{D.19}
$$

Durch Substitution von (D.18) und (D.19) in (D.17) ergibt sich:

$$\Big[\tau^2\Big(\frac{w}{1+r}\frac{\partial\tilde{g}(h)}{\partial h}-(w+\alpha a)\Big)+\tau^1 r\frac{w}{(1+r)^2}\frac{\partial\tilde{g}(h)}{\partial h}\Big]$$
$$\Big[\Big(\frac{w\tilde{g}(h)}{1+r}-(hw+\alpha ah)\Big)\frac{\partial h}{\partial\tau^1}-\Big(\frac{rw\tilde{g}(h)}{(1+r)\big(1+r(1-\tau_r)\big)}+w\Big)\frac{\partial h}{\partial\tau^2}\Big]$$
$$-\frac{\tau_r r}{1+r}\Big[\Big(\frac{w\tilde{g}(h)}{1+r}-(hw+\alpha ah)\Big)\frac{\partial C_1}{\partial\tau^1}$$
$$-\Big(\frac{rw\tilde{g}(h)}{(1+r)\big(1+r(1-\tau_r)\big)}+w\Big)\frac{\partial C_1}{\partial\tau^2}\Big]=0 \tag{D.20}$$

Ausgehend von $\frac{\partial C_1}{\partial\tau^1}$ und $\frac{\partial C_1}{\partial\tau^2}$ im Nutzenmaximum

$$\frac{\partial C_1}{\partial\tau^1}=\Big[\frac{rw\tilde{g}(h)}{(1+r)\big(1+r(1-\tau_r)\big)}+w\Big]\frac{A}{B} \tag{D.21}$$

und

$$\frac{\partial C_1}{\partial\tau^2}=\Big[\frac{w\tilde{g}(h)}{1+r}-(hw+\alpha ah)\Big]\frac{A}{B} \tag{D.22}$$

mit

$$A=\Big[U_{12}-U_{22}\big(1+r(1-\tau_r)\big)\Big]\frac{w}{1+r}\Big(\frac{1+r(1-\tau^1)}{1+r(1-\tau_r)}-\tau^2\Big)\frac{\partial^2\tilde{g}(h)}{\partial h^2}$$

und

$$B=\Big[\frac{U_{11}}{1+r(1-\tau_r)}-2U_{12}+U_{22}\big(1+r(1-\tau_r)\big)\Big]$$
$$\cdot\frac{w}{1+r}\Big(\frac{1+r(1-\tau^1)}{1+r(1-\tau_r)}-\tau^2\Big)\frac{\partial^2\tilde{g}(h)}{\partial h^2}$$

erhält man zunächst folgende Bedingung im second-best Optimum:

$$\Big[\tau^2\Big(\frac{w}{1+r}\frac{\partial\tilde{g}(h)}{\partial h}-(w+\alpha a)\Big)+\tau^1 r\frac{w}{(1+r)^2}\frac{\partial\tilde{g}(h)}{\partial h}\Big]$$
$$\Big[\Big(\frac{w\tilde{g}(h)}{1+r}-(hw+\alpha ah)\Big)\frac{\partial h}{\partial\tau^1}-\Big(\frac{rw\tilde{g}(h)}{(1+r)\big(1+r(1-\tau_r)\big)}+w\Big)\frac{\partial h}{\partial\tau^2}\Big]$$
$$=0 \tag{D.23}$$

Da der zweite Klammerausdruck ungleich Null ist, muss der erste Klammerausdruck von (D.23) im second-best Optimum den Wert Null annehmen. Die vollständige Abzugsfähigkeit der Ausbildungskosten ($\alpha = 1$) vorausgesetzt, lässt sich dieser – unter Berücksichtigung der Nutzenmaximierungsbedingung bezüglich der Ausbildungsentscheidung [(5.81)] – nach zahlreichen Umformungen schließlich reduzieren auf:

$$\left(1 + \frac{\tau^2}{1-\tau^2} \frac{rw\frac{\partial \tilde{g}(h)}{\partial h}}{(1+r)\big(1+r(1-\tau_r)\big)}\right)(\tau^1 - \tau_r) = 0 \qquad \text{(D.24)}$$

Da der linke Klammerausdruck von (D.24) positiv ist, muss die ideale SHS-Einkommensteuer so ausgestaltet sein, dass die Verzinsung des Vorperiodenertragswerts von Humankapital effektiv dem gleichen Steuersatz unterliegt wie die Zinsen aus Sparkapital und somit $\tau^1 = \tau_r$ gilt. Bei vollständiger Abzugsfähigkeit der Ausbildungskosten wird hierdurch – entsprechend Gleichungen (5.81) und (5.84) – eine steuerlich unverzerrte Humankapitalbildung sichergestellt. Die progressive Besteuerung der Humankapitaleinkommen wirkt sich (gegeben $\tau^1 = \tau_r$) nicht aus.

Anhang E

Einkommensteuerrechtliche Vorschriften im Distrikt Brčko von Bosnien und Herzegowina zur Behandlung beruflicher Bildungsausgaben

Im neuen bosnischen Einkommensteuergesetz (EStG) werden Ausgaben für berufliche Aus- und Fortbildung (Humankapital) – wie im Gesetzentwurf der „Einfachsteuer“ – bei der Ermittlung des marktbestimmten Einkommens berücksichtigt. Die maßgebliche Vorschrift stellt Artikel 13 EStG dar:

Art. 13 Ausgaben für die berufliche Aus- und Fortbildung (Humankapital)

(1) Ausgaben für den Erwerb beruflicher Fähigkeiten des unbeschränkt Steuerpflichtigen (Artikel 3 Paragraf 1 Nr. 1, 3 und 4 des Gesetzes) und der von ihm unterhaltenen Personen sind abzugsfähig, sofern sie nicht durch die private Lebensführung veranlasst oder durch Zahlung von Unterstützungen privater und öffentlicher Organisationen abgedeckt sind. Abzugsfähig sind auch Ausgaben für die Tilgung von Darlehen und ihre Verzinsung, wenn der Steuerpflichtige hiermit in früheren Zeiten Ausgaben für den Erwerb beruflicher Fähigkeiten finanziert hat, die bislang nicht als Abzug geltend gemacht wurden.

(2) Werden Ausgaben durch den Erwerb beruflicher Fähigkeiten veranlasst und decken sie zugleich Kosten der privaten Lebensführung des Steuerpflichtigen oder der von ihm unterhaltenen Personen, so ist ihre Abzugsfähigkeit auf den Teil beschränkt, der nach Maßgabe der allgemeinen Durchführungsverordnung zur Einkommensteuer als erwerbswirtschaftlich angemessen gilt.

(3) Ausgaben gemäß Paragrafen 1 und 2 dieses Artikels sind nur abzugsfähig, soweit sie 200 KM im Kalenderjahr überschreiten.

Eine inhaltliche Konkretisierung erfährt Artikel 13 EStG durch Artikel 25 bis Artikel 29 der allgemeinen Durchführungsverordnung (DV1):

Art. 25 Berufliche Bildung

(1) Bildung ist der Erwerb von Kenntnissen und Fertigkeiten. Bildung zur Ausübung eines Berufs, fortan berufliche Bildung genannt, ist Bildung, die nach der allgemeinen Schulpflicht erfolgt und zum Zweck der Einkommenserzielung unternommen wird. Nicht zur beruflichen Bildung zählen private Bildungsaktivitäten, die ohne Einkommenserzielungsabsicht getätigt werden und der Allgemeinbildung bzw. der Bildung im Rahmen gewöhnlicher Freizeittätigkeiten dienen.

(2) Zur beruflichen Bildung nach Par. 1 dieses Art. zählen

1. der auf einen Berufsabschluss gerichtete Erwerb beruflicher Fähigkeiten (Berufsausbildung) unabhängig von einem vorhandenen Berufsabschluss und von einer zum Zeitpunkt der beruflichen Bildungsmaßnahmen erfolgten Berufsausübung (Hochschulausbildung im Inland und Ausland oder in einer Entität von BiH, Ausbildung im Rahmen eines Arbeitsverhältnisses, Umschulung in einen anderen Beruf u.Ä.) und
2. der Erwerb beruflicher Fähigkeiten im Rahmen einer ausgeübten oder nicht ausgeübten beruflichen Tätigkeit bei vorhandenem Berufsabschluss ohne Absicht eines weiteren Berufsabschlusses (Fortbildung in einem ausgeübten Beruf bzw. Weiterbildung in einem nicht ausgeübten Beruf).

(3) Hochschulausbildung im Inland und Ausland gemäß Par. 2 Nr. 1 dieses Artikels umfasst nicht nur ein Erststudium, sondern auch ein Zweit- und Drittstudium an privaten oder öffentlichen Hochschulen, wenn eine Einkommenserzielungsabsicht vermutet werden kann.

(4) Zur Ausbildung im Rahmen eines Arbeitsverhältnisses im Sinne des Par. 2 Nr. 1 dieses Artikels zählen private Ausbildungsverhältnisse (private Lehrdienstverhältnisse) und Ausbildungsdienstverhältnisse im öffentlichen bzw. staatlichen Dienst.

(5) Umschulung nach Par. 2 Nr. 1 dieses Artikels ist Berufsausbildung mit dem Ziel eines weiteren Berufsabschlusses (Berufswechsel).

(6) Fortbildung nach Par. 2 Nr. 2 dieses Artikels ist das Vertiefen vorhandener Kenntnisse und die Gewinnung neuer Erkenntnisse, um den Anforderungen des ausgeübten Berufs in der Zukunft entsprechen zu können.

(7) Weiterbildung nach Par. 2 Nr. 2 dieses Artikels ist der nach einem Berufsabschluss erfolgte Erwerb beruflicher Fähigkeiten in einem nicht ausgeübten Beruf. Eine vorherige Berufsausübung ist nicht erforderlich. Im Unterschied zu Par. 5 dieses Artikels wird ein weiterer Berufsabschluss nicht angestrebt.

Art. 26 Berufsbildungsausgaben

(1) Berufsbildungsausgaben sind Ausgaben, die durch die berufliche Bildung (Art. 25 Par. 1 Satz 2) veranlasst sind. Eine Veranlassung dieser Ausgaben durch berufliche Bildung liegt vor, wenn objektiv ein Zusammenhang der Ausgaben zur beruflichen Bildung besteht und subjektiv die Ausgaben zum Erwerb beruflicher Fähigkeiten getätigt werden. Nicht zu den Berufsbildungsausgaben gehören Ausgaben privat veranlasster Bildung (Art. 25 Par. 1 Satz 3).

(2) Folgende Ausgaben zählen regelmäßig zu den Berufsbildungsausgaben nach Par. 1 dieses Art.:

1. Studiengebühren privater und öffentlicher Hochschulen des In- und Auslands,
2. Gebühren für Lehrgänge, Kurse, Vorträge und Seminare, Schulungen, Fachkongresse und Tagungen,
3. Fachbücher und Fachzeitschriften,
4. Vorbereitungs-, Zulassungs- und Abschlussprüfungskosten und Druckkosten schriftlicher Arbeiten zum Abschluss beruflicher Bildungsmaßnahmen und
5. Zins- und Tilgungszahlungen bei Fremdfinanzierung beruflicher Bildungsmaßnahmen gemäß Art. 13 EStG.

Art. 27 Reisekosten

(1) Zu den Berufsbildungsausgaben gehören auch erwerbswirtschaftlich angemessene Reisekosten

1. anlässlich der in Art. 26 Par. 2 Nr. 2 dieser DV genannten Veranstaltungen, sofern diese ausschließlich durch berufliche Bildung veranlasst sind, sowie

2. aus Studienreisen nach Par. 2 dieses Artikels bei ausschließlicher Veranlassung durch eine berufliche Bildung. Die Angemessenheit von Reisekosten richtet sich nach den in der Anlage A „Angemessene Reisekosten" zu dieser DV enthaltenen Vorschriften.

(2) Studienreisen gemäß Par. 1 Nr. 2 dieses Artikels sind Reisen, bei denen objektiv ein enger Zusammenhang zur beruflichen Bildung besteht und subjektiv die Reise zum Erwerb beruflicher Fähigkeiten getätigt wird. Die Befriedigung privater Interessen muss nach dem vorgesehenen Programm und der tatsächlichen Durchführung der Reise nahezu ausgeschlossen sein. Dies gilt entsprechend bezüglich der in Art. 26 Par. 2 Nr. 2 dieser DV genannten Veranstaltungen.

Art. 28 Privat veranlasste Bildungsausgaben

(1) Privat veranlasste Bildungsausgaben sind Ausgaben für privat veranlasste Bildungsaktivitäten im Sinne von Art. 25 Par. 1 dieser DV. Hierzu zählen in der Regel die Ausgaben für

1. Schreibmaschinen- und Computergrundkurse,
2. allgemeine Sprachkurse,
3. Bastel-, Töpfer-, Mal- und Floristikkurse sowie andere handwerkliche Kurse,
4. Fotokurse,
5. Kurse, die der Entwicklung der Persönlichkeit dienen,
6. Kurse zur musikalischen Bildung,
7. Kurse zum Erwerb von Kfz-, Flug- und Motorbootführerscheinen sowie ähnliche Kurse.

(2) Privat veranlasste Bildungsausgaben sind auch Ausgaben für langlebige Wirtschaftsgüter im Sinne von Art. 31 EStG sowie Ausgaben für Gegenstände des Bürobedarfs, sofern diese der privaten Lebensführung dienen können und deshalb als privat veranlasst gelten. Dazu gehören z.B.:

1. Schreibutensilien (Stifte, Papier, Ordner usw.),
2. Taschenrechner,
3. Gegenstände der Unterhaltungselektronik (Videorekorder, Fernsehgerät usw.),
4. Computer und Computerzubehör,

5. Lexika sowie Zeitschriften und Zeitungen allgemein bildenden Inhalts,
6. Einrichtungsgegenstände (Stühle, Schränke, Schreibtische, Bilder usw.),
7. Reiseausrüstungsgegenstände für die Teilnahme an Veranstaltungen im Sinne des Art. 26 Par. 2 Nr. 2 dieser DV oder an Studienreisen gemäß Art. 27 Par. 2 dieser DV sowie ähnliche Gegenstände.

Art. 29 Abzugsfähige Berufsbildungsausgaben

(1) Berufsbildungsausgaben können unbeschränkt Steuerpflichtige als Ausgaben für Aus- und Fortbildung nach Art. 8 und Art. 13 EStG bei der Ermittlung des zu versteuernden Markteinkommens abziehen. Abzugsfähig sind nur Berufsbildungsausgaben, die den unbeschränkt Steuerpflichtigen gemäß Par. 2 dieses Art. wirtschaftlich belasten und durch Belege nachweisbar getätigt wurden. In jedem Kalenderjahr sind aus Vereinfachungsgründen gemäß Art. 13 Par. 2 EStG nur Berufsbildungsausgaben abzugsfähig, sofern sie 200 KM übersteigen.

(2) Wirtschaftlich belastet ist der unbeschränkt Steuerpflichtige auch durch Ausgaben, die er für die Berufsausbildung der von ihm unterhaltenen Personen tätigt (Art. 13 EStG). Eine wirtschaftliche Belastung des unbeschränkt Steuerpflichtigen durch Berufsbildungskosten liegt nicht vor, wenn diese durch Zahlungen privater oder öffentlicher Organisationen abgedeckt sind oder durch den Arbeitgeber steuerfrei ersetzt werden (Art. 13 EStG).

(3) Werden Berufsbildungsausgaben durch Bankkredite oder Kredite staatlicher Organisationen finanziert, so kann der unbeschränkt Steuerpflichtige

1. diese Ausgaben in dem Ermittlungszeitraum absetzen, in dem sie getätigt wurden, oder
2. die Ausgaben zur Tilgung und Verzinsung der aufgenommenen Kredite in dem Ermittlungszeitraum absetzen, in dem sie getätigt wurden, wenn er hiermit in früheren Zeiten Ausgaben für den Erwerb beruflicher Fähigkeiten finanziert hat, die bislang nicht als Abzug geltend gemacht wurden (Art. 13 EStG).

Für den Abzug der Kreditausgaben gemäß Nr. 2 dieses Par. müssen diese wie auch die früheren Berufsbildungsausgaben gemäß Par. 2 dieses Art. vollständig durch Belege nachweisbar sein. Abzugsfähig sind Kreditausgaben nur, soweit der Kreditbetrag den nicht abzugsfähigen Betrag von

Berufsbildungsausgaben gemäß Par. 1 dieses Art. im jeweiligen Jahr der Berufsbildungsausgaben übersteigt.

Literaturverzeichnis

Aaron, H. J. und H. Galper (1985), *Assessing Tax Reform*, Washington, D.C.: The Brookings Institution.

Ahlheim, M. (1990), „Die Zusatzlast („Excess Burden") der Besteuerung", *Diskussionsschriften der Universität Heidelberg* (162).

Ahlheim, M. und M. Rose (1992), *Messung individueller Wohlfahrt*, Berlin, Heidelberg: Springer, 2. Aufl.

Alstadsæter, A. (2001), „Does the Tax System encourage too much Education?", *CESifo Working Paper Series* (612).

Andrews, W. D. und D. F. Bradford (1988), „Savings Incentives in a Hybrid Income Tax", In: *Uneasy Compromise: Problems of a Hybrid Income-Consumption Tax*, (Hrsg.) H. J. Aaron, H. Galper und J. A. Pechman, S. 269–315, Washington, D.C.: The Brookings Institution.

Atkinson, A. B. und J. E. Stiglitz (1980), *Lectures on Public Economics*, New York: McGraw-Hill.

Auerbach, A. J. (1985), „The Theory of Excess Burden and Optimal Taxation", In: *Handbook of Public Economics*, (Hrsg.) A. J. Auerbach und M. Feldstein, Bd. 1, S. 61–127, Amsterdam, New York: North-Holland.

Auerbach, A. J. und J. R. Hines (2002), „Taxation and Efficiency", In: *Handbook of Public Economics*, (Hrsg.) A. J. Auerbach und M. Feldstein, Bd. 3, S. 1345–1421, Amsterdam, New York: Elsevier.

Bach, S. (1999), „Der Cash-flow als Bemessungsgrundlage der Unternehmensbesteuerung", In: *Einkommen versus Konsum*, (Hrsg.) C. Smekal, R. Sendlhofer und H. Winner, S. 85–122, Heidelberg: Physica.

Balke, M. (1997), „Ausbildungskosten und Fortbildungskosten", *NWB Meinungen-Stellungnahmen* (17), S. 1269–1273.

Batina, R. G. und T. Ihori (2000), *Consumption Tax Policy and the Taxation of Capital Income*, Oxford: Oxford University Press.

Becker, G. S. (1975), *Human Capital*, New York: Columbia University Press, 2. Aufl.

Beul, C. R. (1986), „Abzugsfähigkeit von Ausbildungskosten im Einkommensteuerrecht“, *Finanz-Rundschau* (13), S. 340–350.

Bildsdorfer, P. (2003), „Urteilsbesprechung - Aufwendungen für eine Umschulungsmaßnahme als (vorab entstandene) Werbungskosten“, *Steuer und Studium* 24 (6), S. 321–323.

Birk, D. (2003), *Steuerrecht*, Heidelberg: C. F. Müller, 6. Aufl.

Boadway, R. (1990), „The Short Run and Long Run Welfare Effects of Implementing a Practical System of Consumption Taxation“, In: *Heidelberg Congress on Taxing Consumption*, (Hrsg.) M. Rose, S. 45–84, Berlin, Heidelberg: Springer.

Boadway, R. und N. Bruce (1984), „A General Proposition of the Design of a Neutral Business Tax“, *Journal of Public Economics* 24, S. 231–239.

Boedicker, T. (1965), *Ausbildungskosten und Fortbildungskosten im Einkommensteuerrecht*, Düsseldorf: Verlagsbuchhandlung des Instituts der Wirtschaftsprüfer.

Boskin, M. J. (1975), „Notes on the Tax Treatment of Human Capital“, *NBER Working Paper Series* (116).

Bradford, D. F. (1980), „The Case for a Personal Consumption Tax“, In: *What Should Be Taxed: Income or Expenditure*, (Hrsg.) J. A. Pechman, S. 75–120, Washington D.C.: The Brookings Institution.

— (1986), *Untangling the Income Tax*, Cambridge/Massachusetts, London/England: Harvard University Press.

Bradford, D. F. und U.S. Treasury Tax Policy Staff (1984), *Blueprints for Basic Tax Reform*, Arlington/Virginia: Tax Analysts, 2. Aufl.

Brinkmann, G. (1999), *Einführung in die Arbeitsökonomik*, München, Wien: Oldenbourg.

Buchholz, W. und W. Wiegard (1990), „Einfache Wahrheiten über intertemporal neutrale Besteuerung“, *Regensburger Diskussionsbeiträge zur Wirtschaftswissenschaft* (225).

Chiang, A. C. (1984), *Fundamental Methods of Mathematical Economics*, New York: McGraw-Hill, 3. Aufl.

Cnossen, S. (1999), „Taxing Capital Income in the Nordic Countries. A Model for the European Union?“, *Finanzarchiv N.F.* 56, S. 18–50.

Corlett, W. J. und D. C. Hague (1953), „Complementarity and the Excess Burden of Taxation“, *Review of Economic Studies* 21, S. 21–30.

Davies, J. B. und F. St-Hilaire (1987), *Reforming Capital Income Taxation in Canada*, Ottawa: Economic Council of Canada.

Davies, J. B. und J. Whalley (1989), „Taxes and Capital Formation: How important is Human Capital?“, *Discussion Paper/John Deutsch Institute for the Study of Economic Policy* (1).

Diamond, P. A. und J. A. Mirrlees (1971), „Optimal Taxation and Public Production I: Production Efficiency.“, *American Economic Review* 61, S. 8–27.

DIHK-Bereich Finanzen und Steuern (2004), „Analyse verschiedener Modelle für eine große Steuerreform“, Deutscher Industrie- und Handelskammertag, Berlin.

Dohmen, D. (1999), *Ausbildungskosten, Ausbildungsförderung und Familienlastenausgleich*, Berlin: Duncker & Humblot.

Drenseck, W. (1999), „Studium und Berufsausbildung im Einkommensteuerrecht“, *Steuer und Wirtschaft* 76 (1), S. 3–11.

— (2002), „Nichtselbständige Arbeit“, In: *Einkommensteuergesetz: Kommentar*, (Hrsg.) L. Schmidt, S. 1679–1684, München: C. H. Beck, 21. Aufl.

— (2004), „Aufwendungen für berufliche Bildungsmaßnahmen – Anmerkungen zu den Änderungen durch das Gesetz zur Änderung der Abgabenordnung“, *Deutsches Steuerrecht* 42 (42), S. 1766–1772.

Eaton, J. und H. S. Rosen (1980), „Taxation, Human Capital and Uncertainty“, *American Economic Review* 70, S. 705–715.

Ehrenberg, R. G. und R. S. Smith (1991), *Modern Labor Economics: Theory and Public Policy*, New York: HarperCollins Publishers.

Elschen, R. und M. Hüchtebrock (1983), „Steuerneutralität in Finanzwissenschaft und Betriebswirtschaftslehre – Diskrepanzen und Konsequenzen", *Finanzarchiv N.F.* 41, S. 253–280.

Fallon, P. und D. Verry (1988), *The Economics of Labour Markets*, Oxford/England and New Jersey/USA: Philip Allan Publishers.

Feldstein, M. (1978), „The Welfare Cost of Capital Income Taxation", *Journal of Political Economy* 86, S. 29–51.

Fischer, P. (2003), „Sonderausgaben", In: *Einkommensteuergesetz Kompaktkommentar*, (Hrsg.) P. Kirchhof, S. 596–621, Heidelberg: C. F. Müller, 3., neubearbeitete Aufl.

Fisher, I. (1930), *The Theory of Interest – as Determined by Impatience to Spend Income and Opportunity to Invest It*, New York: Macmillan.

— (1937), „Income in Theory and Income Taxation in Practice", *Econometrica* 5, S. 1–55.

Flies, R. (1997), „Überlegungen zur Abgrenzung zwischen Ausbildungs- und Fortbildungskosten", *Deutsches Steuerrecht* 35 (19), S. 725–729.

Franz, W. (1994), *Arbeitsmarktökonomik*, Berlin, Heidelberg: Springer, 2. Aufl.

Fuisting, B. (1902), *Grundzüge der Steuerlehre*, Bd. 4 von *Die preußischen direkten Steuern*, Berlin: Heymann.

Genser, B. (2003), „Ist eine duale Einkommensteuer einfacher und gerechter als eine umfassende Einkommensteuer?", In: *Integriertes Steuer- und Sozialsystem*, (Hrsg.) M. Rose, S. 176–190, Heidelberg: Physica.

Georgi, A. A. (1994), *Steuern in der Investitionsplanung – Eine Analyse der Entscheidungsrelevanz von Ertrag- und Substanzsteuern*, Hamburg: S+W Steuer- und Wirtschaftsverlag, 2. Aufl.

Günther, K.-H. (2003a), „Aus- und Fortbildungskosten als Betriebsausgaben, Werbungskosten und Sonderausgaben", *Wirtschafts- und Steuerhefte* (12), S. 537–548.

— (2003b), „Sonderausgaben“, In: *Einkommensteuer Kommentar*, (Hrsg.) U. Dankmeyer und J. Giloy, S. 1–50, Neuwied: Luchterhand.

Goode, R. (1976), *The Individual Income Tax*, Washington D.C.: The Brookings Institution.

— (1977), „The Economic Definition of Income“, In: *Comprehensive Income Taxation*, (Hrsg.) J. A. Pechman, S. 1–30, Washington D.C.: The Brookings Institution.

Gress, M., M. Rose und R. Wiswesser (1998), *Marktorientierte Einkommensteuer*, München: Vahlen.

Gunderson, M. und W. R. Thirsk (1994), „Tax Treatment of Human Capital“, In: *Taxes as Instruments of Public Policy*, (Hrsg.) A. M. Maslove, S. 39–92, Toronto: University of Toronto Press.

Gast-de Haan, B. (1993), „Weiterbildungskosten“, In: *Ertragsbesteuerung – Festschrift für Ludwig Schmidt*, (Hrsg.) A. Raupach, S. 105–114, München: C. H. Beck.

Haig, R. M. (1921[1959]), „The Concept of Income - Economic and Legal Aspects“, In: *Readings in the Economics of Taxation*, (Hrsg.) R. A. Musgrave und C. S. Shoup, S. 54–76, London: Allen & Unwin.

Hall, R. E. und A. Rabushka (1995), *The Flat Tax*, Stanford: Hoover Institution Press, 2. Aufl.

Heckman, J. (1976), „A life cycle model of earnings, learning and consumption“, *Journal of Political Economy* 84, S. S11–S44.

Heinicke, W. (2002), „Sonderausgaben“, In: *Einkommensteuergesetz: Kommentar*, (Hrsg.) L. Schmidt, S. 887–893, München: C. H. Beck, 21. Aufl.

Herb, U. (1986), *Berufliche Ausbildung und Fortbildung im Einkommensteuerrecht*, Dissertation, Universität Augsburg.

von Hermann, F. B. W. (1832), *Staatswirthschaftliche Untersuchungen*, München.

Hirshleifer, J. (1974), *Kapitaltheorie*, Köln: Kiepenheuer & Witsch.

Hobbes, T. (1654[1968]), *Leviathan*, New York: Penguin Books.

Homburg, S. (1997), „Soll die klassische Einkommensteuer wiederbelebt werden?“, In: *Standpunkte zur aktuellen Steuerreform*, (Hrsg.) M. Rose, S. 107–114, Heidelberg: Recht und Wirtschaft.

— (2000), *Allgemeine Steuerlehre*, München: Vahlen, 2. Aufl.

Hyman, D. N. (1999), *Public Finance: a Contemporary Application of Theory to Policy*, Fort Worth: Dryden Press, 6. Aufl.

Institut der deutschen Wirtschaft (2004), „Deutschland in Zahlen“, Deutscher Instituts-Verlag, Köln.

Jakob, W. (2003), *Einkommensteuer*, München: C. H. Beck, 3. Aufl.

Jehle, G. A. und P. J. Reny (2001), *Advanced Microeconomic Theory*, Boston/Massachusetts: Addison Wesley, 2. Aufl.

Johansson, S. E. (1969), „Income Taxes and Investment Decisions“, *Swedish Journal of Economics* 71, S. 104–110.

Kaiser, M. (1992), *Konsumorientierte Reform der Unternehmensbesteuerung*, Heidelberg: Physica.

Kaldor, N. (1955), *An Expenditure Tax*, London: Allen & Unwin.

— (1965), *An Expenditure Tax*, London: Unwin University Books, 4. Aufl.

Kaplow, L. (1993), „Human Capital and the Income Tax“, *NBER Working Paper Series* (4299).

— (1994), „Human Capital under an Ideal Income Tax“, *Virginia Law Review* 80 (7), S. 1477–1514.

— (1995), „The Income Tax versus the Consumption Tax and the Tax Treatment of Human Capital“, *Tax Law Review* 51 (1), S. 35–46.

— (1996), „On the Divergence Between Ideal and Conventional Income-Tax Treatment of Human Capital“, *American Economic Review* 86, S. 347–352.

Kay, J. A. (1990), „Tax Policy: A Survey“, *Economic Journal* 100, S. 18–75.

Kay, J. A. und M. A. King (1986), *The British Tax System*, Oxford: Oxford University Press, 4. Aufl.

Küch, B., A. Scheuer und S. Valder (2001), *Einkommen- und Lohnsteuer*, München: C. H. Beck, 6., neubearbeitete und erweiterte Aufl.

Keen, M. und J. King (2003), „The Croatian Profit Tax: An ACE in Practice", In: *Integriertes Steuer- und Sozialsystem*, (Hrsg.) M. Rose, S. 323–342, Heidelberg: Physica.

Keßler, R. (2000), „Fortbildungskosten", *LSW Gruppe 4/129* (6), S. 1–12.

Klein, W. A. (1977), „Timing in Personal Taxation", *Journal of Legal Studies* 6, S. 461–481.

König, R. (1997a), „Ungelöste Probleme einer investitionsneutralen Besteuerung – Gemeinsame Wurzel unterschiedlicher neutraler Steuersysteme und die Berücksichtigung unsicherer Erwartungen", *Zeitschrift für betriebswirtschaftliche Forschung* 49, S. 42–63.

— (1997b), *Wirtschaftliche Effizienz und Steuerreformen*, Heidelberg: Physica.

Knoll, L. (2000), „Zinsbesteuerung und Einkommenschancen: Das Trugbild fiskalischer Diskriminierung", *Wirtschaftsdienst* 80 (3), S. 176–179.

— (2001), „Unternehmensgewinnbesteuerung in Kroatien, Italien und Österreich", *Die Betriebswirtschaft* 61 (3), S. 335–348.

Knoll, L. und I. Posch (1999), „Kapitalerträge, Steuerreformen und die Kunst des (Un-)Möglichen", *Wirtschaftspolitische Blätter* 46 (4), S. 301–309.

Kotlikoff, L. J. und L. H. Summers (1979), „Tax Incidence in a Life Cycle Model with variable Labor Supply", *Quarterly Journal of Economics* 93, S. 705–718.

Kreft, V. (2002), „Studienkosten als (vorab veranlasste) Erwerbsaufwendungen", *Finanz-Rundschau* (12), S. 657–667.

— (2003), „Kommentar zum BFH-Urt. v. 17.12.2002 - VI R 137/01", *Finanz-Rundschau* (4), S. 202–204.

Kruschwitz, L., D. Schneider und S. Husmann (2003a), „Investitionsneutrale Steuersysteme unter Sicherheit", *Wirtschaftsstudium* 32 (6), S. 328–333.

— (2003b), „Investitionsneutrale Steuersysteme vor dem Hintergrund der Diskussion um Einkommen oder Konsum als Steuerbemessungsgrundlage", *Wirtschaftsstudium* 32 (7), S. 394–398.

Lang, J. (1982), *Die Bemessungsgrundlage der Einkommensteuer: Rechtssystematische Grundlagen steuerlicher Leistungsfähigkeit im deutschen Einkommensteuerrecht*, Habilitationsschrift, Köln: O. Schmidt.

— (2003a), „Einfachheit und Gerechtigkeit der Besteuerung von investierten Einkommen“, In: *Integriertes Steuer- und Sozialsystem*, (Hrsg.) M. Rose, S. 83–146, Heidelberg: Physica.

— (2003b), „The Influence of Tax Principles on the Taxation of Income from Capital“, Manuskript anlässlich des EATLP Kongresses „The Notion of Income from Capital“ in Köln (12.-14.06.2003).

Lauer, C. (2003), „Education and Unemployment: A French-German Comparison“, *ZEW Discussion Papers* (34).

Lücke, W. (1955), „Investitionsrechnungen auf der Grundlage von Ausgaben und Kosten“, *Zeitschrift für handelswissenschaftliche Forschung* 7, S. 310–324.

Löffler, A. und D. Schneider (2000), „Martingales, Taxes, and Neutrality“, Manuskript Freie Universität Berlin.

Lipsey, R. G. und R. K. Lancaster (1956), „The General Theory of Second Best“, *Review of Economic Studies* 24, S. 11–32.

Lodin, S.-O. (1978), *Progressive Expenditure Tax, an Alternative?: A Report of the 1972 Government Commission on Taxation*, Stockholm: Liber.

Marshall, A. (1917[1925]), „The Equitable Distribution of Taxation“, In: *Memorials of Alfred Marshall*, (Hrsg.) A. C. Pigou, London: Macmillan.

McLure, C. E. und G. R. Zodrow (1990), „Administrative Advantages of the Individual Tax Prepayment Approach to the Direct Taxation of Consumption“, In: *Heidelberg Congress on Taxing Consumption*, (Hrsg.) M. Rose, S. 335–389, Berlin, Heidelberg: Springer.

Meade, J. E. (1978), *The Structure and Reform of Direct Taxation, Report of a Committee chaired by Prof. J. E. Meade*, London: Allen & Unwin.

Mill, J. S. (1861), *Principles of Political Economy*, London: Parker.

Musgrave, R. A. (1990), „On Choosing the 'Correct' Tax Base - A Historical Perspective“, In: *Heidelberg Congress on Taxing Consumption*, (Hrsg.) M. Rose, S. 29–42, Berlin, Heidelberg: Springer.

Nerlove, M., A. Razin, E. Sadka und R. K. v. Weizsäcker (1993), „Comprehensive income taxation, investments in human and physical capital, and productivity", *Journal of Public Economics* 50, S. 397–406.

Nguyen-Thanh, D., M. Rose und B. Thalmeier (2003), „Die zinsbereinigte modifizierte Kassenrechnung als einheitliche Gewinnermittlungsmethode", *Steuer und Wirtschaft* 80 (2), S. 169–175.

Nielsen, S. B. und P. B. Sørensen (1997), „On the Optimality of the Nordic System of Dual Income Taxation", *Journal of Public Economics* 63, S. 311–329.

N.N. (2003), „Steuerrechtliche Entscheidungen, Einkommen-/Lohnsteuer", *Der Betrieb* 56 (3), S. 127–134.

OECD (1998), *Human Capital Investment: An International Comparison*, Paris: OECD.

Peffekoven, R. (1980), „Persönliche allgemeine Ausgabensteuer", In: *Handbuch der Finanzwissenschaft*, (Hrsg.) F. Neumark, Bd. 2, S. 417–452, Tübingen: J. C. B. Mohr.

Petersen, H.-G. und M. Rose (2003), „Zu einer Fundamentalreform der deutschen Einkommensteuer: Die Einfachsteuer des Heidelberger Steuerkreises", *Finanzwissenschaftliche Diskussionsbeiträge der Wirtschafts- und Sozialwissenschaftlichen Fakultät der Universität Potsdam* (34).

Pigou, A. C. (1928), *A Study in Public Finance*, London: Macmillan.

Polachek, S. W. und W. S. Siebert (1993), *The Economics of Earnings*, Cambridge: Cambridge University Press.

Preinreich, G. A. D. (1937), „Valuation and Amortization", *Accounting Review* 12, S. 209–226.

Prinz, U. (2003), „Fortbildungskosten", In: *Einkommensteuer- und Körperschaftsteuergesetz Kommentar*, (Hrsg.) C. Herrmann, G. Heuer und A. Raupach, S. 192–210, Köln: O. Schmidt, 21. Aufl.

Reding, K. und W. Müller (1999), *Einführung in die Allgemeine Steuerlehre*, München: Vahlen.

Richter, H. (2000), „Steuerliche Berücksichtigung von Kosten des Studiums", *Steuer und Studium* 21 (6), S. 264–265.

Richter, W. F. (1986), „Das Johansson-Samuelson-Theorem bewertungsneutraler Abschreibung langlebiger Wirtschaftsgüter bei Einkommensbesteuerung“, *Finanzarchiv N.F.* 44, S. 435–449.

Rimmler, M. R. (2005), „Berufliche Bildungsaufwendungen – Steuersystematik auf dem Opferaltar fiskalischen Interesses“, Manuskript.

Rissiek, J. (1998), *Investitionen in Humankapital*, Wiesbaden: Deutscher Universitätsverlag.

Rose, M. (1990), „The Superiority of a Consumption-based Tax System“, In: *Heidelberg Congress on Taxing Consumption*, (Hrsg.) M. Rose, S. 3–28, Berlin, Heidelberg: Springer.

— (1991), „Plädoyer für ein konsumbasiertes Steuersystem“, In: *Konsumorientierte Neuordnung des Steuersystems*, (Hrsg.) M. Rose, S. 7–34, Berlin, Heidelberg: Springer.

— (1998), „Konsumorientierung des Steuersystems - theoretische Konzepte im Lichte empirischer Erfahrungen“, In: *Steuersysteme der Zukunft*, (Hrsg.) G. Krause-Junk, S. 247–278, Berlin: Duncker & Humblot.

— (2002a), „Die 'Unvollendete' - Wie und wann sollte die Reform der deutschen Steuervielfalt vollendet werden“, *Zeitschrift für Wirtschaftspolitik* 51 (1), S. 94–111.

— (2002b), *Reform der Einkommensbesteuerung in Deutschland: Konzept, Auswirkungen und Rechtsgrundlagen der Einfachsteuer des Heidelberger Steuerkreises*, Heidelberg: Recht und Wirtschaft.

— (2003a), „Den steuerlichen Gewinn einfach ermitteln“, In: *Ein neues Steuersystem für Deutschland: Nur eine Vision?*, (Hrsg.) C. Gebhardt, S. 96–138, Fulda: Industrie- und Handelskammer.

— (2003b), „Eine einfache, faire und marktorientierte Besteuerung von Unternehmensgewinnen“, In: *Integriertes Steuer- und Sozialsystem*, (Hrsg.) M. Rose, S. 343–382, Heidelberg: Physica.

— (2003c), „The Notion of Income from an Economic Standpoint“, Manuskript anlässlich des EATLP Kongresses „The Notion of Income from Capital“ in Köln (12.-14.06.2003).

— (2003d), „The „Simple Tax“: A Fair, Decision-neutral and Simple System of Taxing Income“, Manuskript anlässlich der Konferenz „Austrian Economics Today II: Reforms for a Competitive Economy“ in Wien (21.11.2003).

— (2003e), *Vom Steuerchaos zur Einfachsteuer*, Stuttgart: Schäffer-Poeschel.

Rosen, H. S. (2002), *Public Finance*, Boston/Massachusetts: McGraw-Hill, 6. Aufl.

Rosen, S. (1987), „Human Capital“, In: *The New Palgrave: A dictionary of Economics*, (Hrsg.) J. Eatwell, M. Milgate und P. Newman, Bd. 2, S. 681–690, London: Macmillan Press.

Samuelson, P. A. (1964), „Tax Deductibility of Economic Depreciation to Insure Invariant Valuations“, *Journal of Political Economy* 72, S. 604–606.

Sandmo, A. (1985), „The Effects of Taxation on Savings and Risk Taking“, In: *Handbook of Public Economics*, (Hrsg.) A. J. Auerbach und M. Feldstein, Bd. 1, S. 265–311, Amsterdam, New York: North-Holland.

von Schanz, G. (1896), „Der Einkommensbegriff und die Einkommensteuergesetze“, *Finanzarchiv* 13, S. 1–87.

Schmidt, E. (1997), „Selbstgeschaffene Probleme bei der Berufsfortbildung lösen“, *Finanz-Rundschau* (20), S. 762–764.

Schmoller, G. (1863), „Die Lehre vom Einkommen in ihrem Zusammenhang mit den Grundprinzipien der Steuerlehre“, *Zeitschrift für die gesamte Staatswissenschaft* 19, S. 1–86.

Schneider, D. (1981), „Die Wissenschaftsgeschichte der Trennung von Kapital und Einkommen: Ökonomische Zwänge gegen gesellschaftspolitische Konventionen“, In: *Studien zur Entwicklung der ökonomischen Theorie*, (Hrsg.) F. Neumark, Bd. 1, S. 137–161, Berlin.

— (1992), *Investition, Finanzierung und Besteuerung*, Wiesbaden: Gabler, 7. Aufl.

— (2000), „Mängel in der ökonomischen Begründung einer Steuerfreiheit für Kapitaleinkünfte“, *Steuer und Wirtschaft* 77 (4), S. 421–430.

Schultz, T. W. (1971), *Investment in Human Capital*, New York: The Free Press.

Schwinger, R. (1992), *Einkommens- und konsumorientierte Steuersysteme*, Heidelberg: Physica.

Seifert, M. (2003), „Abgrenzung zwischen Fortbildungs- und Ausbildungskosten“, *Betrieb und Rechnungswesen* (11), S. 491–494.

Söhn, H. (2002a), „Aufwendungen für die Berufsausbildung und die Weiterbildung in einem nicht ausgeübten Beruf“, In: *Einkommensteuer-Kommentar*, (Hrsg.) P. Kirchhof, H. Söhn und R. Mellinghaus, S. 1–63, Heidelberg: C. F. Müller.

— (2002b), „Berufsausbildungskosten und Fortbildungskosten“, *Steuer und Wirtschaft* 79 (2), S. 97–104.

Simons, H. C. (1938), *Personal Income Taxation: The Definition of Income as a Problem of Fiscal Policy*, Chicago: University of Chicago.

Sinn, H. W. (1984), „Systeme der Kapitaleinkommensbesteuerung – Ein allokationstheoretischer Vergleich“, In: *Beiträge zur neueren Steuertheorie*, (Hrsg.) D. Bös, M. Rose und C. Seidl, S. 209–238, Berlin, Heidelberg: Springer.

— (1985), *Kapitaleinkommensbesteuerung – Eine Analyse der intertemporalen, internationalen und intersektoralen Allokationswirkungen*, Tübingen: J. C. B. Mohr.

Smith, A. (1776[1904]), *The Wealth of Nations*, Bd. 2, New York: Putnam.

Sonneborn, A. (2004), „Steuerliche Berücksichtigung von Studien- und Umschulungskosten“, *Steuer und Studium* 25 (1), S. 14–16.

Sørensen, P. B. (1994), „From the Global Income Tax to the Dual Income Tax: Recent Tax Reforms in the Nordic Countries“, *International Tax and Public Finance* 1 (1), S. 57–79.

Suhr, D. (1966), „Die Ungleichbehandlung von Berufsausbildungskosten und Berufsfortbildungskosten im Einkommensteuerrecht“, *Steuer und Wirtschaft* 43 (1), S. 579–594.

Terberger, E. und R. H. Schmidt (1997), *Grundzüge der Investitions- und Finanzierungstheorie*, Wiesbaden: Gabler, 4. Aufl.

Theisen, M. R. und F. Zeller (2003), „Neues zur steuerlichen Behandlung von Promotionskosten“, *Der Betrieb* 56 (33), S. 1753–1759.

Tipke, K. (2003), *Die Steuerrechtsordnung*, Bd. 2, Köln: O. Schmidt, 2. Aufl.

Tipke, K. und J. Lang (2002), *Steuerrecht*, Köln: O. Schmidt, 17. Aufl.

Trostel, P. A. (1993), „The Effect of Taxation on Human Capital", *Journal of Political Economy* 101, S. 327–350.

Varian, H. R. (1994), *Mikroökonomie*, München, Wien: Oldenbourg, 3. Aufl.

Wagner, F. W. (1989), „Die zeitliche Erfassung steuerlicher Leistungsfähigkeit", In: *Zeitaspekte in betriebswirtschaftlicher Theorie und Praxis*, (Hrsg.) H. Hax, W. Kern und H.-H. Schröder, S. 261–277, Stuttgart: Poeschel.

— (1997), „Kann es eine Beseitigung aller steuerlichen Ausnahmen geben, wenn es keine Regel gibt?", *Deutsches Steuerrecht* 35 (14), S. 517–521.

— (1999a), „Die Integration einer Abgeltungssteuer in das Steuersystem – Ökonomische Analyse der Kapitaleinkommensbesteuerung in Deutschland und der EU", *Der Betrieb* 52 (30), S. 1520–1528.

— (1999b), „Eine Einkommensteuer muß eine konsumorientierte Steuer sein", In: *Einkommen versus Konsum*, (Hrsg.) C. Smekal, R. Sendlhofer und H. Winner, S. 15–35, Heidelberg: Physica.

— (2000), „Korrektur des Einkünftedualismus durch Tarifdualismus – Zum Konstruktionsprinzip der Dual Income Taxation", *Steuer und Wirtschaft* 77 (4), S. 431–441.

— (2003), „Die real existierende Einkommensteuer ist eine konsumorientierte Besteuerung", In: *Steuerpoltik – Von der Theorie zur Praxis*, (Hrsg.) M. Ahlheim, H.-D. Wenzel und W. Wiegard, S. 369–390, Berlin, Heidelberg: Springer.

Wagner, F. W. und H. Dirrigl (1980), *Die Steuerplanung der Unternehmung*, Stuttgart, New York: Fischer.

Wagner, F. W. und R. Schwinger (1991), „Der Einfluss einer Cash-flow-Steuer auf Finanzierung und Rechnungslegung", In: *Konsumorientierte Neuordnung des Steuersystems*, (Hrsg.) M. Rose, S. 495–532, Berlin, Heidelberg: Springer.

Wagner, F. W. und E. Wenger (1996), „Theoretische Konzeption und legislative Transformation eines marktwirtschaftlichen Steuersystems in der Republik Kroatien", In: *Regulierung und Unternehmenspolitik*, (Hrsg.) D. Sadowski, H. Czap und H. Wächter, S. 399–415, Wiesbaden: Gabler.

Wagner, F. W. und H. Wissel (1995), „Entscheidungsneutralität der Besteuerung als Leitlinie einer Reform der Einkommensteuer“, *Wirtschaftsstudium* 24 (2), S. 65–70.

Weber-Grellet, H. (2002), „Gewinn bei Vollkaufleuten“, In: *Einkommensteuergesetz: Kommentar*, (Hrsg.) L. Schmidt, S. 367–489, München: C. H. Beck, 21. Aufl.

Wellisch, D. (2000), *Finanzwissenschaft*, Bd. 2, München: Vahlen.

Wenger, E. (1983), „Gleichmäßigkeit der Besteuerung von Arbeits- und Vermögenseinkünften“, *Finanzarchiv N.F.* 41, S. 207–252.

— (1985), „Lebenszeitbezogene Gleichmäßigkeit als Leitidee der Abschnittsbesteuerung“, *Finanzarchiv N.F.* 43, S. 307–327.

— (1989), „Besteuerung und Kapitalbildung als intertemporales Optimierungsproblem“, In: *Zeitaspekte in betriebswirtschaftlicher Theorie und Praxis*, (Hrsg.) H. Hax, W. Kern und H.-H. Schröder, S. 279–295, Stuttgart: Poeschel.

— (1997), „Traditionelle versus zinsbereinigte Einkommens- und Gewinnbesteuerung: Vom Sammelsurium zum System“, In: *Standpunkte zur aktuellen Steuerreform*, (Hrsg.) M. Rose, S. 115–140, Heidelberg: Recht und Wirtschaft.

— (1999), „Warum die Finanzwissenschaft bei der Suche nach einer theoretischen Basis für die Einkommensteuer erfolglos bleiben mußte“, In: *Einkommen versus Konsum*, (Hrsg.) C. Smekal, R. Sendlhofer und H. Winner, S. 37–63, Heidelberg: Physica.

— (2003), „Ist das Steuerchaos durch das Leistungsfähigkeitsprinzip programmiert?“, In: *Ein neues Steuersystem für Deutschland*, (Hrsg.) C. Gebhardt, S. 25–41, Fulda.

Wigger, B. U. (2004), *Grundzüge der Finanzwissenschaft*, Berlin, Heidelberg: Springer.

Wissel, H. (1997), *Einkünfteerzielungsabsicht und Einkommensbegriff*, Hamburg: S+W Steuer- und Wirtschaftsverlag.

Zelenak, L. (1995), „The Reification of a Metaphor: Income Taxes, Consumption Taxes and Human Capital“, *Tax Law Review* 51 (1), S. 1–34.

Zenthöfer, W. und D. Schulze zur Wiesche (2003), *Einkommensteuer*, Stuttgart: Schäffer-Poeschel, 7., völlig neubearbeitete Aufl.

Zimmermann, R., U. Reyher und A. Janetzko (2002), *Einkommensteuer*, Stuttgart: Schäffer-Poeschel, 15. Aufl.

Peter Lang · Europäischer Verlag der Wissenschaften

Christiane Liesenfeld

Konsumorientierte Einkommensteuer und internationale Steuerordnung

Frankfurt am Main, Berlin, Bern, Bruxelles, New York, Oxford, Wien, 2004.
326 S., 6 Tab.
Europäische Hochschulschriften: Reihe 5, Volks- und Betriebswirtschaft.
Bd. 3056
ISBN 3-631-51207-4 · br. € 56.50*

Die finanzwissenschaftliche Diskussion über die konsumorientierte Einkommensteuer konzentriert sich auf deren Wirkungen in einer geschlossenen Volkswirtschaft. Angesichts der zunehmenden internationalen Verflechtung der Wirtschaft greift eine solche Analyse jedoch zu kurz. Diese Arbeit dehnt die Beurteilung der spar- und der zinsbereinigten Variante der konsumorientierten Einkommensteuer auf eine offene Volkswirtschaft aus. Sie geht insbesondere der Frage nach, inwiefern die Einführung einer solchen Steuer in Deutschland mit der internationalen Steuerordnung vereinbar wäre. Dabei kommt sie zu dem Ergebnis, dass nur die zinsbereinigte Variante nicht mit den bestehenden Doppelbesteuerungsabkommen und dem relevanten Steuerrecht der Europäischen Union kollidieren würde.

Aus dem Inhalt: Idee und technische Ausgestaltung der konsumorientierten Einkommensbesteuerung · Konsumorientierte Einkommensteuer in einer geschlossenen Volkswirtschaft: Steuerliche Gerechtigkeit, Entscheidungsneutralität, Praktikabilität · Einkommens- und Gewinnbesteuerung in einer offenen Volkswirtschaft: Grundlegende Prinzipien, Anforderungen, Probleme · Konsumorientierte Einkommensbesteuerung und internationale Steuerordnung: Wohnsitzland- und Quellenlandprinzip, Doppelbesteuerungsabkommen, Steuerrecht der EU

Frankfurt am Main · Berlin · Bern · Bruxelles · New York · Oxford · Wien
Auslieferung: Verlag Peter Lang AG
Moosstr. 1, CH-2542 Pieterlen
Telefax 00 41 (0) 32 / 376 17 27

*inklusive der in Deutschland gültigen Mehrwertsteuer
Preisänderungen vorbehalten

Homepage http://www.peterlang.de

FSC
www.fsc.org
MIX
Papier | Fördert
gute Waldnutzung
FSC® C083411

Kolibri 360 GmbH
Ferdinand-Jühlke-Straße 7
99095 Erfurt, Deutschland
produktsicherheit@kolibri360.de

Druck:
CPI Druckdienstleistungen GmbH
im Auftrag der
Kolibri 360 GmbH
Ferdinand-Jühlke-Str. 7
99095 Erfurt